Meinungen zum Buch
Wie baue ich eine
Multilevel-Geldmaschine?

„Randy Gage ist einer der sehr wenigen Menschen, die es meisterhaft beherrschen, eine Network-Marketing-Organisation „für die Ewigkeit" aufzubauen. Dieser leicht verständliche, doch gehaltvolle Ratgeber zeigt Ihnen, wie Sie sich mit Ehre und Integrität finanzielle Freiheit schaffen und warum das wichtig ist."

Richard Brooke
Vorstandsvorsitzender Oxyfresh Worldwide Inc.

„Eine umfassende Checkliste, nach der sich jeder neue Vertriebspartner und jede Führungskraft Schritt für Schritt richten kann. Die Liste geht nicht nur auf das Wie ein – sondern auch auf das Warum."

Tom ‚Big Al' Schreiter
KAAS Publishing

„Dieses Buch ist ein Muss für jeden, der im Network Marketing Erfolg haben will. Wir empfehlen es immer jedem Mitglied unseres Teams. Kein Anderer setzt seine Worte so in Taten um wie Randy Gage."

Julie Mirr & Dr. Tim Berry
Diamond Directors Agel Enterprises

„Dieses Buch wird Ihnen helfen, Ihr Geschäft zu transformieren. Man muss es einfach gelesen haben."

Robert Butwin
Autor, *Street Smart Networking*

„Randy Gages Buch *Wie baue ich eine Multilevel-Geldmaschine* ist die MLM-Bibel unserer Zeit. Sie hat mich auf eine neue Vermögensstufe gehoben."

Mark Hammond
Verkaufsleiter Mega Wealth Mentors, L.L.C.

„Was mich an Randys Arbeit am MEISTEN beeindruckt, ist, dass er nicht beschreibt ‚was funktioniert' sondern ‚was sich dupliziert' und im Network Marketing ist DUPLIZIEREN = ERFOLG!"

Kathy Schneider
Senior Director Scent-Sations

„Jeder, der daran interessiert ist, sich mehrere Einkommensquellen zu schaffen, sollte loslaufen, um sich Randys neues Buch zu kaufen. Wir haben auf Randys Rat gehört und es ist uns gelungen, in weniger als zwei Jahren mit 10–15 Arbeitsstunden pro Woche einen Geldfluss von $30.000 bis $40.000 monatlich zu generieren. Mehr als je zuvor braucht unser ganzer Berufsstand diese wertvollen Informationen über die Vorteile des weltweiten Arbeitens in verschiedenen Zeitzonen und der Vervielfachung seiner eigenen Arbeitsleistung durch andere Menschen."

Billy Looper & Wes Anderson
Double Diamond Directors Agel Enterprises

„Alles, was Sie schreiben oder auf DVD aufnehmen, ist leicht verständlich und umsetzbar. Sie haben mir eine Straßenkarte für MLM in die Hand gedrückt. Danke."

Nancy Reagan
Präsidentin N. Reagan & Company, Inc.

„Ich bin seit 17 Jahren Vollzeit-Networkerin und finde, das Buch hat Hand und Fuß; es fasst alles wunderbar zusammen. Als meine 19-jährige Tochter ins Geschäft eingestiegen ist, hat sie es gelesen und dann einfach nur gesagt: ‚Prima! Machen wir los!'"

Dawn Gough
Gold SED Kleeneze

„Ein großartiges Handbuch mit schrittweisen Anleitungen, sowohl für den völligen Network-Neuling, der hofft, ein gewinnbringendes Geschäft aufzubauen, als auch für den erfahrenen Networker, der seine Fähigkeiten vervollkommnen will und den ganz großen Erfolg sucht! Ich habe aus Randys Buch viel Wissen erworben, das ich unmittelbar auf meine Mitarbeiter übertragen konnte, um ihnen zu helfen, erfolgreich zu werden und das hat wiederum mich an die Spitze des Vergütungsplans befördert! Geben Sie dieses Buch Ihren jungen Führungskräften in die Hände und sehen Sie zu, wie Ihr Geschäft explosionsartig wächst!"

Sue Mazza
Senior Executive Unit Leader Avon Products

„Das hier ist das beste Buch in der Branche. Es enthält sowohl alle praktischen Anleitungen als auch die Philosophien, die Sie brauchen, um ein großes Geschäft aufzubauen."

„*Wie baue ich eine Multilevel-Geldmaschine* brachte für mich den Durchbruch in meinem Geschäft. Von Randy lernte ich die Grundlagen, die ich brauchte, um ein System zu erschaffen, das viele Ebenen tief weitergereicht werden konnte, ohne dass ich persönlich involviert sein musste. Es gelang mir endlich, in meiner gesamten Organisation echte Duplikation zu erzielen. Dieses Buch gehört in das Bücherregal jedes Menschen, der ein Geschäft aufbauen will."

„Ich empfehle dieses Buch jedem ernsthaften Networker. Es geht direkt und ohne Umschweife darauf ein, was wir wirklich in unserem Geschäft durchmachen, ohne unnützes Blabla…und es gibt uns die Informationen, die wir wirklich brauchen, um in unserem Network-Geschäft erfolgreich zu sein."

„Ich glaube, das hier ist eines der besten Bücher über Network Marketing, das ich je gelesen habe. Ich habe dieses Buch vielen Vertriebspartnern in meinem Network empfohlen und habe gesehen, dass jeder einzelne viel aus diesem Buch gelernt hat."

Pranaya Bahl
1st Amway India Enterprises

„Nachdem ich *Wie baue ich eine Multilevel-Geldmaschine* gelesen hatte, wurde mir klar, wie ich Duplikation schaffen, die Werkzeuge meines Network-Marketing-Unternehmens nutzen und mit den Führungskräften in meiner Gruppe arbeiten konnte! Randy Gage ist ein Meister des MLM und war für mich ein unglaublicher Mentor, obwohl wir mit unterschiedlichen Unternehmen zusammenarbeiten!"

Matt Borden
Presidents Club TC ACN

„Vielen Dank, Randy. Deine Lebenserfahrung hat meine Orientierung verändert und auf eine höhere Stufe gebracht und danach baute ich ein lukratives und erfolgreiches Network in Bali, Indonesien, auf. *Wie baue ich eine Multilevel-Geldmaschine* ist meine Marketing-Bibel."

Dominikus Uja
Level 7 PT. Wootekh Indonesia

„Dieses Buch gibt mir das Selbstvertrauen vorwärts zu schreiten und es ist mein treuer Gefährte, wenn die Dinge sich nicht nach Plan entwickeln. Deswegen habe ich auch ein paar Exemplare mehr gekauft und sie meinen Führungskräften gegeben."

Edwin Q. Mamaril
Executive Senior Star Diamond DXN International

„Dieses großartige Buch *Wie baue ich eine Multilevel-Geld-maschine* hat mich inspiriert und ich habe einen höheren Pin-Rang erreicht. Dank den Taktiken, die in diesem Buch beschrieben sind, bin ich nun auf dem besten Weg, noch vor Sommeranfang die nächste Stufe zu erreichen!"

Guy Janssens
GET Herbalife

„Das Buch hat mir geholfen zu lernen, ein System zu erstellen. Ich wusste, wie man Leute anwirbt; aber ich wusste nicht, wie ich die Leute halten konnte, die ich anwarb. Mir war gar nicht klar, dass ich schon Teil 2 las. Ich kann es gar nicht erwarten, dass das nächste Buch herauskommt. Randy Gage for life."

Cedric Carr
Diamond Ardyss International

„In den letzten 15 Jahren meiner Karriere habe ich im Fortbildungs- und Unternehmensberatungsbereich gearbeitet. Wer ein professioneller Networker sein will, den wird Randy von den elementaren Grundlagen und Übungen zur Unternehmermentalität bis hin zum Erfolg führen – nicht nur im Geschäfts-, sondern auch im Privatleben. Ein Muss für jeden, der es ernst damit meint, diesen Beruf zu einem wesentlichen Teil seines Lebens zu machen!"

Jorge Melendez
Senior Director Alternative Music Promotions

„Es gibt niemanden, der Ihnen besser das Wissen vermitteln, Anleitungen geben (und Sie vor Fehlern bewahren) und Ihnen die wesentlichen Bestandteile des Erfolgs in diesem Geschäft erklären könnte als Randy Gage. Ich beobachte ihn und lerne von ihm schon seit Jahren; die Breite und Tiefe seines Verständnisses von MLM – und seine Fähigkeit, sie auszudrücken und zu lehren – beeindrucken mich immer wieder."

John David Mann
Mitautor, *The Go-Giver*

„Brillant! Ein bedeutender Beitrag zur wissenschaftlichen Seite des Network Marketing. Unverzichtbar in der Bücherei jedes ernsthaften Network-Marketing-Studenten."

Art Jonak
Gründer, Network Marketing Mastermind Event

Wer sonst außer Randy Gage hätte je die Kühnheit besessen, ein Buch mit dem Titel Wie baue ich eine Multilevel-Geldmaschine? zu schreiben – und dann in dem Buch auch tatsächlich die Anleitung dazu zu geben...? Das konnte nur Randy zustande bringen. Ein wirklich großartiges Buch von einem der wenigen wahren Altmeister des Network Marketing."

John Milton Fogg
Autor, Der größte Networker der Welt

„Dies ist bei weitem die beste Anleitung für MLM, die ich je gesehen habe. Nachdem ich dieses Buch gelesen habe, haben sich innerhalb eines Monats sowohl mein persönlicher als auch mein Gruppenumsatz um 125% erhöht. Es hat mir die Augen dafür geöffnet, wie man das Geschäft systematisch, mit einfachen Mitteln und ohne großes Theater betreibt. Dieses Buch ist ein MUSS für jeden Networker, der die Führungs-ebene anstrebt!"

Michael Holm

LR Health & Beauty Systems

Wenn Sie sich wünschen, dass Ihre Träume wahr werden, müssen Sie dieses Buch im Bücherregal haben, seine Grund-sätze anwenden und oft darin nachschlagen."

Dennis Williams

Royal Ambassador Nikken

„Das hier kann Ihnen Jahre des Lernens ersparen, während Sie auf Ihren Erfolg im Network Marketing hinarbeiten. Voll von kostbaren Hinweisen, die – wenn sie angewandt werden – Ihr Geschäft mit Turbo-Geschwindigkeit an die Spitze des Ver-gütungsplanes Ihres Network-Marketing-Unternehmens kata-pultieren können. Gibt es jemanden, der den Erfolg nicht so schnell erreichen will?"

Art Burleigh

MLM-Veteranin mit 30 Jahren Erfahrung Art Jonak Gründer, Network Marketing Mastermind Event

Wie baue ich eine Multilevel-Geldmaschine?

Die Wissenschaft des Network Marketing

Randy Gage

Randy Gage
Wie baue ich eine Multilevel-Geldmaschine?
Die Wissenschaft des Network Marketing

Copyright © MM–MMIX by Gage Research & Development Institute,
Inc. & Prime Concepts Group Inc.

Copyright der dt. Ausgabe © 2019 bei Life Success Media GmbH

ISBN: 978-3-902114-86-0

Titel der amerikanischen Originalausgabe:
How to build a Multi-Level Money Machine
The Science of Network Marketing

Herausgegeben von:
Life Success Media GmbH
6020 Innsbruck, Austria
www.mlm-training.com

Gedruckt in der Europäischen Union

Widmung

Dieses Buch ist all jenen gewidmet, die noch den Mut zum Träumen haben. Ohne euch gäbe es dieses Buch nicht und Millionen von Menschen hätten die Hoffnung, Würde und Freiheit verloren, die es bietet. Vergesst niemals, dass das was ihr tut wichtig ist. Sogar sehr wichtig.

Inhaltsverzeichnis

Danksagung

Mein Leben ist ein Traum – dank Network Marketing. Ich verdanke das der unermüdlichen Arbeit anderer Menschen, die über viele Jahre hinweg diesen Berufszweig unterstützt, gefördert und weiterentwickelt haben. **John Milton Fogg** und **John David Mann** begründeten in früheren Jahren die Zeitschrift *Upline* und taten alles nur Menschenmögliche, um dem Network Marketing Glaubwürdigkeit und Seriosität zu verleihen. **Mark Yarnell** trat in ihre Fußstapfen und verbreitete die Nachricht in der Zeitschrift *SUCCESS*. **Tom Schreiter** setzt sich seit über 20 Jahren für den Berufszweig ein. **Len Clements** sorgt dafür, dass alles auf dem Boden der Tatsachen bleibt. Seit kurzem machen **Chris** und **Josephine Gross** und deren Team bei den *Networking Times* sowie **George Madiou** und sein Team beim *The Network Marketing Magazine* diese Arbeit weiter. Mit Blick auf die Zukunft führen **Art Jonak** und eine neue Generation von Jedi-Rittern die Streitmacht an. Dank euch allen.

Einleitung zur 4. Auflage

Als ich dieses Buch durchlas, um zu prüfen, was ich in früheren Auflagen geschrieben hatte, fand ich es bemerkenswert, was sich inzwischen geändert hat – und was gleich geblieben ist.

Wie vorauszusehen war, hatten sich die allgemeinen Prinzipien, auf denen das Geschäft basiert, in keinster Weise verändert. Sie sind zeitlos.

Manche Vorgehensweisen in der Marketing-Arena haben sich weiterentwickelt und andere wurden vollkommen umgestaltet.

Moderne Technologien und das Internet haben die Akzeptanz der breiten Massen erreicht und können nun verstärkt bei Anwerbung, Training und Kommunikation eingesetzt werden. Der Einzug von Web 2.0 und den Social Media Sites bringt auf dramatische Weise neue Möglichkeiten mit sich, seinen warmen Markt zu erweitern. Daher werden Sie diese Teile stark überarbeitet und erweitert vorfinden.

Ich habe die wirtschaftlichen Herausforderungen berücksichtigt, denen die Welt heute gegenüber steht und habe viele der Aussagen aus *The MLM Revolution* – meinem Manifest über das Gute und das Schlechte in unserem Berufszweig – eingefügt.

Eine andere bedeutende Änderung, die Ihnen auffallen dürfte, betrifft den Anwerbeprozess. Ich empfehle für die Kunden- und Mitarbeiterwerbung mittlerweile keine Einzel- oder „Zwei-zu-Eins"-Gespräche mehr. Sie werden feststellen, dass ich weitaus mehr Wert auf die Nutzung von Publikationen Dritter lege. Dadurch verkürzt sich die Ausbildungszeit für neue Vertriebspartner und gleichzeitig verstärkt sich die langfristige Duplikation. Ich habe mit diesem Vorgehen in den letzten Jahren außerordentliche Resultate erzielt.

Es kommen noch zwei weitere Faktoren ins Spiel – die sich allerdings gegenseitig widersprechen...

Erstens hat sich im Bewusstsein der breiten Massen weitreichende Akzeptanz von Network Marketing entwickelt und die Branche hat an Glaubwürdigkeit gewonnen. Wir haben Unternehmen vorzuweisen, die milliardenschwere Gewinne erwirtschaften, an den Börsen gehandelt werden und sogar einige Medienlieblinge hervorgebracht haben. Praktisch jeder kennt heutzutage irgendwen, der durch Network Marketing gutes Geld verdient – und die etablierten Finanzmedien, die Risikoanleger und die breite Öffentlichkeit sind nicht mehr spöttisch oder skeptisch, sondern recht interessiert an unserer Branche.

Das sind die guten Neuigkeiten. Auf der anderen Seite sehen wir uns mit einer enormen Zunahme von Werbung konfrontiert, die uns auf Schritt und Tritt verfolgt. Wir werden auf Webseiten, in öffentlichen Verkehrsmitteln, auf Tischdecken und sogar in öffentlichen Toiletten mit Werbung bombardiert. Diese ständige Übersättigung mit Werbung hat potenzielle Kunden in eine Verteidigungsstellung getrieben und ruft mehr Widerstand denn je hervor.

Doch nie zuvor brauchte die Welt das, was wir zu bieten haben, dringender als jetzt...

In diesem Gewirbel von entgegenlaufenden Kräften habe ich mich bemüht, Ihnen die optimalen Vorgehensweisen zu vermitteln, die heutzutage am besten funktionieren. Diese überarbeitete vierte Auflage beschreibt meine Sichtweise, wie Sie den heutigen Herausforderungen effektiv entgegentreten können, um den Erfolg zu erzielen, den Sie sich wünschen und

Ihr Traumleben zu manifestieren.

Ebenso wie die früheren Auflagen bietet dieses Buch keine abstrakten Theorien und empfiehlt keine Experimente. Was Sie auf diesen Seiten finden, ist ein praxiserprobtes System, das ich seit über 20 Jahren weiter entwickle und persönlich anwende, um ein riesiges, weltweites Netz von Vertriebspartnern aufzubauen, das im wahrsten Sinne des Wortes für mein Team und meine Protegés Verkäufe in Milliardenhöhe produziert hat.

Was dieses Buch für Sie tun kann...

Wenn Sie meinen Erfolg als Fundament nehmen, können Sie Ihre eigene Wachstumskurve um viele Jahre verkürzen und Ihr Netz viel schneller aufbauen als jemals zuvor. Sie werden lernen, was Interessenten anzieht und wie Sie wirksame Präsentationen geben können. Sie werden herausfinden, welche Art von Menschen Sie sponsern wollen und wen Sie besser gleich am Anfang des Prozesses ausschließen.

Sobald Sie erst einmal den Prozess des Sponserns beherrschen, werden Sie lernen, wie man ein großes Netz lenkt – und es stetig vergrößert.

Sie werden begreifen, wie Sie Ihre Zeit am sinnvollsten einsetzen, wie Sie Führungskräfte ausbilden und beratend begleiten. Vor allem werden Sie aber lernen, wie Sie diese Führungskräfte dazu befähigen, selbst neue Führungskräfte auszubilden. Wenn Sie mit dem Buch fertig sind, werden Sie ein klares Verständnis von den fundamentalen, tiefen Wahrheiten des Network Marketing haben:

Sie bauen nicht Ihr Netz auf. Sie bauen Ihre Leute auf – und die bauen Ihre Gruppe auf.

Sie werden feststellen, dass mir Motivations-Klischees und Hurra-Parolen nicht liegen. Ich glaube, wenn Sie den Menschen ganz genau zeigen, wie sie ein gewünschtes Ziel erreichen können – dann werden sich diese Menschen selbst motivieren.

Wenn Sie am Ende des Buches anlangen, werden Sie

- ein realistisches Bild davon haben, wie man sich mit diesem Geschäft Wohlstand schafft,
- die entscheidenden Bauteile zum Schaffen wahrer Duplikation kennen,
- verstehen, was Topverdiener tun, um wirksam aufzubauen und
- einen spezifischen Arbeitsplan haben, um das alles in die Tat umzusetzen.

Meine Hoffnung ist, dass Sie Network Marketing als den Karriere-Beruf erkennen, der er heute ist und dass Sie sich mit mir verbünden, um den Standard dieses aufstrebenden Wirtschaftszweiges weiterhin zu heben.

Im Gegensatz zur traditionellen Geschäftswelt – mit ihrem Stellenabbau und ihrer Ellbogenmentalität – bietet Ihnen Network Marketing die Gelegenheit, in all den Menschen, die Sie sponsern, schlummernde Talente zu wecken und zu fördern. In diesem Geschäft ist Erfolg mit der Chance verbunden, sich spirituell, intellektuell, emotional und finanziell weiter zu entwickeln, indem man positiv auf andere Menschen einwirkt.

Was Sie in diesem Buch nicht finden werden, sind Gesprächsvorlagen, Abschlusstechniken oder manipulative Verkaufsstrategien. Zwar gibt es in unserer Branche viele, die diese Methoden unterrichten, doch sie erzielen keine wirkliche Duplikation und können daher keinen echten Erfolg gewährleisten. Im Grunde ist Network Marketing eine Lehrtätigkeit und dieses Buch hat sich der Aufgabe verschrieben, Sie zu lehren, Ihre Leute zu lehren.

Wenn Sie sich auf diese Reise zu neuen Herausforderungen, Abenteuern und persönlichem Wachstum begeben, werden Sie andere Menschen anziehen, die Ihre Vision teilen und Ihrem Beispiel folge. Sie werden diese Menschen eine kurze Zeit lang lenken, sie freigeben, sobald sie sich zu Führungskräften entfaltet haben und dann den ganzen Vorgang wieder von Neuem beginnen. Sie werden Stolz, Freude und Erfüllung fühlen, wie sie nur Wenige erleben. Sie werden wissen, dass das, was Sie tun, wichtig ist – und dass Ihre Umwelt ein wenig besser geworden ist, weil Sie einen Beitrag geleistet haben.

Ein großes, exponentiell wachsendes Netz aufzubauen ist nicht leicht – und das soll es auch nicht sein. Es ist jedoch simpel. Wenn Sie offen dafür sind, sich coachen zu lassen, das System befolgen und nicht beim ersten Anzeichen einer Herausforderung aufgeben, dann können Sie im Network Marketing großen und anhaltenden Erfolg erzielen.

Dieses Buch ist generisch, somit können Sie es Ihrem ganzen Team empfehlen, um schnelleres Rekrutieren und stärkeres Duplizieren zu erzielen. Ich empfehle Ihnen, es sich zuerst ganz durchzulesen. Anschließend können Sie zu einzelnen Kapiteln zurückkehren, um Ihr Gedächtnis aufzufrischen oder um Ihre Fähigkeiten in einem konkreten Bereich zu verbessern.

Bitte, betrachten Sie mich als den Stellvertreter Ihres Sponsors, der diesen bei der Aufgabe unterstützt, Ihnen bei der Verwirklichung Ihrer Träume zu helfen – mit diesem erstaunlichen Geschäftsmodell namens Network Marketing.

Sie können sich über die neuesten Entwicklungen auf dem Laufenden halten, wenn Sie regelmäßig den MLM-Training-Newsletter lesen.

Randy Gage
Februar 2009
Key West, Florida

Kapitel Eins:

Die rote oder die blaue Pille?

Vielleicht geschah es damals, als die Regierungen rund um die Welt begannen, die Steuern, die sie ihren Bürgern abgenommen hatten, zur Stützung von missgemanagten Finanz- und Börsenunternehmen, Versicherungsgesellschaften, Fahrzeugherstellern und sonstigen Privatfirmen zu verwenden. Oder war es damals, als allen klar wurde, dass die Banken selbst bankrott waren?

Vielleicht hat es geklickt, als die Vorstände der Fluggesellschaften sich in den Konkurs flüchteten und sich anschließend, nachdem sie sich ihrer Rentenzahlungsverpflichtungen entledigt hatten, wieder herauswanden. Oder möglicherweise kam es dazu, als reihenweise Unternehmen überführt wurden, ihre Bücher gefälscht und ihre Investoren und Mitarbeiter bestohlen zu haben, während sich die betrügerischen Vorstandsmitglieder die Taschen mit Geld voll stopften.

Eines ist gewiss...

Menschen auf der ganzen Welt wurden wachgerüttelt; sie schreckten aus ihrem korporativen Koma hoch und schalteten ihren Verstand ein. Sie begannen, die moralischen Grundsätze des herkömmlichen Wirtschaftsmodells zu hinterfragen, überdachten ihre Prioritäten und fragten sich ernsthaft, ob die Regierung ihres Landes für die goldenen Jahre ihrer Pensionierung denn wirklich irgendeine Form von Vorsorge getroffen hatte.

Diejenigen, die es wirklich begriffen, gingen einen Schritt weiter und stellten fest, dass nur sie selbst für ihre finanzielle

1

Zukunft vorsorgen konnten; nie wieder würden sie ihre Schicksale in die Hände von Arbeitgebern oder Regierungen legen!

Zudem vertraten sie die Meinung, dass Arbeit einen Sinn haben sollte, dass sie nicht nur ihren Lebensunterhalt sichern, sondern anderen Menschen Hoffnung und Hilfe geben sollte und dass Prinzipien wichtig waren.

Inmitten der schwersten Wirtschaftskrise seit Jahrzehnten begannen sie wieder zu träumen.

Sie entdeckten die Träume wieder, die sie als Kinder geträumt hatten – und sie erkannten, dass sie diese Träume nicht aufgeben mussten, nur weil sie mittlerweile in der Welt der Erwachsenen lebten.

Sie fragten sich, wie ihr Traumberuf aussehen würde. Die Antworten darauf lauteten meistens nicht:

- Schichtleiter bei Burger King
- Bürokrat bei der Führerscheinstelle
- Vorarbeiter in der Fahrzeugherstellung
- Führungskraft der mittleren Ebene in einem Großunternehmen oder
- Sachbearbeiter bei einer Versicherung

Das überrascht nicht sonderlich. Was aber vielleicht doch überraschte, war, dass die Frage nach dem perfekten Beruf nicht unbedingt hieß:

- Arzt, Rechtsanwalt oder Steuerberater
- Spitzenkraft in der freien Wirtschaft oder
- Selbständiger Unternehmer nach alter Tradition

Es zeigte sich nämlich, dass die Menschen (zumindest einige von ihnen) nicht mehr über Traumberufe nachdachten, sondern begannen, sich ein TRAUMLEBEN vorzustellen

– wobei ihnen klar war, dass diese beiden in Wirklichkeit untrennbar waren.

Die Menschen, die das begreifen

Manche Menschen verdienen ein Vermögen, doch was ist es wirklich wert, wenn sie dafür ihre Kinder, Beziehungen oder ihre Gesundheit opfern? Manche Menschen können sich alles leisten, doch was nützt es, wenn sie sich mit niemandem gemeinsam daran erfreuen können? Haben Sie jemals einen Leichenwagen gesehen, der einen Anhänger mit all dem Hab und Gut des Verstorbenen hinter sich her zog?

Es gibt eine auserlesene und wachsende Gruppe von Menschen, die das wirklich begreift.

Andere haben festgestellt, dass 40 Wochenstunden monotoner Arbeit auch nicht das wahre Glück sind. Sie haben erkannt, dass die sinnlose Plackerei während der Arbeitszeit ihnen in der verbleibenden Freizeit nicht das Tor zur Erfüllung aufschließt. Diese Gruppe begreift es also auch.

Wer sind diese Menschen, die diese neue Realität der heutigen Welt begreifen?

Sie kommen aus vielen Berufen und aus allen Altersgruppen und sie haben verschiedenste Hintergründe. Manche sind Mensa-Mitglieder, manche sind Schulabbrecher und manche sind beides.

Viele suchten Zuflucht vor der Falschheit, der Politik und der seelentötenden Trägheit der großen Konzerne. Andere flohen vor der Mittelmäßigkeit des Arbeiterdaseins und wollten etwas Abenteuer in ihr Leben bringen. Wiederum andere waren Unternehmer, die eines Morgens aufwachten (oder nachts nicht schlafen konnten) und feststellten, dass sie kein Unternehmen besaßen – sondern dass ihr Unternehmen sie besaß.

Wenn Sie die Menschen in dieser auserlesenen Gruppe fragen, wie ein Traumleben aussieht, werden sie die Antwort hören, dass es eine Mischung aus Arbeit und Erholung ist, aus Beiträge leisten und Herausforderungen annehmen, aus spiritueller Reflexion und intellektueller Stimulation.

Die MLM-Revolution

Diese Gruppe von Menschen hat Network Marketing entdeckt (manchmal auch Multilevel-Marketing oder kurz MLM genannt). Wir laufen jedoch nicht mit geschmacklosen Buttons durch die Straßen und sprechen Leute an und wir fahren auch keine Werbung auf unseren Fahrzeugen spazieren.

Wir sind nicht in eine Branche eingestiegen, sondern wir haben uns einer Berufsgruppe angeschlossen. Und wir haben es nicht nur aus dem Grund getan, um reich zu werden. (Obwohl viele von uns, ich selbst eingeschlossen, anfangs sicher den Wohlstand suchten.) Die Menschen, die professionelle Networker werden, schätzen den Wohlstand, der hiermit geschaffen werden kann, doch je besser wir das Geschäft verstehen lernen, umso mehr öffnet sich unser Bewusstsein für die größeren Zusammenhänge.

Ja, sie werden Ihnen sagen, dass Wohlstand wichtig ist, wenn man glücklich sein will. Doch sie sind nicht die Typen, die am Sofa sitzen, sich 47-mal *The Secret* anschauen und fragen, wann denn ihr Lamborghini von selbst vor ihrem Haus erscheinen wird.

Sie haben eine sehr viel breitere Auffassung von Wohlstand als die meisten anderen Menschen. Sie werden von ihnen niemals Aussagen hören wie „Es ist doch nur Geld" oder „Das sind doch nur materielle Dinge", denn sie wissen, dass Geld und materielle Gegenstände das Öl im Getriebe des Lebens sind. Ihnen ist klar, dass es schwer ist, sich wohlhabend zu fühlen, wenn man die Miete und die Autoraten nicht zahlen oder kein Essen für die Familie kaufen kann.

Doch sie machen auch nicht den Fehler, den viele machen, nämlich zu denken, dass es beim Wohlstand nur um Geld geht. Sie wissen, dass wahrer Wohlstand eine gute Gesundheit, liebevolle Beziehungen und eine spirituelle Seite des Lebens einschließt. Wenn sie davon reden, die ganze Fülle des Lebens zu genießen, dann sprechen sie von allen diesen Bereichen.

Das Wichtigste für die meisten dieser Menschen dieser Gruppe ist das ultimative Produkt, das sie verkaufen: Freiheit. Die Freiheit vom Mangel, die Freiheit, ein wirklich inhalts- und bedeutungsvolles Leben in seiner ganzen Fülle zu leben – farbenfroh, stimmgewaltig und GROSSARTIG.

Die Geschichte des Universums (Gekürzte Ausgabe)

Network Marketing begann im Jahr 1956, als Dr. Forest Shaklee die Shaklee Corporation begründete und Rich DeVos und Jay Van Andel das starteten, was sich später in die Amway Corporation verwandelte.

Die ersten Vertriebspartner in diesen Programmen waren eindeutig auf das Verkaufsmodell geeicht und konzentrierten sich weit weniger auf die Rekrutierung und die Differenzboni, die damit erwirtschaftet werden konnten. In den Anfangsjahren von Shaklee und Amway waren die größten Stars diejenigen, die die meisten Vitamine oder Waschmittel verkauften.

In den siebziger Jahren begannen diese Unternehmen (und viele andere Neueinsteiger der Branche), professionellere Menschen anzuziehen. Diese waren von den Möglichkeiten und dem Potenzial an Hebelwirkung begeistert, die durch Duplikation und Rekrutierung erreicht werden konnten. Das brachte die MLM-Branche auf die Radarschirme und weckte die Aufmerksamkeit von Aufsichtsbehörden. Weitaus schlimmer war jedoch, dass die hohen Einkommen, die von ordnungsgemäß arbeitenden Networkern erzielt wurden, Leuten auffielen, die keine sonderlich ehrenwerten Absichten hatten. Zu diesem Zeitpunkt wurden massenweise Kettenbriefe, Ponzi-Schemen und illegale Pyramidensysteme in Umlauf gebracht, die sich als seriöse MLM-Geschäftsmöglichkeiten zu tarnen versuchten.

Zur selben Zeit stand das alte Modell des Warenvertriebs ernsten Herausforderungen gegenüber. Jenes Geschäftsmodell beruhte darauf, ein Produkt per Schiff von Europa nach Amerika zu bringen, es dann quer durchs Land zu einem Großhändler zu schaffen, der es auf den Lastwagen eines Regalgroßhändlers lud, der es an ein Einzelhandelsgeschäft verkaufte, der es in ein Lagerhaus tat und dann ins Ladenregal beförderte, wo es letztendlich der Kunde kaufen konnte. Dieses System begann zusammenzubrechen.

Network-Marketing-Unternehmen nutzten neue Wirtschaftswege und florierten.

Ein Unternehmen konnte ein Produkt herstellen und es direkt an seine Vertriebspartner schicken, ohne all die unökonomischen Parasiten dazwischen mit zu versorgen. Diese Vertriebspartner konsumierten das Produkt selbst und nutzten Mundpropaganda, um die Neuigkeiten im Freundes- und Bekanntenkreis zu verbreiten.

Obwohl dieses Vertriebsmodell einigen Angriffen von Seiten der Medien und später auch von Seiten der Regierungsbehörden ausgesetzt war, entwickelte sich Network Marketing – ebenso wie seine Schwestergesellschaften in der Direktvertriebsbranche –stetig weiter und erwirtschaftet heute Verkaufserlöse von mehr als US$ 120 Milliarden pro Jahr. Es hat auf der ganzen Welt überwältigende Akzeptanz gefunden und wurde in etablierten Wirtschafts- und Finanzpublikationen wie *SUCCESS, Forbes, Fortune* und *USA Today* vorgestellt.

Die neue Realität

In jeder Gruppe von Menschen wird es einige geben, die sich in jungen Jahren reich und sorglos zur Ruhe setzen können. Einige andere werden fleißig und lange arbeiten und sich schließlich finanziell abgesichert oder gar komfortabel zur Ruhe setzen. Die meisten jedoch werden sich 45 oder 50 Jahre ihres Lebens über im ständigen Konkurrenzkampf abplagen, um sich dann in ihren „goldenen Jahren" mehr schlecht als recht mit einer mageren Rente durchzukämpfen.

Wodurch unterscheiden sich diese Gruppen? Welche Geheimnisse kennen die, die zur ersten gehören? Und, was viel wichtiger ist, wie stellen Sie sicher, das Sie sich zu der ersten Gruppe gesellen?

Ich spreche hier nicht von den Industriemagnaten, den Börsenlöwen oder den Immobilienkönigen. Auch wenn diese Leute großen Wohlstand ansammeln mögen, so setzen sie sich doch nicht frühzeitig zur Ruhe und sie erscheinen ganz bestimmt nicht sorglos. In Wahrheit ist das Gegenteil der Fall. Sie preschen der Meute zwar stets voraus – doch ihr Leben geht dabei oft vor die Hunde.

Genießen Sie Ihre Pina Colada

Die Gruppe, von der ich spreche, sind die Unternehmer der neuen Generation – diejenigen, deren Einkommen auch dann weiterfließen, wenn sie gerade an einem Südseestrand Pina Coladas schlürfen. Diese Menschen haben Multilevel-Geldmaschinen aufgebaut, die sie mit Lohn überschütten, egal

7

ob sie weiterarbeiten oder ob sie ihre Füße in den Sand graben und sich Cocktails in Kokosnüssen servieren lassen. Das sind die neuen Network-Marketing-Profis.

Die Parallelen der Erfolgswege dieser Menschen sind wirklich verblüffend...

Sie mögen annehmen, dass sie ihren Status dank höherer Bildung errungen haben, aber das ist nicht unbedingt der Fall. Viele Mitglieder dieser Gruppe sind Schulabbrecher (wie ich selbst auch); und wir wissen ja auch, dass es Leute mit Universitätsdiplomen gibt, die sich ihren Lebensunterhalt als Taxifahrer verdienen.

Auch wenn die Menschen in meiner Gruppe fleißig dafür gearbeitet haben, um sich ihren beachtlichen Wohlstand zu verdienen, so war dies allein nicht der ausschlaggebende Faktor. Tatsache ist (und es ist mir etwas peinlich, das zuzugeben), dass die meisten Menschen fleißiger sind als ich, doch sie bekommen gewiss nicht die Entlohnung, die ich bekomme.

Der Mechaniker, der meine Autos wartet, mein Gärtner, mein Masseur und die Kellnerin in meinem Lieblingsrestaurant – sie alle arbeiten viel mehr als ich. Doch keiner von ihnen ist durch die Arbeit, die er oder sie tut, reich geworden. Tatsächlich arbeiten sie viel mehr für viel weniger Geld. Keiner von ihnen hat auch nur die entfernteste Chance, sich jung zur Ruhe zu setzen. Daher kann man nicht behaupten, dass nur fleißige Arbeit Wohlstand schafft. Diese Menschen und viele Millionen andere, die so sind wie sie, sind Gefangene der Matrix – eines zerbrochenen Wirtschaftsmodells.

Sie sitzen in der Falle: Sie tauschen Zeit gegen Geld.

Sie haben sich dem Herdendenken angeschlossen und wurden zu den Arbeitsdrohnen des Kollektivs. Wenn sie mehr Geld verdienen möchten, müssen sie schwerer und länger arbeiten. Die meisten stecken in Arbeitsstellen fest, die

Überstundenarbeit begrenzen und so reicht ein Job nicht aus, um mehr Zeit für mehr Geld tauschen zu können. Folglich schicken sie auch ihren Partner arbeiten, doch das reicht immer noch nicht.

Also nehmen sie einen zusätzlichen Job an. Und der Partner tut manchmal dasselbe. Das Ergebnis sind Familien, die drei bis vier Einkommen haben – und sich verzweifelt abmühen, noch mehr Zeit gegen Geld zu tauschen.

Und keiner ist für die Erziehung der Kinder da. Die lernen von Videospielen, wie es im Leben so läuft. Sie brauchen ihre Eltern unbedingt, doch Mutter und Vater sind arbeiten, um den Kindern ein gutes Leben bieten zu können. Es ist ein Teufelskreis.

Und dumm noch dazu. Denn so lange man bei dem Zeit-gegen-Geld-Tausch-Spiel wild im Kreise läuft, kann man keine finanzielle Sicherheit erlangen.

Die Menschen in meiner Gruppe haben festgestellt, dass man zwei grundlegende Prinzipien beherzigen muss, wenn man wirtschaftliche Freiheit erlangen will:

1) Man muss das Konzept der Hebelwirkung einsetzen, um dem Dilemma des Zeit-gegen-Geld-Tauschens zu entfliehen.

2) Wenn man morgens in den Spiegel schaut, muss einem klar sein, dass man dem Chef ins Auge sieht. Nehmen Sie Abschied vom Angestelltendasein und freuen Sie sich darauf, Unternehmer zu werden!

Sobald Sie bereit sind, diese Schritte zu machen, ist das Manifestieren von Wohlstand keine Fantasterei mehr, sondern etwas, das Sie wirklich schaffen können.

Wenn Sie das Hochgefühl des Jungunternehmertums damit verbinden, dass Sie Ihre eigene Arbeitskraft durch ein Netz von anderen begeisterten Jungunternehmern vervielfachen – dann werden Sie exponentiell spektakuläre Ergebnisse sehen. Der Synergie-Effekt schafft ein Ganzes, das viel kraftvoller ist als die Summe seiner einzelnen Teile. Wenn es richtig gemacht wird, *ist das Endergebnis Ihres Netzaufbaus eine sich selbst erneuernde und erhaltende Multilevel-Geldmaschine.* Und die können Sie besitzen.

Network Marketing ist eines der neueren Modelle für Wohlstandsaufbau. Es wird in mehr als einhundert Ländern der Welt praktiziert. Millionen von unabhängigen Vertriebspartnern generieren Jahresumsätze von schätzungsweise mehr als 120 Milliarden US-Dollar.

Ein cooles Geschäft

Warum sollten Sie sich mit Network Marketing beschäftigen? Darauf gibt es wahrscheinlich so viele Antworten wie es Vertriebspartner gibt. In der Regel ist jedoch der Lebensstil ausschlaggebend, den Ihnen Network Marketing geben kann. Nachfolgend sind einige der einzigartigen Vorteile dieses Geschäfts angeführt:

- Man kann sich die Leute aussuchen, mit denen man arbeiten will
- Nur geringe Investition erforderlich
- Arbeiten von zu Hause aus
- Freie Zeiteinteilung
- Einzigartige Produkte entdecken, die es sonst nirgends gibt
- Lukrative Steuervorteile
- Möglichkeit eines grenzenlosen Einkommens
- Chance, erfolgreich zu werden, während man anderen zum Erfolg verhilft

Zusammenfassend lässt sich sagen: Es ermöglicht den Ausstieg aus dem Hamsterrad. Diese Vorteile findet man sonst nirgends. Obgleich die meisten Menschen begreifen, dass sie diese Vorteile nicht genießen können, solange sie *für* jemanden anderen arbeiten, glauben doch viele von ihnen, dass ihnen auch ein eigenes Geschäft nach traditioneller Art diese Vorteile geben kann.

Das ist unwahrscheinlich.

Als früherer Präsident der Handelskammer und Eigentümer von zehn kleinen und mittelständischen Unternehmen kann ich aus persönlicher Erfahrung bestätigen, dass das Führen eines eigenen traditionellen Geschäfts einem in vielerlei Hinsicht mehr Beschränkungen auferlegen kann als das Arbeiten für einen Arbeitgeber. Personalfluktuation, Bestandsaufnahmen, große Investitionen, persönliche Gewährleistungen, behördliche Regulierung und der Wettbewerb auf dem Markt führen oft dazu, dass man selbst oft viele Überstunden für weniger Geld leistet als man seinen Angestellten zahlt. Ein Kleinunternehmer ist nicht wirklich der Herr seines Unternehmens, sondern vielmehr sein Sklave.

Die Leute von heute haben die Nase voll von Arbeitsplätzen, die aus dem Gleichgewicht geraten sind und ihnen die Zeit für ihr Familienleben rauben. Sie haben genug von der Fusionsmanie, von fremdkapitalfinanzierten Unternehmensübernahmen und von Massenentlassungen. Heutzutage wollen die Menschen eine sinnvolle Arbeit, die sie mit einem angenehmen Lebensstandard belohnt und ihnen genügend Freizeit für ein glückliches Familienleben lässt. Genau da setzt Network Marketing an.

Anders als im Konkurrenzkampf der Großbetriebe kommt man im Network Marketing nämlich nie voran, wenn man andere unterdrückt. Im Network Marketing wird erfolgreich, wer andere erfolgreich macht. Das Erfolgsrezept heißt *Empowerment*. Je mehr Menschen man zu Erfolg verhilft, umso erfolgreicher wird man selbst.

Wenn Sie schnell reich werden wollen, ist Network Marketing nicht das Richtige für Sie. Wenn Sie jedoch bereit sind, zwei bis vier Jahre lang nebenberuflich intensiv daran zu arbeiten, können Sie eventuell anschließend für den Rest Ihres Lebens finanzielle Freiheit genießen.

Die freie Arbeitszeitgestaltung macht dies zur idealen Nebenbeschäftigung, während Sie weiterhin ihrer gewohnten Arbeit nachgehen. Das Geschäft ist für Studenten ebenso geeignet wie für die Hausfrau mit Kindern. Sie können das Geschäft auch mit einer nur sehr kleinen Investition beginnen; mit etwa 300 bis 1000 Euro sind Sie dabei!

Network Marketing hat sich in der freien Marktwirtschaft zur letzten realistischen Möglichkeit entwickelt, mit der sich ein Durchschnittsmensch ohne großes Kapital finanzielle Freiheit schaffen kann.

Sobald Sie sich entschließen, diesen aufregenden Beruf aufzunehmen, haben Sie einen Berufsweg mit unbegrenzten Einkommensmöglichkeiten vor sich, der Ihnen auch noch die Möglichkeit gibt, das Leben der Menschen, die Ihnen am meisten am Herzen liegen, bedeutend zu beeinflussen.

Haben Sie das Zeug dazu, es in diesem Geschäft zu Erfolg zu bringen? Schauen wir doch mal!

Kapitel Zwei:

Erfolgsgeheimnisse im MLM

etwork Marketing hat weltweit einige der verblüf-
fendsten Erfolgsgeschichten hervorgebracht. Nahezu
jedes Unternehmen hat seine „vom Tellerwäscher
zum Millionär"-Geschichten über durchschnittliche Leute, die
ärmlich oder bescheiden angefangen haben und nun in einem
Monat mehr Geld verdienen als die meisten Leute im gesamten Jahr.

Vom Pärchen, das in der Garage der Schwiegereltern lebte
zum bankrotten Kirchenprediger aus Texas, von der alleiner-
ziehenden, auf Sozialhilfe angewiesenen Mutter zum jungen
Mann in Taiwan, der mit dem Fahrrad zu Geschäftsvorstellungen fuhr – diese Menschen und tausende mehr wie sie, haben
außergewöhnliche Geschichten zu erzählen.

Doch egal welches Unternehmen in dieser Branche Sie
betrachten: Sie werden auffallende Gemeinsamkeiten unter
den extrem Erfolgreichen feststellen. Diese gemeinsamen
Merkmale sind die Voraussetzungen für langfristigen Geschäftserfolg.

Jeder in dieser Gruppe ist ein Träumer. Diese Menschen machen bei der Schwarzseherei der Massen nicht mehr
mit, sondern nehmen wieder Verbindung mit der Vision der
Großartigkeit auf, die wir alle irgendwann einmal in uns
trugen.

Wenn Morpheus ihnen die blaue oder die rote Pille anböte,
würden sie sich immer für die Reise in die tiefsten Tiefen des

13

Kaninchenbaus entscheiden und nicht für die Sicherheit der Matrix – denn sie wissen, dass in der neuen Realität die Wahl der „Sicherheit" die wirkliche Gefahr in sich birgt. Sie wissen, dass diejenigen, die sich für das „Sichersein" entscheiden, zu Arbeitsdrohnen der Kollektive werden. Diejenigen jedoch, die bereit sind, das auf sich zu nehmen, was die Herde als gefährlich betrachtet, sind diejenigen, die als Belohnung ein lebenswertes Leben ernten. Wagnis ist die neue Sicherheit.

Jeder in dieser Gruppe ist ein kritischer Denker.

Sie lehnen Herdendenken ab und nutzen ihr Urteilsvermögen. Sie sind von Natur aus neugierig und bereit, ihre zutiefst verwurzelten Grundansichten anzuzweifeln. Sie sind keine Zyniker, aber sie *sind* konventionellen Weisheiten gegenüber skeptisch, sie stellen Autorität in Frage und wollen den logischen Hintergrund einer Prämisse erfahren. Sie wissen, dass jede Überzeugung, die sie haben und von der sie profitieren, sich einer gesunden Skepsis behaupten wird und dass alle Überzeugungen, die genauer Prüfung nicht standhalten, ersetzt werden müssen.

Jeder in dieser Gruppe ist ein Arbeiter. Sie erwarten sich weder Freibier noch schnellen Reichtum. Weit davon entfernt, vor der Arbeit davonzulaufen, wachen sie morgens auf, springen aus den Federn und freuen sich auf die Arbeit! Ein professioneller Networker zu sein bedeutet, Herausforderungen, Wachstum und Abenteuer zu begrüßen und anderen zu helfen, während man sich selbst hilft. Sie lieben also, was sie tun und brauchen kein Wochenende, keinen Sechserpack Bier und keine 10 DVDs, um ihrem Arbeitsleben zu entfliehen. Sie haben herausgefunden, wie man Arbeit und Privatleben miteinander ins Gleichgewicht bringt und beidem Bedeutung verleiht.

Jeder in dieser Gruppe ist ein guter Lehrer. Sie wissen, dass wahre Duplikation vielmehr durch ihre Fähigkeit zu lehren als durch Verkaufstalent zustande kommt. Sie folgen einer Formel, die vielen anderen Menschen ermöglicht, ihre Handlungen nachzuvollziehen.

Jeder in dieser Gruppe ist auch ein Schüler. Sie haben eine leidenschaftliche Begeisterung für lebenslanges Lernen und sie nehmen sich jeden Tag Zeit für stille Besinnung und für die eigene Weiterentwicklung. Es ist wichtig, dass Sie stets Ihre Säge schärfen. Bücher, DVDs, CDs oder Online-Seminare – das Medium spielt keine Rolle.

Was zählt ist, dass Sie immer danach streben, heute ein bisschen besser zu sein als gestern.

Anfangs war mein größter Denkfehler in diesem Geschäft, dass ich dachte, der Erfolg würde kommen, wenn ich andere Menschen ändern würde. Ich lernte schnell, dass Erfolg immer dann eintrat, wenn ich mich selbst änderte. Alles, was Sie tun und vorleben, hat eine Wirkung, die sich wellenartig ausbreitet und alles um Sie herum positiv beeinflusst. Um die Welt zu ändern, müssen Sie zunächst sich selbst ändern.

Jeder in dieser Gruppe ist eine Führungskraft. Sie wurden nicht als Führungskräfte geboren. Niemand hat sie in diese Position gesetzt und sie scheren sich nicht im geringsten um Titel, Hierarchie oder Konformität. Eine kleine, ruhige Stimme in ihrer Seele hat sie in die Führungsposition berufen.

Sie führen, weil sie Glauben haben. Glauben an einen besseren Weg, Glauben daran, dass sie anderen helfen können und Glauben, dass jeder mit dem Anspruch auf Wohlstand geboren wird. Und sie wissen, dass Überzeugung mit der Verantwortung einhergeht, diesen Glauben mit einer größeren Gemeinschaft zu teilen.

Die Regeln der Geschäftswelt treffen auf Network Marketing nicht zu. In diesem Geschäft kommen Sie nicht durch das Ausstechen oder Kleinhalten von anderen Leuten weiter, sondern indem Sie ihnen helfen, sich weiter zu entwickeln. Je mehr Menschen Sie erfolgreich machen, umso erfolgreicher werden Sie.

Ein Unternehmen hat Platz für einen Vorsitzenden, ein paar stellvertretende Vorsitzende, einige Führungskräfte auf der mittleren Ebene und viele Stellen auf unterer bis unterster Ebene. Im Network Marketing wird jeder ermuntert, nach den höheren Erfolgsstufen zu streben. Es gibt kein Limit für die Anzahl von Menschen, die die obersten Ränge des Vergütungsplans erreichen können.

Wenn Sie Ihr Geschäft mit einer Einstellung angehen, die sich darauf konzentriert, wie Sie von den Menschen profitieren können, die Sie eigentlich unterstützen sollten, werden die betroffenen Menschen diese Signale wahrnehmen und Sie werden vielen Herausforderungen gegenüber stehen. Konzentrieren Sie sich stattdessen darauf, wie Sie anderen helfen können, wird Ihr eigener Erfolg sich ganz von selbst einstellen.

Kapitel Drei:

Wahl des richtigen Network-Marketing-Unternehmens

Weil die Verdienstmöglichkeiten im Network Marketing so lukrativ sind, zieht die Branche leider immer wieder Widerlinge und Betrüger an. Betrügerische Käufergemeinschaften, Verfasser von Kettenbriefen und illegale Pyramidensysteme tun alles Mögliche, um vorzutäuschen, dass es sich bei ihnen um seriöse Network-Marketing-Unternehmen handelt.

Es ist wichtig, dass Sie den Unterschied zwischen dem seriösen Network-Marketing-Modell und all den illegalen Programmen kennen. Sogar manche Aufsichtsbehörden verwechseln sie miteinander, also ziehen wir doch mal einen klaren Trennungsstrich.

In der Praxis können die Aufsichtsbehörden unmöglich all die unendlichen Varianten von legalen und illegalen Marketingprogrammen vorhersehen und gesetzlich regeln. Aus diesem Grund werden Multilevel- und Anti-Pyramiden-Gesetze sehr weitgehend formuliert und ausgelegt. Das ermöglicht den Aufsichtsbehörden, alle möglichen Variationen illegaler Programme zu umfassen und gibt ihnen eine rechtliche Grundlage, sie stillzulegen.

Sachkundige Experten nutzen in erster Linie die folgenden beiden Unterscheidungsmerkmale, um festzustellen, ob es sich bei einem Programm um eine seriöse Multilevel-Geschäftsmöglichkeit handelt:

Zuerst richten sie ihr Augenmerk auf das Konzept des Vergütungsplans. Werden die Teilnehmer für das bloße Einführen neuer Leute in das Programm bezahlt oder für den Verkauf von Produkten und Dienstleistungen an Endkunden?

Wenn der Plan darauf ausgerichtet ist, Teilnehmer für das Rekrutieren zu belohnen – dann ist es ein Pyramidensystem. Wenn die Provisionsstruktur auf den Verkauf von Produkten oder Dienstleistungen an den Endkunden abzielt – dann ist die erste Testphase bestanden.

Die zweite Analyse widmet sich der *tatsächlichen Handhabung des Programms*. Unabhängig davon, wie der Vergütungsplan aufgebaut ist, untersuchen die Aufsichtsbehörden, womit die Vertriebspartner tatsächlich ihre Zeit verbringen. Wenn das Programm den Schwerpunkt auf das Rekrutieren legt und nicht auf den Verkauf von Produkten oder Dienstleistungen, dann kann es immer noch als Pyramidensystem abgestempelt werden.

Genau da gibt es eine Grauzone: Fortschritte im Kundendienst führen bei manchen Aufsichtsbehörden zu Verwirrung. Früher musste man mit Autowerbung durch die Stadt fahren und Produkte an alle seine Kunden ausliefern, oder man „spielte Verkaufsladen“, indem man riesige Warenbestände bei sich zu Hause auftürmte, die von Kunden abgeholt werden konnten. Das ist heute nicht mehr nötig.

Die Unternehmen haben Vorzugskunden- und Autoship-Programme entwickelt, damit sich unabhängige Vertriebspartner nicht mehr um Auftragsabwicklung, Bezahlung, Umsatzsteuer und andere Arbeiten kümmern müssen. Sie können einen Kunden einfach für eines dieser Programme anmelden und erhalten ihre Einzelhandelsprofite ausbezahlt.

Außerdem schreiben sich viele schlaue Kunden selbst als Vertriebspartner ein, um ihre Produkte zu Großhandelspreisen einzukaufen. Somit kann man viel mehr Zeit mit Rekrutieren verbringen und viel weniger Zeit mit dem Kundendienst. Manche Aufsichtsbehörden haben diese neue Realität noch nicht erkannt.

In den USA haben nur einige wenige, fortschrittliche Bundesstaaten gesetzliche Regelungen, die spezifisch Multi-Level-Marketing definieren und regeln. Die meisten Staaten haben Anti-Pyramiden-Gesetze. Es gibt hierzulande auf bundesstaatlicher Ebene keine umfassenden Gesetzesdefinitionen und sie fehlen auch in vielen anderen Ländern.

In den Vereinigten Staaten werden Regelungen auf Bundesebene in erster Linie auf der Grundlage von Beschlüssen der Verwaltungsbehörden und Gerichte im Zuge von Gerichtsverfahren aufgestellt, die von Privatleuten oder der Federal Trade Commission (FTC) eingeleitet wurden.

Wenn man diese Beschlüsse und die Definitionen, die von den Gesetzgebern in den einzelnen Bundesstaaten formuliert wurden, Stück für Stück zusammensetzt, erhält man die wichtigsten Elemente, die ein Multilevel-Marketingprogramm definieren. In Bezug auf die Anti-Pyramiden-Gesetze legen die einzelnen Bundesstaaten ihr Hauptaugenmerk darauf, ob der Verdienst der Teilnehmer davon abhängig ist, dass sie andere Leute für das Programm rekrutieren. Demnach sind Pyramidensysteme, Endlosketten und Kettenbriefe illegal.

Aus Sicht der Bundesbehörden stellt sich die Beurteilung etwas anders dar. Während Kanada schon landesweite Anti-Pyramiden-Gesetze erlassen hat, fehlen sie in den meisten anderen Ländern immer noch. Das ändert sich allerdings. Viele mitteleuropäische und andere Staaten wurden in letzter Zeit Opfer von groß angelegten Pyramidensystemen – und solche Vorfälle veranlassen viele Länder, ihre Gesetzgebung anzupassen.

Hier in den USA, der Geburtsstätte des Network Marketing, hat der Kongress noch immer keine Anti-Pyramiden-Gesetze verabschiedet. Die meisten Network-Marketing-Unternehmen haben ihre Programme nach Maßgabe des Fallrechts nach bundesrichterlichen Entscheidungen und noch häufiger nach den Beschlüssen der FTC gestaltet.

Der meistzitierte Beschluss mit der Definition eines Pyramidensystems ist das Urteil der FTC aus dem Jahr 1975 *In der Sache der Koscot Interplanetary, Inc.* In jenem Urteil hielt die FTC dafür, dass „Kettensysteme" dadurch charakterisiert sind, dass „die Teilnehmer Geld an das Unternehmen zahlen, um als Gegenleistung dafür (1) das Recht zu erhalten, ein Produkt zu verkaufen und (2) das Recht zu erhalten, für das Rekrutieren anderer Teilnehmer für das Programm belohnt zu werden, wobei diese Belohnungen *ohne Bezug* zu einem Verkauf des Produkts an die Endnutzer seien."

Die Schlüsselworte sind hier „Belohnungen *ohne Bezug* zu einem Verkauf des Produkts an die Endnutzer" – d. h., dass Sie Geld für etwas anderes bekommen als für Ihren persönlichen Produktverkauf oder den Differenzprovisionen für Produkte, die von Ihren Leuten verkauft werden. Wenn Sie Geld für andere Tätigkeiten bekommen, etwa das Einschreiben neu angeworbener Leute oder den Verkauf von Verkaufshilfsmitteln, dann besteht durchaus die Gefahr, dass Ihre Tätigkeit als illegal eingestuft wird.

Dass ein Unternehmen alle Gesetze beachtet, ist keine Garantie dafür, dass es alle rechtlichen Hürden nehmen wird. Da die Bundesstaaten und Provinzen unterschiedliche Gesetze haben, könnte ein Programm in einem Bundesstaat legal sein und in einem anderen als Pyramidensystem gelten. Zudem können Richter gesetzliche Regelungen im Einzelfall nicht buchstabengetreu auslegen.

Hinzu kommt, dass viele unterbezahlte Aufsichtsbeamte in diesem Bereich recht ungebildet sind und sich nicht über das relevante Fallrecht auf dem Laufenden halten. Manchmal scheint es tatsächlich so, dass einige dieser Aufsichtsbeamten (und in machen Fällen sogar Richter) noch nie die Verfassung gelesen haben. Ein typisches Beispiel dafür war der Fall *Capone vs. Nu Skin:*

Zur Vorgeschichte:

Dies war eine Sammelklage im Namen der kanadischen Vertriebspartner von Nu Skin. Nu Skin beantragte beim Gericht (in diesem Fall beim Bundesbezirksgericht für den Bezirk Utah) ein beschleunigtes Verfahren. Im März 1997 hielt das Gericht in einem vorläufigen Urteil dafür, dass ein Nu Skin-Vertriebsvertrag ein Wertpapier darstellen dürfte.

Nu Skin hielt natürlich dagegen, dass das lächerlich sei, da die gesamte Investition darin bestünde, ein Vertriebspartner-Kit für $60 zu kaufen. Das Gericht stimmte jedoch Frau Capone zu, dass, um „sich in sinnvoller Weise am Nu Skin-Marketingplan zu beteiligen, es notwendig sei, jeden Monat Produkte zu kaufen, um die Erfordernisse hinsichtlich des Eigenumsatzes und des Gruppenumsatzes zu erfüllen."

Das Gericht begründete dies mit der Behauptung, dass „… es ein Schlüsselelement des Nu Skin-Marketingplans ist, dass **jeder Vertriebspartner**, um Provisionen von Downline-Partnern zu erhalten, Nu Skin Produkte im Wert von **100 ‚Punkten' kaufen muss** (was etwa $100,-- USD entspricht).

Gleichermaßen müssten Vertriebspartner, die zu ‚Executives' werden, jeden Monat bei ihren Vertriebspartnern für **Käufe** von Produkten im Wert von $3.000,-- sorgen, um Anspruch auf eine Provision zu haben. Darüber hinaus gibt es **Anzeichen, die dafür sprechen, dass Provisionen unabhängig davon gezahlt werden, ob die Vertriebspartner die**

von ihnen gekauften Produkte auch tatsächlich wiederverkaufen.“

Bei dieser gewundenen Logik gibt es freilich zwei Probleme. Erstens wird von den Vertriebspartnern nicht verlangt, Produkte zu kaufen, sondern *Umsatz zu produzieren.* Es ist sicherlich nicht unverschämt von Nu Skin oder einem anderen Unternehmen, von einem Vertriebspartner einen bestimmten Eigenumsatz zu verlangen, um Differenzboni ausgezahlt zu bekommen. In diesem Fall waren es etwa $100. Zudem müssen die Vertriebspartner die Produkte nicht für sich selbst kaufen. Solche Mengen können sie ganz bestimmt an Freunde, Verwandte oder andere Kunden vermarkten, was offenbar auch viele tun.

Das zweite Problem besteht darin, dass das Gericht nahe legt, dass Provisionen, Rabatte oder Differenzprovisionen nur auf Produkte gezahlt werden sollten, die wiederverkauft werden und nicht auf solche, die von Vertriebspartnern gekauft werden, die ihre eigenen besten Kunden sind. Dafür gibt es absolut keine gesetzliche Grundlage – das ist schlicht und einfach ein Fall von ungebildeten Juristen, die versuchen, ein neues Gesetz zu erschaffen.

Das Gericht führte weiter aus, dass ein Vertriebspartnervetrag mit Nu Skin ein „Wertpapier“ sei, weil die Vertriebspartner „großes Geld mit dem Aufbau einer Verkaufsorganisation machen, finanzielle Unabhängigkeit und Ähnliches erlangen können.“ Weiter äußerte sich das Gericht, dass das „Versprechen von lukrativen Belohnungen für das Anwerben anderer Leute die Teilnehmer dazu anregt, sich auf die geschäftliche Seite des Rekrutierens zu konzentrieren, was auf Kosten ihrer Einzelhandelsbemühungen geht und es unwahrscheinlich macht, dass sich größere Chancen für Einzelhandelsverkäufe bieten.“

Einfacher ausgedrückt befand das Gericht, dass jedes Programm, das einem Vertriebspartner unter Umständen mehr an Differenzprovisionen auszahlt, als er durch seinen persönlichen Einzelhandel mit Produkten macht, die Elemente eines Anlagevertrags erfüllt – was dann ein Wertpapier wäre. Das ist natürlich grotesk. Würden wir diesen Gedankengang bis zum logischen Ende verfolgen, dann würde der unternehmerisch veranlagte Teenager, der drei oder vier andere Kinder beauftragt, für die Nachbarn Schnee zu schaufeln, in dem Sinne auch ein Wertpapiergeschäft betreiben!

Auf die Gefahr hin, das Offensichtliche übertrieben darzustellen – die Gerichte vergessen manchmal, dass es nicht ihre Aufgabe ist, Gesetze zu machen, sondern sie zu interpretieren. Die Gerichte machen nicht nur ihre eigenen Gesetze, sondern auch noch schlechte Gesetze. Vereinzelte Bundesrichter kreieren schneller Gesetze als jeder Kongress und jedes Parlament. Etliche Urteile wie das eben Vorgestellte zeigen deutlich das völlige Fehlen jegliches Verständnisses der Gerichte in Bezug auf das MLM-Fallrecht – und sogar die Verfassung. Andere Länder haben mit ähnlichen Problemen zu kämpfen.

Wenn auch dieser Nu Skin-Fall offensichtlich einen Übergriff der Staatsgewalt darstellt, so sind die meisten Beamten bei den Aufsichtsbehörden doch anständige, fleißige Menschen, die einfach nur das Volk vor skrupellosen Geschäftemachern schützen wollen.

Letztendlich werden die Aufsichtsbehörden sicher den Inhalt vor die Form stellen. Auch wenn ein Programm all die richtigen Schlagwörter in seinem Marketingmaterial benutzt – solche Richtlinien zum Schutz der Öffentlichkeit jedoch nicht durchsetzt – wird dieses Programm so behandelt werden, als hätte es keine Schutzmaßnahmen eingebaut.

Schließlich und endlich bleibt nur noch festzustellen, dass es in den USA viele Unstimmigkeiten zwischen den Gesetzen auf Regional- und auf Bundesebene gibt.

Im Endeffekt gibt es drei Hauptfaktoren, auf die Aufsichtsbehörden ihr Augenmerk richten, um zu beurteilen, ob jemand ein Pyramidensystem oder ein seriöses Network-Marketing-Programm betreibt. Auch wenn diese Kriterien nicht unbedingt in einer umfassenden gesetzlichen Regelung niedergeschrieben sind, so werden sie doch allgemein angewandt. Denn die Beachtung dieser drei Kriterien schützt die Bevölkerung vor den Gefahren, die von Pyramidensystemen ausgehen. Sehen wir uns diese Kriterien einmal an:

1) Umfangreiche Verkäufe von Produkten oder Dienstleistungen an Endnutzer

Wichtig ist, dass die Produkte die Endverbraucher erreichen. Wenn Sie jemand auffordert Wasserfilter im Wert von $50.000,- zu kaufen um sich für einen Bonus oder eine Rangerhöhung zu qualifizieren, ist es offensichtlich, dass Sie nicht der Endnutzer der ganzen Ladung sein werden. Man versucht, Sie mit Vorräten zu überladen und das ist kein seriöses Programm.

Wenn das Produkt zum Endverbraucher gelangt – auch wenn ein großer Prozentsatz dieser Verbraucher Vertriebspartner sind – ist der Geist und der Wortlaut der gesetzlichen Anforderungen erfüllt. Lassen Sie sich nicht durch die ein oder zwei fehlgeleiteten Beschlüsse verunsichern, die vorhalten, dass der Verbrauch durch Vertriebspartner nicht als Produktverkauf an den Endverbraucher zähle. Wie ich vorher schon erwähnt habe, schreiben sich heutzutage viele schlaue

Verbraucher als Vertriebspartner ein, damit sie direkt bestellen und zu Großhandelspreisen einkaufen können. Andere starten als Vertriebspartner und stellen fest, dass ihnen das Geschäft nicht liegt, doch sie kaufen weiterhin jahrelang die Produkte zu Großhandelspreisen.

2) Provisionen werden nur auf Produktverbrauch gezahlt, keine Kopfgelder

Ihr Einkommen muss in Form von Prämien und Differenzprovisionen kommen, die auf dem Umsatz Ihrer Organisation basieren. Wenn Sie für das Einschreiben von Leuten oder das Verkaufen von Trainingsmaterial bezahlt werden – dann ist es wahrscheinlich ein Pyramidensystem.

Ein typisches Beispiel ist die „Werde Reiseführer"-Kampagne, die in vollem Gange ist, während ich diese Neuauflage schreibe. Diese Pseudo-Reiseführer stehen ernsten rechtlichen Herausforderungen gegenüber und bekommen viel negative Werbung. Sie geben vor, die Geschädigten zu sein und zu Unrecht verfolgt zu werden.

Doch wenn Sie sich ihren Jahresbericht ansehen, den sie veröffentlichen, werden Sie sehen, dass die meisten ihrer Verkäufe – und die meisten Provisionen, die an ihre Vertriebspartner ausbezahlt werden – aus dem Verkauf von Webseiten an die Vertriebspartner selbst stammen und nicht aus dem tatsächlichen Verkauf von Reisen. Solches Ausbeuten der eigenen Vertriebspartner zählt zu den größten Problemen, mit denen seriöse Networker in der öffentlichen Wahrnehmung gegenwärtig zu kämpfen haben.

3) Erfordernis des Inventar-Rückkaufs

Die meisten Bundesstaaten, die tatsächlich Multilevel-Marketing-Gesetze haben, verlangen von den Unternehmen, dass sie Inventar, das von ihren Vertriebspartnern zurückgegeben wird, zurückkaufen. Diese Bundesstaaten verlangen auch, dass diese Regelung im Vertriebsvertrag angeführt wird.

In den meisten Fällen wird die Rückkauf-Erfordernis nur dann wirksam, wenn der Vertriebspartner seinen Vertriebsvertrag kündigt. In anderen Bundesstaaten muss das Unternehmen jegliches zurückgesandte Inventar zurückkaufen, sofern der Vertriebspartner nicht in der Lage war, es innerhalb von 90 Tagen ab dem Kaufdatum weiterzuverkaufen. (Für beide Fälle gelten spezielle Bedingungen. Normalerweise werden 90% des Kaufpreises zurückerstattet, die Produkte müssen wiederverkäuflich sein und alle für das verkaufte Produkt ausgezahlten Provisionen dürfen abgezogen werden.)

Unternehmen, die diese drei Kriterien erfüllen, entsprechen sowohl dem Wortlaut als auch dem Geist des Gesetzes.

Ein anderer Bereich, den ich ansprechen muss, sind die sogenannten „Gifting Clubs". Ihr überragendes Argument ist, dass sie keine Produkte brauchen, da die Teilnehmer in ihrem Kreis der Sponsorenlinie freiwillig Geld-„Geschenke" geben. Solche Schenk-Kreise sind nichts anderes als Imitationen von Kettenbriefen und wir seriösen Networker müssen sie entschieden bekämpfen.

Wie oft werden manche Leute noch versuchen, die Rabatt-Gemeinschaften zurückzubringen? Die von ihnen angepriesenen Produkte oder Dienstleistungen haben oftmals zweifelhaftem Wert. Sie haben sich immer wieder versucht und sich nie gehalten. Der Markt unterstützt sie nicht und die Aufsichtsbehörden packen sie hart an, da die Rabatte, mit denen sie werben, nicht größer sind als die, die jedermann haben kann, der Preise vergleicht.

Man muss seriöse Produkte oder Dienstleistungen anzubieten haben, die die Leute auch auf dem freien Markt zu den Einzelhandelspreisen kaufen würden. (Wenn wahrscheinlich niemand das Produkt oder die Dienstleistung kaufen würde, ohne am Vergütungsplan beteiligt zu sein, liegt die Annahme nahe, dass es ein Pyramidensystem ist.)

Wenn Sie auf die Anziehungskraft ihrer Geschäftsgelegenheit zählen und glauben, dass der Interessent es gar nicht mitbekommt, dass er einen viel zu hohen Preis für Ihr Produkt bezahlt, werden Sie bitter enttäuscht werden. Ein starker Stamm von zufriedenen Einzelhandelskunden (die nicht wegen der Provisionen mitmachen) ist einer der besten Indikatoren für ein starkes Unternehmen.

Eine andere Variante, vor der man sich in Acht nehmen sollte, sind die sogenannten Einkaufs-Gemeinschaften. Diese Programme werben mit dem Slogan „kein Verkaufen nötig" und konzentrieren sich darauf, jeden einzuschreiben, damit er zum Großhandelspreis einkaufen könne. Viele Behörden missbilligen solche geschlossenen Marketing-Systeme und betrachten sie als Pyramiden. Der Grund dafür ist:

Sie können eine Großhandels-Einkaufsgemeinschaft gründen, so wie es Sam Walton getan hat und es ist vollkommen legal. Doch wenn Sie einer solchen Gemeinschaft eine Provisions-Struktur über mehrere Ebenen geben, wird sie in den meisten Fällen zu einem illegalen System, weil im geschlossenen Kreis Provisionen ausgezahlt werden, ohne dass es einen Einzelhandels-Verkauf gibt. Da jeder Mitglied ist, gibt es niemanden, an den man etwas verkaufen könnte. Wenn wir alle nur einkaufen müssten, um Geld zu verdienen, würde es bestimmt jeder tun! Nein, so einfach ist das nicht.

Doch es ist auch nicht allzu kompliziert

Es ist nicht allzu schwer, das Gute vom Bösen zu unterscheiden. Letztendlich sollte es möglich sein, den Vergütungsplan auszugrenzen. Wenn das vorhandene Produkt oder die Dienstleistung einen Wert darstellt, der dem Verkaufspreis entspricht oder diesen übersteigt, dann haben Sie gutes Arbeitsmaterial in der Hand. Würden Sie das Produkt nicht zu dem Preis kaufen, wenn Sie nicht am Umsatz beteiligt wären, verabschieden Sie sich lieber von dem Programm.

Es gibt keinen Vergütungsplan und keine Art von Reklame, mit denen ein Unternehmen mit überteuerten und qualitativ minderwertigen Produkten langfristig überleben könnte. Das heißt nicht, dass Ihre Produkte billiger sein müssen als die, die es anderswo zu kaufen gibt – sie müssen jedoch einen so außergewöhnlichen Wert haben, dass die Leute sie trotzdem haben wollen und bereit sind, den Preis zu zahlen.

Damit will ich nicht gesagt haben, dass Ihre Vertriebspartner nicht bessere Kunden sein können als Außenstehende. Sie werden nämlich feststellen, dass Vertriebspartner viel höhere Umsätze bringen. Sie verstehen, dass sie Geld vergeuden, wenn sie Produkte x-beliebiger anderer Hersteller kaufen. Daher achten sie darauf, dass sie immer ihre eigenen Produkte auf Lager haben.

Sie werden auch feststellen, dass sie die Produkte großzügiger verwenden, da sie besser über sie unterrichtet sind; sie empfinden es als einfach, sie zu bestellen und schätzen den Vorteil, zum Großhandelspreis einkaufen und so Geld sparen zu können.

Ein weiterer Faktor spielt hier eine große Rolle:

Regelbefolgung. Besonders dann, wenn Ihr Programm Produktlinien zur Hautpflege, Nahrungsergänzung oder Gewichtskontrolle beinhaltet. Da Vertriebspartner ein persönliches finanzielles Interesse an den Ergebnissen haben, werden sie viel eher die Anweisungen befolgen, die Übungen machen oder die nötigen Änderungen ihres Lebenswandels vollziehen, was zu besseren Resultaten und Erfahrungen mit den Produkten führt. Daher sind Vertriebspartner viel bessere Kunden, kaufen mehr und sind treuer.

Rechtliche Hinweise

Da ich kein Jurist bin, sind die vorstehenden Information keinesfalls als Rechtsauskunft auszulegen. Bitte, wenden Sie sich mit spezifischen Rechtsfragen an einen Anwalt. Ich habe mich bemüht, Ihnen als Laie ein Verständnis für die Unterschiede zwischen seriösen MLM-Geschäften, illegalen Programmen und Pyramidensystemen zu vermitteln. Die hier enthaltenen Angaben dürften für den durchschnittlichen Vertriebspartner völlig ausreichen.

Leitende Angestellte eines Unternehmens und diejenigen, die nach ausführlicheren Erläuterungen suchen, sollten sich auf alle Fälle an eine Anwaltskanzlei wenden, die sich in der Branche auskennt. Ich empfehle Grimes & Reese, eine Firma, die sich intensiv mit Network Marketing beschäftigt hat. Sie hat mich beim Schreiben dieses Buches enorm unterstützt. Sie finden sie unter http://www.mlmlaw.com. (Anmerkung des Verlages: nur für Amerika gültig)

Die Wahl Ihres Programms

Sie haben nun die grundlegenden Kenntnisse, um ein seriöses MLM-Unternehmen zu erkennen, doch wie wählen Sie das Unternehmen aus, das für Sie richtig ist?

Dies ist eine der wichtigsten Entscheidungen, die Sie in Ihrer Network-Marketing-Karriere machen werden. Leider widmen die meisten Leute der Auswahl eines Unternehmens weniger Zeit als dem Kauf eines neuen Kühlschranks. Tatsächlich überlassen es die meisten dem Unternehmen, sie auszuwählen. Dazu gibt es zwei Denkansätze.

Erstens, wenn Ihnen jemand, den Sie kennen und dem Sie vertrauen, eine Geschäftsgelegenheit vorstellt – und er Sie gerne sponsern möchte und verspricht, mit Ihnen zu arbeiten – da ist eine Menge Substanz drin. Es ist nicht notwendig, dass Sie sich auf den Weg machen, um alle anderen Network-Marketing-Unternehmen der Branche zu finden und sie miteinander zu vergleichen. Sie würden zwei Jahre mit Nachforschungen verbringen – und erst zu einem Zeitpunkt mit der Arbeit anfangen, zu dem Sie schon nennenswertes Einkommen beziehen könnten.

Andererseits spielt es eine grundlegende Rolle für Ihre Erfolgsaussichten, welches Unternehmen Sie wählen. Sie müssen mit der gebührenden Sorgfalt ein gutes auswählen. Ich gebe Ihnen zwei Fragen, die Sie gleich am Anfang stellen sollten. Das wird Ihnen die Sache enorm erleichtern. Wenn Ihnen ein Network-Marketing-Unternehmen nicht auf beide Fragen eine positive Antwort gibt, können Sie sie gleich von Ihrer Liste streichen.

1) Wenn Sie nicht am Geschäft beteiligt wären, würden Sie das Produkt oder die Dienstleistung trotzdem kaufen?

Seien Sie ehrlich zu sich selbst. Wenn die Antwort „Nein" lautet, suchen Sie sich ein anderes Unternehmen. Wenn das Geschäft, in das Sie einsteigen, sich nicht mit Produkten beschäftigt, an die Sie glauben und die Sie persönlich nutzen werden, dann ist es äußerst unwahrscheinlich, dass Sie mit diesem Unternehmen erfolgreich werden. Network Marketing lebt von der Begeisterung und den persönlichen Empfehlungen der beteiligten Menschen.

Zwei der ersten Dinge, die ein Interessent Sie fragen wird, sind, ob die Produkte gut sind und ob Sie sie selbst nutzen. Wenn Sie nicht beide Fragen mit einem begeisterten „Ja" beantworten können, wird er sich wahrscheinlich nicht weiter damit beschäftigen.

2) Würden Sie das Produkt oder die Dienstleistung *zu dem Preis* kaufen?

Wenn Sie für Ihre Produkte auf dem freien Markt den Preis nicht zahlen würden, ist es unwahrscheinlich, dass andere es tun werden. Gehen Sie nicht davon aus, dass Menschen mehr für ein Produkt zahlen werden, nur weil sie eine Provision bekommen. Immer wieder zeigt sich, dass sie das nicht tun.

Ihr Erfolg im MLM basiert darauf, Ihre Produkte zu den Endverbrauchern zu bringen, die sie tatsächlich nutzen und häufig wiederbestellen. Leute, die nur deshalb Produkte kaufen, um eine Provision zu bekommen, häufen nur Vorräte an und hören schließlich auf einzukaufen, wenn ihre Garage voll oder ihr Kreditkartenlimit ausgeschöpft ist.

Die Leute müssen bereit sein, den Einzelhandelspreis für Ihre Produkte zu zahlen. Das bedeutet allerdings nicht, dass Ihr Network-Marketing-Unternehmen billigere Produkte anbieten muss als alle anderen. Es bedeutet, dass die Produkte einen so hohen Wert haben müssen, dass Sie und andere Leute bereit sind, den Preis für sie zu zahlen.

Tatsächlich haben viele Network-Marketing-Unternehmen Produkte, die teurer sind als ähnliche Produkte, die man anderswo bekommt. Doch wegen ihrer hohen Qualität,

Wirksamkeit oder Konzentration bieten sie dem Verbraucher einen höheren Wert.

Network-Marketer haben der Öffentlichkeit eine große Zahl von Produkten vorgestellt, die im traditionellen Vertriebssystem niemals eine Chance gehabt hätten – Produkte wie Pycnogenol, orale Chelation, Enzyme, Säfte und Gels mit Antioxidantien sowie andere erklärungsbedürftige Produkte, die auf Mundpropaganda angewiesen sind – worin Network Marketing unschlagbar ist. Diese Produkte haben Millionen von Menschen geholfen und sogar Leben gerettet und verlängert.

Unternehmen wie Amway, Shaklee und Melaleuca haben konzentrierte Produkte in umweltfreundlichen Verpackungen schon Jahrzehnte eher propagiert, bevor diese Ideen das Bewusstsein der Massen erreichten. Network Marketing war auch Vorreiter für mehr naturreine Produkte, lange, bevor sie Mode wurden.

Weitere greifbare Vorteile sind natürlich der individuelle Service und die Aufmerksamkeit, die ein Kunde von den MLM-Vertriebspartnern erhält. Für diese persönliche Betreuung und Annehmlichkeit sind die Kunden gern bereit, etwas mehr zu bezahlen. Machen Sie sich daher keine Sorgen, wenn Ihr Produkt nicht das billigste auf dem Markt ist, sondern achten Sie bloß darauf, dass es einen guten Wert hat.

Sehen wir uns die anderen Produktvariablen an, auf die Sie achten sollten, wenn Sie ein Network-Marketing-Unternehmen bewerten.

Sind die Produkte einmalig und exklusiv?

Idealerweise wünscht man sich Produkte, die es nur bei Ihrem Unternehmen gibt, so dass Ihre Kunden sie nur über Sie bekommen können. Wenn man Produkte wie das Ihre auch in Einzelhandelsgeschäften oder über das Internet kaufen kann, werden Sie sich stärkeren Herausforderungen gegenüber sehen, es sei denn, Ihr Preis ist deutlich niedriger.

Sind es Verbrauchsgüter?

Ich bin hier vielleicht etwas voreingenommen, aber ich glaube, dass Verbrauchsgüter wie Vitamine, Haut- und Körperpflegeprodukte oder Reinigungsmittel langfristig besser sind als Gebrauchsgüter wie Wasserreiniger, Luftfilter oder Schmuck. Ich weiß, unsere Branche ist randvoll mit Unternehmen besetzt, die Nahrungsergänzungen, Haushaltsprodukte und Körperpflegeprodukte anbieten, doch dafür gibt es einen guten Grund: Es klappt.

Wenn Ihre Leute laufend Shampoo, Waschmittel oder Vitamine aufbrauchen (wie es die Leute, die Sie gern um sich haben, bestimmt tun), werden Sie häufigere Bestellungen erhalten. Das bedeutet für Sie höhere Umsätze und höheres passives Einkommen.

Welche monatlichen Umsätze werden Sie wahrscheinlich mit den Produkten, die Sie vermarkten, erzielen?

Das ist eine wichtige Frage, denn ein großer Teil Ihres Volumens wird durch den persönlichen Verbrauch Ihrer Vertriebspartner erzielt werden. Der Rest wird natürlich aus dem monatlichen Verbrauch Ihrer Kunden kommen. *Je höher der monatliche Durchschnitt ist, umso höher ist Ihr Gewinnpotenzial.*

Nehmen wir mal an, Sie arbeiten mit einem Unternehmen, das nur ein Produkt hat, einen Energy-Drink zum Preis von $40 und der Durchschnittsmensch verbraucht eine Flasche pro Monat. Bei 100 Vertriebspartnern und Kunden in Ihrer

Organisation würden Sie für einen Umsatz von $4.000 bezahlt werden.

Nun stellen Sie sich vor, Sie arbeiten mit einem Unternehmen, das einen Energy-Drink, verschiedene Nahrungsriegel, ein Multi-Vitamin-, ein Antioxidantien- und ein Ballaststoff-Präparat anbietet und das durchschnittliche Verbrauchsvolumen pro Familie ist $100. Mit denselben 100 Vertriebspartnern und Kunden werden Sie Differenzprovisionen auf einen Umsatz von $10.000 erhalten. Bei ansonsten gleichen Bedingungen machen Sie demnach mehr Geld bei einem Unternehmen, das mehrere Produkte anbietet. Gleichzeitig erzielen Sie natürlich auch höhere Gewinne aus Ihrem eigenen Verkauf.

Das bedeutet nicht, dass Sie mit einem Unternehmen, das nur ein Produkt anbietet, kein Geld machen können. Wenn das Produkt einen hohen Preis pro Monat hat, oder wenn die Leute jeden Monat größere Mengen davon kaufen müssen, erzielen Sie auch höhere Umsätze und demnach höhere Einnahmen.

Unterm Strich gesehen bedeutet ein höherer durchschnittlicher Monatsumsatz immer ein höheres Gewinnpotenzial für Sie.

Diese produktbezogenen Fragen sollten Ihre wichtigsten Kriterien bei der Auswahl eines Network-Marketing-Unternehmens sein. Wirklich langfristiges Wachstum einer Organisation hängt von der Nachfrage nach dem Produkt ab. Der Vergütungsplan, die Führungsqualitäten des Unternehmens und andere Faktoren sind gegenüber dem Produkt sekundär.

Es gibt Opportunisten und sogar einige Trainer, die Ihnen sagen werden, dass die Produkte nicht so wichtig sind. Sie bestehen darauf, dass es der Vergütungsplan ist, der das Wachstum antreibt. Das mag am Anfang richtig sein (solange der Werberummel auf vollen Touren läuft), doch Sie können Ihr Geschäft nicht langfristig aufrecht erhalten, wenn Ihre

Produkte dem Kunden keinen guten Wert bieten. Das ist eine Lektion, die ich selbst erst lernen musste...

Vor etwa 15 Jahren hatte ich eben erst begonnen, etwas Geld mit diesem Geschäft zu verdienen. Ich besuchte das Seminar eines Autors, der ein Buch über MLM geschrieben hatte. In einem Gespräch unter vier Augen sagte er mir, dass die Produkte eigentlich irrelevant seien; es sei der Vergütungsplan, der das Wachstum antreibe. Er sagte, wir alle könnten jeden Monat die Produkte kaufen und sie aus dem Fenster hinauswerfen. Solange jeder von uns jeden Monat die Mindestbestellung machen würde, würden wir alle Geld verdienen.

Jung und leichtgläubig, wie ich war und angesichts dessen, dass er ein Experte war, nahm ich mir seinen Rat zu Herzen.

Damals arbeitete ich mit einem Programm, dass es erlaubte, Geschenk-Gutscheine zu kaufen, statt eine monatliche Produktbestellung zu tätigen. Da ich ein Monatsvolumen im Wert von $100 brauchte, um mich zu qualifizieren, kaufte ich für den Betrag jeden Monat einen Geschenk-Gutschein.

Das war zu den Zeiten, als ich noch ein Raucher war; damals, als man noch in der Öffentlichkeit rauchen konnte, ohne erschossen oder verhaftet zu werden. Jeden Monat, bei meiner größten Geschäftsvorstellung, nahm ich vor den Augen meiner Zuschauer einen Geschenk-Gutschein und zündete mir damit meine Zigarette an. Das nahm ihnen den Atem, das können Sie mir glauben!

Ich erklärte ihnen dann, dass ich $100 für den Geschenk-Gutschein bezahlt hatte und dann sagte ich ihnen, auf welche Summe mein Scheck für den Monat ausgestellt war (es waren rund $10.000,--). Ich führte weiter aus, dass ich – solange ich irgendwelches Zeug für $100 kaufen würde – immer eine Auszahlung erhalten würde, auch wenn ich es, wie diesen

Geschenk-Gutschein, als Zigarettenanzünder verwenden oder zum Fenster hinauswerfen sollte! Ich war überzeugt, diese Logik sei unangreifbar. Und das war sie auch.

Allerdings gab es da zwei klitzekleine Probleme.

Erstens war es illegal. Wie Sie mittlerweile wissen, wird jedes Geschäft, bei dem die Leute nur deshalb einkaufen, um eine Auszahlung zu bekommen, als Pyramidensystem betrachtet – was in den meisten Ländern der Welt illegal ist.

Zweitens macht so etwas den Wert Ihrer Produkte völlig zunichte. Die Leute betrachten die Produkte dann nur noch als ein Mittel, um möglichst schnell zu Geld zu kommen und sie benutzen sie nicht einmal. Sie bauen keine Beziehung zu ihnen auf; es kommt nicht zu der emotionalen Bindung, die für den langfristigen Erfolg so ausschlaggebend ist.

Es ist diese emotionale Bindung zu den Produkten Ihres Network-Marketing-Unternehmens, die die Menschen dazu motiviert, über sich selbst hinauszuwachsen und sie davon abhält, auf das nächstbeste verlockende Angebot überzuspringen, das ihren Weg kreuzt.

Doch damals wusste ich das alles nicht. Also verbrannte ich meinen Geschenk-Gutschein und predigte die Macht der Gewinnverheißung. Und meine Frontline-Leute duplizierten mich natürlich. Mann, da gab es tatsächlich Nichtraucher, die sich das Rauchen angewöhnten, damit sie bei ihren eigenen Geschäftspräsentationen auch Geschenk-Gutscheine verbrennen konnten!

Es klappte prima, solange wir nur fünf oder sechs Ebenen tief gingen, denn all diese Leute machten einen Umsatz von $100 pro Kopf und Monat oder sogar mehr. Die Probleme zeigten sich auf den unteren Stufen, wo die Leute noch nicht in der Gewinnzone lagen...

Das Ende des Monats kam und ging vorüber und diese

Leute machten einfach keine Bestellung. Als die Provisions-Schecks ausgesandt wurden, bekamen sie einen Anruf von ihrem überraschten Sponsor, der wissen wollte, warum sie nichts bestellt hätten.

"Weil ich noch niemanden unter mir habe" war die Antwort.

Im nächsten Monat bestellten diese Sponsoren wieder nichts, diesmal, weil die Leute unter ihnen nichts bestellten, weil unter ihnen keine Umsätze vorhanden waren. Der Abrieb begann an der Basis und arbeitete sich Ebene für Ebene hoch. Diese Organisation, in deren Aufbau ich mehr als ein Jahr harter Arbeit hereingesteckt hatte, sah aus, als würde sie sich innerhalb zweier Monate selbst zerstören.

Mit Müh und Not gelang es, die Blutungen zu stillen. Ich begann die Produkte wieder selbst zu nutzen und führte Produkt-Workshops und andere Aktivitäten durch, um den Wert der Produkte aufzuzeigen. Die Produkte sind wichtig. Sie müssen der treibende Katalysator für das Unternehmen sein.

Interessante Anmerkung am Rande

Später erkannte ich, dass jener MLM-„Experte", der mich beeinflusst hatte, in Wirklichkeit nur einer der vielen Opportunisten war, denen andere Menschen egal sind. Er benutzte seine Bücher und Seminare, um Leute von anderen Organisationen abzuwerben. Er war tatsächlich in 20 bis 30 Unternehmen gleichzeitig eingetragen! Er verschob dann all die Leute in ein neues Network-Marketing-Unternehmen, was ihn innerhalb weniger Monate an die Spitze des Vergütungsplans brachte.

Alle anderen Vertriebspartner in jenem neuen Unternehmen fragten sich, wie er es geschafft hatte, seine Organisation so schnell aufzubauen. Also kauften sie seine Bücher und Kassetten und besuchten seine Seminare, in der Hoffnung, sein Geheimnis zu erfahren. Sie wandten die Methoden an, die er in seinen Materialien lehrte, nur um festzustellen, dass sie nicht funktionierten. Es waren nur Theorien. Der Trainer hatte diese Methoden in Wirklichkeit nie selbst angewandt um eine Gruppe aufzubauen. Er baute seine Gruppen nur durch Abwerbung von Organisationen anderer Leute auf.

Sobald die Leute in seinem neuen Network-Marketing-Unternehmen erkannten, dass seine Methoden nicht funktionierten, war unser Trainer schon wieder bereit, zum nächsten Unternehmen zu wechseln. Er erklärte, seine Methoden würden nur deshalb nicht funktionierten, weil die Geschäftsgelegenheit nichts tauge. Doch da kam schon gleich die gute Nachricht – glücklicherweise hatte er eben eine bessere entdeckt!

Also wechselte er zu einem anderen Unternehmen und nahm etliche Leute von dem alten mit sich. Diese große Gruppe, die er mitbrachte, schob ihn wieder einmal an die Spitze des Vergütungsplans ... und dann wiederholte sich der ganze Prozess von Neuem.

Ob Sie es glauben oder nicht, es gibt tatsächlich so viele Network-Marketing-Unternehmen, die neu beginnen oder ihre Aktivitäten einstellen, dass er das über 20 Jahre lang durchziehen konnte. Er machte Millionen mit dem Verkauf von Trainingsmaterialien und Seminaren an ahnungslose Seelen.

Daraus kann man einige Lektionen lernen. Erstens, wählen Sie ein Network-Marketing-Unternehmen, das Hand und Fuß hat und bleiben Sie dort. Gehen Sie nie davon aus, dass Andere die gleichen ethischen Vorstellungen und die gleiche Denkkraft haben wie Sie. Wenn etwas keinen Sinn ergibt oder unmoralisch wirkt, schlagen Sie das Angebot aus. Vorsicht vor Sachen, die nichts kosten. Nur der Käse ist umsonst. Die

Mausefalle kostet das Leben.

Das heißt nicht, dass Sie nichts von Experten außerhalb des Unternehmens lernen könnten. Es heißt aber, dass Sie das, was Sie dort lernen, mit Ihrer Sponsorenlinie besprechen sollten – denn die hat ein persönliches Interesse an Ihrem Erfolg.

Gut, nehmen wir an, dass alle produktbezogenen Fragen geklärt sind. Welche anderen Faktoren sind für die Auswahl des für Sie richtigen Network-Marketing-Unternehmens wichtig?

Beginnen Sie mit Ihrer Sponsorenlinie. Wählen Sie sich die Leute nach denselben Maßstäben aus wie jeden anderen Geschäftspartner.

Diese Leute werden Ihre Coachs und Ihre Unterstützer sein und Sie werden in den nächsten zwei bis vier Jahren viel Zeit mit ihnen verbringen. Danach werden Sie hoffentlich die nächsten 30 oder 40 Jahre Ihre Zeit damit verbringen, zusammen Kreuzfahrten und Urlaubsreisen zu den schönsten Plätzen der Welt zu machen.

Es ist eine weit verbreitete Meinung, dass sich ein moralischer Mensch auf jeden Fall nur bei demjenigen einschreiben wird, der ihm das erste Produkt verkauft oder ihm gegenüber als Erster den Namen des Network-Marketing-Unternehmens erwähnt hat. Das ist genauso unsinnig, als würde man einem Franchisenehmer vorschreiben seinen Laden auf dem ersten unbebauten Grundstück zu errichten, das er sieht, auch wenn es ungünstig gelegen ist. Hier handelt es sich um ein ernsthaftes Geschäft und Sie werden intelligente, fundierte Entscheidungen treffen müssen.

Es ist wichtig, dass Ihr Sponsor jemand ist, den Sie mögen, dem Sie vertrauen und mit dem Sie gerne zusammenarbeiten. Ihr Sponsor muss nicht unbedingt eine einflussreiche Persönlichkeit sein oder schon viel Geld verdienen. Die obigen Qualitäten sind viel wichtiger. In Fällen von schnellem Wachstum kann der beste Sponsor für Sie sogar jemand sein, der noch nicht einmal $300 im Monat verdient!

In einer Organisation, die sich gut weiter entwickelt (und in so einer sind Sie am besten aufgehoben), ist es nicht ungewöhnlich, dass sich vier bis fünf zusätzliche Ebenen in einem einzigen Monat bilden. Diese neuen Leute haben noch nicht die Erfahrung oder die großen Einnahmen, aber sie haben die Motivation und Energie, die Vision und die Begeisterung, die man zum Aufbau einer Organisation braucht.

Allerdings sollten Sie schon sicherstellen, dass es irgendwo auf den höheren Rängen innerhalb der Organisation jemanden mit Erfahrung gibt, jemanden, der schon geschafft hat, was Sie erreichen wollen.

Wenn Sie von Kalifornien nach Hawai fliegen wollen, tun Sie es besser mit einem Piloten, der schon einmal ein Flugzeug geflogen hat und nicht nur mit Computersimulationen gespielt hat.

Suchen Sie sich eine Sponsorenlinie, die ein gut eingeführtes, schrittweise aufgebautes System hat. Das System sollte den Rekrutierungs-Prozess, Produkt-Training, Training für die ersten Schritte, Live-Veranstaltungen und Telefonkonferenzen oder Webcasts für die laufende Weiterbildung beinhalten.

Diese Informationen sollten jedem innerhalb der Organisation ausdrücklich klar und zugänglich gemacht werden. Sie sollten erklären, welche Tätigkeiten bei jedem Schritt des Rekrutierens und des Sponserns auszuführen und welche Materialien zu verwenden sind.

Das ist für Sie aus zwei Gründen wichtig:

Erstens wird dies die Zeit, die Sie für den Aufbau Ihrer Gruppe brauchen werden, stark verkürzen. Mit einem System, das klar sagt, was zu tun ist, werden Sie keine Zeit damit verschwenden, sich zu fragen, was Sie wohl als Nächstes tun sollen, oder Strategien zu versuchen, die nicht funktionieren. Ein solches System beinhaltet nur Methoden und Techniken, die sich bewährt und die Zeiten überdauert haben.

Der zweite Grund, warum ein System für Sie so wichtig ist: Es stellt sicher, dass die Menschen, die Sie in das Geschäft einführen, in der Lage sein werden, Ihren Erfolg zu duplizieren. Deren Vorbildung und Geschäftserfahrung sind somit kein Thema mehr. Sie brauchen einfach nur dem System zu folgen, so wie Sie selbst (und Ihre Sponsorenlinie) es getan haben.

Wenn das Network-Marketing-Unternehmen, das Sie vor Augen haben, ein System hat, Ihre Sponsorenlinie sich jedoch nicht daran hält, wird Ihre Gruppe ständig unterschiedliche Botschaften erhalten und Wachstum wird sich schwierig gestalten.

Wenn das Network-Marketing-Unternehmen kein wirkliches System hat (und die meisten haben keines), doch Ihre Sponsorenlinie eines hat, können Sie recht flott zum Erfolg kommen. Die perfekte Situation liegt vor, wenn man ein Network-Marketing-Unternehmen und eine Sponsorenlinie findet, die gleichermaßen ein duplizierbares System verfolgen.

Nachdem Sie alle vorgenannten Faktoren untersucht haben, können Sie sich die spezifischen Eigenheiten des Network-Marketing-Unternehmens ansehen.

Die gängige Meinung besagt, dass man sich ein gestandenes Unternehmen aussuchen soll, eines, das mindestens fünf Jahre alt und schuldenfrei ist. Schauen wir uns das näher an.

Tatsache ist, dass die meisten Network-Marketing-Unternehmen innerhalb von zwei Jahren das Geschäft aufgeben. Es ist allerdings ebenso der Fall, dass die meisten neuen Restaurants, chemischen Reinigungen und Parkplätze mit Bedienung auch innerhalb von zwei Jahren das Geschäft aufgeben. Das ist nun mal die Realität des Unternehmertums – 90 Prozent der neu gegründeten Unternehmen scheitern. Network Marketing ist da weder besser noch schlechter. Heißt das nun, man solle neu gegründete Unternehmen meiden? Vielleicht.

Die Wahrscheinlichkeit, dass ein neues Network-Marketing-Unternehmen pleite geht ist größer als bei einem 10 Jahre alten, gut etablierten Unternehmen. Doch neue Network-Marketing-Unternehmen haben eine besondere Lockkraft – die Chance, „von Anfang an dabei zu sein" zieht viele Menschen an. Wenn das Unternehmen einen Gründer-Club oder ein ähnliches Programm besitzt, können Sie sich bei frühzeitigem Einstieg für sehr lukrative Bonus-Pools qualifizieren, was in späteren Jahren nicht mehr möglich sein wird.

Ein Network-Marketing-Unternehmen, das neu und noch unbekannt ist, hat ein enormes Wachstumspotenzial. Es mag mit einem größeren Risiko behaftet sein – doch gleichzeitig bietet es die entsprechende Chance auf höhere Vergütungen.

Andererseits, wenn Sie unter einem allgemein bekannten Namen auftreten, haben Sie gleich zu Anfang eine gewisse Glaubwürdigkeit und Sie werden auf weniger Skepsis treffen.

Ich habe mit etablierten Network-Marketing-Unternehmen gearbeitet und mäßigen Erfolg gehabt. Ich bin bei zwei neu startenden Unternehmen gleich am Anfang eingestiegen, sozusagen „im Erdgeschoß", doch musste ich feststellen, dass es, bildlich gesprochen, auch einen „Keller" gab. Ich habe mich aber auch einem Unternehmen in der Prelaunch-Phase angeschlossen, das es geschafft und mir Millionen von Dollar eingebracht hat und bei dem es mir möglich war, mir eine Spitzenposition zu sichern. Welche Option für Sie die richtige ist, hängt sehr stark von Ihrer Persönlichkeit ab.

Wenn Sie einem gewissen Maß an Risiko gegenüber

aufgeschlossen sind, könnte es schon sein, dass Sie die Herausforderungen einer brandneuen Geschäftsgelegenheit und die Chance, großes Geld zu machen, wenn Sie dem neuen Unternehmen zum Erfolg verhelfen, genießen werden. Wenn Sie eher konservativ eingestellt sind und sich größere Sicherheit wünschen, wählen Sie ein etabliertes Unternehmen. Sie werden ein geringeres Risiko eingehen und wahrscheinlich ein stabileres Wachstum erleben. Wählen Sie die Situation, die Ihrer Persönlichkeit am besten entspricht.

Kommen wir zum Thema der Schuldenfreiheit.

Die Wahrheit ist, dass die einzigen Network-Marketing-Unternehmen, die damit werben, schuldenfrei zu sein, neu gegründete Unternehmen sind, deren Kreditwürdigkeit so schlecht ist, dass sie sowieso kein Darlehen bekommen würden. Dann gibt es noch die Unternehmen, die so langsam wachsen, dass sie keine Kredite brauchen. Schließlich gibt es noch diejenigen, die Schulden haben und es nicht zugeben wollen.

So ziemlich jedes Unternehmen, das eine rapide Expansion durchmacht, wird Cashflow-Probleme erleben und eine Kreditlinie brauchen, um weiter wachsen zu können. Das gilt nicht nur im Network Marketing, sondern für jede Art von Unternehmen. Bei dem exponentiellen Wachstum, zu dem es in dieser Branche oft kommt, könnte man sogar sagen, dass Network-Marketing-Unternehmen viel mehr Grund haben, Kredite aufzunehmen, als herkömmliche Unternehmen.

In den frühen 1990-ern arbeitete ich an einem Programm, das mehr als 25.000 neue, aktive Vertriebspartner und Kunden in einem Monat einbrachte. Zwei Monate später fügten wir 40.000 neue, aktive Leute in einem Monat hinzu. Etwas später waren es 60.000 in einem Monat.

Die Anforderungen, die ein solches exponentielles Wachstum an die Muttergesellschaft stellt, sind schwindelerregend. Da müssen schnellstens neue Telefonleitungen gelegt und genügend Mitarbeiter gefunden und eingestellt werden und allein schon das Finden und Anmieten von mehr Büroraum, um der Nachfrage gerecht zu werden, ist eine monumentale Herausforderung.

Überlegen Sie mal, was notwendig ist, um mit der Herstellung der Produkte mithalten zu können. In zwei Monaten kann man keine neuen Fabriken bauen. Es kann ein Jahr dauern, um den richtigen Standort zu finden, die Pläne zu entwerfen und die Genehmigungen einzuholen. In der Praxis muss man mit der Planung einer Fabrik schon drei bis fünf Jahren eher beginnen, bevor man sie braucht. Je nach der Breite des Produktspektrums kann der Maschinenpark der Fabrik zig Millionen kosten.

Stellen Sie sich vor, 100 oder mehr neue Angestellte pro Monat hinzuzufügen, all die Telefone, Büroräume, Schreibtische, Computer, Schulungen und alles Weitere, was benötigt wird, bezahlen zu müssen und dann noch einen zweistelligen Millionenbetrag in den Bau einer Fabrik zu investieren, die Sie in den nächsten zwei oder drei Jahren noch gar nicht brauchen werden. Das ist die Herausforderung, dem sich ein schnell wachsendes Network-Marketing-Unternehmen stellen muss. Das Unternehmen, das ein solches Wachstum aus dem laufenden Geldfluss finanzieren kann, ist eines unter einer Million. Hinzu kommt das Argument, dass, wenn es dies tun würde, seine Mittel so stark gebunden wären, dass es nicht mehr schnell genug auf unerwartet auftretende Probleme reagieren könnte.

Ich hasse Schulden. Ich war viel zu lange mit ihnen beladen. Heutzutage empfehle ich meinen Leuten, für alles mit Bargeld zu bezahlen, auch für ihre Autos und sogar ihre

Haushypotheken abzuzahlen. Dennoch ist es sinnvoll, einen Kreditrahmen oder einige Kreditkarten aufrecht zu erhalten. Auch wenn Sie den Kredit nicht nutzen, ist es nützlich, ihn zur Verfügung zu haben. Dasselbe gilt für Wirtschaftsunternehmen.

Stellen Sie sich das Dilemma vor, in dem sich ein Network-Marketing-Unternehmen im Sturm und Drang eines solchen exponentiellen Wachstums befindet. Völlig schuldenfrei sein zu wollen könnte sich als sehr unvorteilhaft herausstellen. Ich habe das immer wieder miterlebt – Unternehmen, die ein so schnelles Wachstum einfach nicht verkraften konnten und kollabierten. Sogar bei einem so rasanten Wachstum reicht das einströmende Geld nicht aus, um den enormen Ausbau von Anlagen und den Geschäftsbetrieb, der dazu nötig ist, zu finanzieren.

Das heißt nicht, dass das Unternehmen keine ordentliche Kapitaldecke braucht. Ich glaube, die Zeiten, in denen man ein Network-Marketing-Unternehmen von einem Kellerraum oder dem Küchentisch aus starten konnte, sind vorbei. Heutzutage braucht man ein Startkapital von mindestens 15 Millionen Dollar, um ein solches Unternehmen zu gründen und zwar deshalb, weil das Internet die ganze Welt in greifbare Nähe rückt.

Selbst mit einem solchen Startkapital ist es wahrscheinlich, dass das Unternehmen, wenn es das Bewusstsein der „kritischen Masse" erreicht und in die exponentielle Wachstumskurve eintritt, einen Kredit oder eine zusätzliche Geldspritze brauchen wird, um den Anforderungen an Produktion, Personal, technische Ausrüstungen und Büros gerecht zu werden.

Ein Network-Marketing-Unternehmen mit geringen Schulden und hoher Kreditwürdigkeit sieht am besten aus. Kurz gesagt, es sollte kein Thema sein, ein völlig schuldenfreies Unternehmen finden zu wollen. Was das Network-Marketing-Unternehmen selbst betrifft, halte ich vielmehr folgende Dinge für wichtig:

Tiefe des Managements

Wenn die Firmenbelegschaft aus nur fünf Personen besteht, wird es dem Network-Marketing-Unternehmen sehr schwer fallen, seinen Vertriebspartnern irgendeine Art von sinnvoller Unterstützung zu bieten. Ein vertrauenswürdiges Unternehmen sollte einen Vorstandsvorsitzenden und einen Hauptgeschäftsführer haben (wobei diese Funktionen in einer Person vereint sein können), einen kaufmännischen Leiter, einen technischen Leiter, einen Verwaltungsleiter, einen Leiter der Vertriebszentrale, einen Leiter für Datenverarbeitung, einen Leiter des Kundendienstes und einen Leiter oder stellvertretenden Vorsitzenden, der für das Marketing verantwortlich ist.

Selbst bei einem brandneuen, eben erst gegründeten Network-Marketing-Unternehmen werden einige dieser Führungskräfte schon Assistenten und Basis-Mitarbeiter benötigen.

Ich schaue mir insbesondere das Marketing-Personal des Unternehmens an. Hat es einen stellvertretenden Vorsitzenden, der für das Marketing verantwortlich ist, oder einen Landes-Marketing-Leiter? Hat das Unternehmen seine eigenen Trainer, die zu Veranstaltungen reisen und Schulungen durchführen? Gibt es Personal im Hintergrund, das diese Leute unterstützt? Wie sieht die Kundendienst-Abteilung aus?

Es ist wichtig zu wissen, ob es auf der Führungsebene des Unternehmens jemanden gibt, der eine erfolgreiche Vergangenheit im Network Marketing hat. Networking unterscheidet sich sehr stark von traditionellen Verkaufsmethoden und auch vom Direktverkauf. Wenn die Führungskräfte des

Unternehmens die Besonderheiten von Network Marketing nicht verstehen, wird es sehr schwer für sie sein, das Unternehmen zu leiten.

Bei meinen Gesprächen mit Unternehmen stellt sich immer wieder heraus, dass dies ihr größtes Problem ist. Sie haben Führungskräfte mit Erfahrung in der traditionellen Wirtschaft, die versuchen, einer Network-Marketing-Gemeinschaft Verkaufsmethoden zu lehren.

Vergütungsplan

In früheren Auflagen dieses Buches habe ich die unterschiedlichen Typen von Vergütungsplänen aufgelistet und habe ihre jeweiligen Vor- und Nachteile betrachtet. In dieser Auflage habe ich diese Informationen aus zwei Gründen weggelassen.

Erstens sind diese Informationen für den Durchschnittsmenschen, sei er ein Vertriebspartner oder ein Interessent, zu kompliziert, um lückenlos verstanden zu werden. Zweitens gibt es heutzutage so viele Pläne, die Mischungen der vier grundlegenden Varianten darstellen, dass eine Auflistung nicht mehr sinnvoll erscheint. Für den Leser ist es sinnvoller, sich stattdessen auf die Ergebnisse zu konzentrieren, die der jeweilige Plan produziert.

Man verbindet mit einem Vergütungsplan bestimmte Erwartungen.

Diese beinhalten:

- Einem neuen Vertriebspartner sollte es möglich sein, schnell etwas Startgeld verdienen;
- er sollte zwischenzeitlich ein Einkommen haben, um die Zeit zu überbrücken, während der er Erfahrungen

sammelt und sich Fähigkeiten aneignet;
- der Plan sollte eine Plattform für die Schaffung von passivem Einkommen darstellen;
- er sollte „sexy" Extras wie Wettbewerbe, Reisen und Bonus-Autos bieten;
- er sollte Spitzenverkäufer mit Einkommen versorgen, die sie bei der Stange halten und vor allem;
- er sollte Menschen für das richtige Verhalten belohnen;

Hier sind die Gründe für die obigen Punkte:

Die Leute von heute sind pleite! Spareinlagen sind so niedrig wie nie zuvor und Schulden haben Rekordhöhen erreicht. Und die Leute sind ungeduldig! Die Zeiten, wo Leute weiterhin rumhängen würden, während sie $15 pro Monat machen, sind vorüber. Die meisten Leute werden ihre Startgebühr mit der Kreditkarte bezahlen müssen und sie wollen sie möglichst schnell zurückverdienen.

Aus demselben Grund brauchen sie ein Zwischeneinkommen. Es muss nicht hoch sein. Sie müssen aber etwas verdienen, sagen wir $300 oder $500 pro Monat, um in das Geschäft investieren zu können, Marketing-Material zu kaufen, Veranstaltungen zu besuchen und ihre Produkte zu bezahlen. Das wird sie bei der Stange halten, bis sie all das gelernt haben, was sie wissen müssen, um die hohen Einkommen und die sonstigen Nebenleistungen zu erhalten.

Der dritte Grund ist vielleicht eine persönliche Voreingenommenheit von mir. Ich schaue immer darauf, welche Elemente des Plans zu wirklichem passivem Einkommen führen können. Ich will meine Arbeit nicht Monat für Monat wiederholen. Das ist der Grund, warum ich nicht mehr für ‚Pizza Hut' arbeite. Ich will die Arbeit einmal tun, sie so gut wie nur möglich tun und danach jeden Monat dafür bezahlt werden.

Und es gibt eine Menge Leute, die so denken wie ich.

Der Grund für die Extras ist, dass sie das Rekrutieren für den durchschnittlichen Vertriebspartner so viel einfacher machen. Doch den Vertriebspartnern ist das nicht immer klar...

Wenn Sie jemanden fragen, ob er lieber 3.000 Dollar oder eine Gratisreise nach Hawai hätte, würden die meisten Leute das Geld vorziehen. Dann würden sie damit all ihre Rechnungen bezahlen und das Geld wäre innerhalb von 48 Stunden weg. Doch wenn Sie ihnen eine Reise zu einem exotischen Zielort geben, dann werden sie Fotos machen, Videos aufnehmen und die Reise noch Jahre später nacherleben. Dieses einmalige Erlebnis bleibt ein Leben lang mit Ihrem Unternehmen verbunden.

Wenn ich Network-Marketing-Unternehmen berate, schließe ich diese Art von Annehmlichkeiten immer mit ein, da sie eine sehr reale Auswirkung auf das Rekrutieren, die Erhaltung der Organisationen und die Zufriedenheit der Vertriebspartner haben.

Wenn Sie eine Kreuzfahrt oder eine andere Gratisreise gewinnen, bekommt es jeder ihrer Bekannten mit. Wenn Sie in einem neuen Auto nach Hause kommen und Ihre Nachbarn herausfinden, dass Sie es umsonst bekommen haben, wollen sie brühwarm erfahren, wie Sie das gemacht haben. Solche Extras in den Plan einzubauen kann sich daher als eine der besten Investitionen herausstellen, die Ihr Network-Marketing-Unternehmen machen kann.

Im Hinblick auf den Vergütungsplan bleiben noch zwei wichtige Punkte übrig: wie die Leute auf den verschiedenen Stufen bezahlt werden und wie sie dafür belohnt werden, dass sie sich richtig verhalten. Diese beiden Punkte stehen in gegenseitiger Beziehung zueinander.

Wir wollen in erster Linie, dass der Plan den Leuten

Anreize gibt, das Richtige zu tun. Es soll daher nicht nur darauf hinauslaufen, dass alles Geld nur aus den Boni besteht, die auf den Umsatz der Erstbestellungen zurückzuführen sind. Sie wollen ja, dass die Leute laufend Umsätze produzieren. Es ist auch sehr wichtig, dass der Plan die Führungskräfte dafür bezahlt, auch in der Tiefe ihrer Organisation zu arbeiten. Das gewährleistet, dass auch die neuen Vertriebspartner die nötige Unterstützung von erfahrenen Führungskräften erhalten.

Die wahre Kunst ist die Schaffung des richtigen Gleichgewichts zwischen der Spitze und der Basis des Vergütungsplans. Manche Pläne sind zu „kopflastig".

Ein Beispiel sind Pläne von MLM-Unternehmen, die nur ein oder zwei Produkte haben, bei denen die Vertriebspartner jedoch hohe Umsätze (etwa zehn oder fünfzehn Tausend Dollar pro Monat) aufrecht erhalten müssen, um Differrenzprovisionen auf die Führungskräfte zu erhalten, die von ihnen wegbrechen. Aufgrund der niedrigeren Durchschnitts-Volumen, die sie erzielen, werden sich 99 Prozent der Vertriebspartner niemals durchgehend qualifizieren.

Bei binären Plänen wird das dadurch deutlich, dass der Großteil der Provisionen in den „laufenden Beinen" verdient wird und die neuen Leute fast gar nichts verdienen.

Bei den kopflastigen Plänen rollen die meisten Differenzprovisionen zu einigen wenigen Jungs oder Mädels hoch, die als Aushängeschilder fungieren, oder sie werden als „Breakage" betrachtet, wobei das nicht ausgezahlte Geld in der Firma verbleibt. So lassen sich sechsstellige monatliche Einkommensbeträge für jene Poster-Kids in den hohen Rängen des Plans produzieren. Auf jeden dieser Großverdiener kommen jedoch Zehntausende von Vertriebspartnern, die monatlich nicht einmal genug verdienen, um ihre Familien ins Kino auszuführen. Diese großen Vorbilder können zwar anfangs ihre Mega-Schecks vorzeigen, um künstliches Wachstum zu stimulieren, doch letztendlich werden sich die meisten Vertriebspartner anderweitig umsehen, sobald sie erkennen, dass sie wahrscheinlich nicht genug Geld verdienen werden. Es wird bei ihnen einen üblen Nachgeschmack hinterlassen und sie werden überzeugt sein, dass MLM nicht funktioniert.

Andererseits werden fußlastige Pläne auf Dauer auch nicht funktionieren. Dies sind Pläne, bei denen praktisch jeder, der sich einschreibt, mit minimaler Anstrengung hohe Gewinne machen kann. Sie sind in einer Weise gestaltet, die neue Leute überbezahlt, oft in der Hoffnung, dass Vertriebspartner von anderen MLM-Unternehmen angezogen werden und zum neuen Unternehmen überwechseln.

Das finden die Leute anfangs interessant, doch auf Dauer können die Spitzenkräfte nicht die Einkommen erreichen, die ihrem eigentlichen Wert entsprechen. Das Geld, das für Auszahlungen zur Verfügung steht, ist begrenzt. Wenn die Leute in den untersten Rängen überbezahlt werden, kommt das Geld aus den Taschen der Leute an der Spitze. Diese Leute schauen sich dann andere Pläne an und stellen fest, dass sie mit genau demselben Volumen und derselben Organisation mit einem anderen MLM-Unternehmen viel mehr Geld verdienen würden. Das führt zu einem Abgang von Führungskräften, der dem Erfolg des Unternehmens auf Dauer abträglich ist.

Einen Plan wirklich auszubalancieren ist eine Wissenschaft für sich. Jeder will, dass der beginnende Vertriebspartner so schnell wie möglich beginnt, Gewinne einzuholen, doch der Plan soll es auch ermöglichen, dass Führungskräfte hohe Einkommen erreichen und aufrecht erhalten können. Tiefe sollte in gesunder Proportion zur Breite bezahlt werden.

Ein richtig aufgebauter Plan beinhaltet alle Elemente, die nötig sind, um Wachstum zu fördern und die Leute in gesunder Proportion zu der Arbeit zu bezahlen, die sie tatsächlich erbracht haben.

Eine letzte Anmerkung, bevor ich mich einem anderen Thema zuwende:

Ich fürchte, wir sind manchmal ganz schön anmaßend. Wenn jemand nicht mindestens $30.000 oder $40.000 pro Monat hereinholt, betrachten wir ihn schon fast als Versager.

Andererseits wissen wir, dass 80 oder 90 Prozent aller Bankrotte mit lediglich $300 oder $400 mehr Einkommen pro Monat abgewendet werden könnten.

Ich persönlich habe Zehntausende von Vertriebspartnern in Russland, der Ukraine, Singapur, Nigeria und anderen Ländern, wo $500 oder $1000 pro Monat einen RIESIGEN Unterschied für den Lebensstandard der Menschen ausmachen. Angesichts des wirtschaftlichen Zusammenbruchs, der sich eben vollzieht, während ich das hier schreibe, kann man sogar sagen, dass solche bescheidenen Provisionszahlungen auch einen großen Unterschied für Millionen von Menschen in den USA, Großbritannien und anderen fortschrittlichen Ländern machen würden.

In der schwierigen Wirtschaftslage von heute bietet Network Marketing Millionen von Menschen eine Quelle der finanziellen Sicherheit. Die meisten Network-Marketing-Unternehmen zahlen zwischen 35 und 50 Prozent ihrer Verkaufsumsätze in ihre Vergütungspläne aus. Das bedeutet, dass weltweit jährlich Provisionen in Höhe von mindestens $40 Milliarden an Vertriebspartner ausgezahlt werden.

Die meisten Menschen werden mit diesem Geschäft keine $50.000 pro Monat verdienen. Sie sind nicht bereit, in dem dazu nötigen Maße an sich selbst und an ihrem Geschäft zu arbeiten. Doch solange der Plan sie in einer gesunden Relation zu dem, was sie tun, belohnt, ist es eine faire Sache.

Bedenken Sie, dass auch jene Provisionszahlungen von $300 und $400 für Lebensmittel, Schulen, Medikamente, Spenden, Autoraten und Hypotheken verwendet werden. Vergessen Sie das nie.

Was sollte man noch bedenken, wenn man ein Network-Marketing-Unternehmen auswählt?

Unterstützungsstruktur:

Welche Art von Unterstützungsstruktur ist vorhanden? Gibt das Network-Marketing-Unternehmen, das Sie in Betracht ziehen, ein monatliches Rundschreiben heraus? Enthält dieses Rundschreiben Informationen über besondere Verdienste, Produkte des Monats und Hinweise für den Geschäftsaufbau? Oder ist es nur eine Sammlung von Wunderheilungs-Geschichten zu den Produkten, die möglicherweise dazu führen könnten, dass das Unternehmen von den Aufsichtsbehörden geschlossen wird?

Gibt es jährliche Zusammenkünfte, Schulungs-Programme für Führungskräfte und andere Veranstaltungen, die vom Unternehmen organisiert werden? Werden regelmäßig Telefonkonferenzen oder Webcasts angesetzt? Sind die Materialien professionell gestaltet, stellen sie die Vorteile heraus und sind sie vom Marketing-Standpunkt her wirksam? Unterhält das Unternehmen eine umfassende Webseite und gibt es die Möglichkeit, dass Sie einen Ableger von dieser Webseite haben können?

An dieser Stelle sehe ich die meisten Network-Marketing-Unternehmen abstürzen. Nicht nur die, die neu auf dem Markt sind, sondern wirklich die meisten. Wie ich immer wieder feststelle, gibt es da zwei grundlegende Probleme.

Problem Nummer Eins

Alle Materialien des Unternehmens sind rein produktbezogen – und die Geschäftsmöglichkeit wird entweder überhaupt nicht oder nur als Nachsatz erwähnt. Man sieht das häufig und zwar deshalb, weil die meisten Manager von Network-Marketing-Unternehmen die Natur des Geschäfts einfach nicht verstehen. Sie begreifen nicht das Konzept der Duplikation (obwohl das keiner von ihnen zugeben wird) und sie glauben, bei diesem Geschäft ginge es nur ums Verkaufen.

Demzufolge stellen sie tolle Produktbroschüren, Videos und Audios her und präsentieren ihren Vertriebspartnern strohdumme Plattitüden wie „Diese Produkte verkaufen sich ganz von selbst." Es gibt keinen Teil, der den Interessenten erklärt, wie das Geschäft funktioniert, wie Geld gemacht wird oder auch nur, um was für eine Art von Geschäft es sich handelt. Das nächste Mal, wenn Ihnen jemand sagt, dass die Produkte sich ganz von selbst verkaufen, antworten Sie am besten, „Prima, in dem Fall brauchen Sie mich ja nicht!"

Problem Nummer Zwei

Sämtliches Marketing-Material stellt die Merkmale und nicht die Vorteile dar. Der Unterschied ist:

Angaben über Ihr Unternehmen, Ihre Produkte oder Ihren Vergütungsplan sind *Merkmale*. Angaben über den Interessenten sind *Vorteile*. Interessenten kommen in Bewegung, wenn sie Vorteile sehen. Es ist mir unbegreiflich, dass 90 Prozent des Marketing-Materials, das ich sehe, so gestaltet ist, dass man die Vorteile mit der Lupe suchen muss!

Schauen Sie sich die Materialien des Unternehmens an, die Sie in Erwägung ziehen. Ist das Erste, das Sie sehen, das Firmenlogo? Ein Bild des Gründers? Fotos von den

Schornsteinen der Fabrikshalle? Sind sie gefüllt mit dummem Geplapper darüber, wie großartig sie sind, wie alt sie sind, wo ihre Vorstandsmitglieder zur Schule gegangen sind und wohin sie reisen, um die Bestandteile für die Produkte einzukaufen? Alle diese Dinge sind Merkmale und haben für Ihren Interessenten keine Bedeutung.

Ich kenne ein Network-Marketing-Unternehmen, das $250.000 für die Produktion eines Werbefilmes ausgegeben hat, der sich völlig darauf konzentriert, die Maschinen zu zeigen, die die Kapseln herstellen, die Maschinen, die die Flaschen zustöpseln und die Maschinen, die die Flaschen in Kisten verstauen. Gibt es etwas, das für einen Interessenten noch unwichtiger sein könnte?

Stellen Sie den Interessenten in den Mittelpunkt

Marketing-Material muss sich um den Interessenten drehen, wenn es Wirkung zeigen soll. Das heißt, das Material muss sich auf die Vorteile konzentrieren, nicht auf die Merkmale.

Wenn Ihre Broschüre sagt „Wir sind ein etabliertes, elf Jahre altes Network-Marketing-Unternehmen", dann ist das ein Merkmal. Wenn sie sagt „Ihre Zukunft ist sicher, denn wir sind ein etabliertes, elf Jahre altes Network-Marketing-Unternehmen", dann nennt sie einen Vorteil.

Wenn Ihre Materialien behaupten „Wir haben ein Auto-Bonus-Programm", ist das ein Merkmal. Wenn sie sagen „Sobald Sie den Gold-Rang erreichen, bekommen Sie ein Auto geschenkt", ist es ein Vorteil.

Hier ein hilfreicher Tipp, wie Sie Merkmale von Vorteilen unterscheiden können. Wenn Sie die Wörter „Sie bekommen" vor einen Satz stellen können, ist es wahrscheinlich ein Vorteil. Wenn Sie das nicht können, ist es wahrscheinlich keiner.

Die Wirksamkeit der Marketing-Materialien, mit denen Sie arbeiten werden, wird einen starken Einfluss auf Ihren Erfolg haben, also werten Sie sie sorgfältig aus.

Der abschließende Faktor, der bei der Wahl eines Network-Marketing-Unternehmens berücksichtigt werden sollte, ist die Frage, wie gut das Unternehmen die grundlegenden Aufgaben erfüllt. Wenn ein Unternehmen die Produkte nicht flott verschickt oder die monatlichen Provisionen nicht pünktlich zahlt, rate ich, dass Sie sich anderweitig umsehen. Meine Erfahrung hat gezeigt: Wenn ein Unternehmen schon im frühen Stadium nicht genug Geld und sonstige Mittel hat, um seine Rechnungen zu bezahlen und Produkte auf Lager zu halten, werden sich diese Probleme noch verstärken, wenn das Unternehmen wächst.

Sogar bei den besten Network-Marketing-Unternehmen kann es gelegentlich vorkommen, dass sie bei hoher Nachfrage Probleme mit Warenbeständen haben. Lieferschwierigkeiten sind zwar unangenehm, lassen sich aber manchmal nicht vermeiden. Wenn ein Unternehmen im Allgemeinen gut geführt wird und *den überwiegenden Teil der Bestellungen* rechtzeitig erfüllt, sollte man sich einen gelegentlichen Fehlschlag nicht zu Herzen nehmen. Doch wenn das Unternehmen andauernd nicht rechtzeitig liefert oder Rechnungen und Provisionen nicht pünktlich zahlt, ist dies ein sicheres Zeichen für ernsthafte Schwierigkeiten.

Abschließende Gedanken zur Auswahl eines Network-Marketing-Unternehmens

Sie haben sicher festgestellt, dass ich immer in der Einzahl und nicht in der Mehrzahl spreche, wenn es um die Wahl eines Unternehmens geht. Ich glaube nicht, dass jemand in zwei oder mehr Programmen gleichzeitig erfolgreich sein kann. Das ist ein großes Problem bei den sogenannten „MLM-Junkies". Sie sind ständig an irgendwelchen verrückten Geschäften beteiligt und eines oder mehrere davon sind immer knapp davor, pleite zu gehen. Für die Junkies ist das dann immer wieder ein Beweis dafür, dass sie lieber noch ein zusätzliches Geschäft dazunehmen sollten—um ihr Risiko zu streuen und ihr Einkommen zu schützen. Sie bieten mannigfaltige komplizierte Erklärungen an, um diese Sichtweise zu stützen.

„Das Unternehmen A hat Nahrungsergänzungen – Unternehmen B hat Reinigungsmittel, also stehen sie nicht miteinander in Konkurrenz. Für beide muss man das Telefon benutzen, daher stellt das Unternehmen C – das Telekommunikationsdienste anbietet – eine perfekte Ergänzung dar. Und Unternehmen D bietet ein Auto-Bonus-Programm an – was ideal ist – weil Unternehmen E Autowachs verkauft!"

Da ist ein Denkfehler drin. Selbst bei zwei Unternehmen, deren Produkte nicht miteinander in Konkurrenz stehen, tut dies die Geschäftsgelegenheit sehr wohl!

Ein Frachisenehmer von SHELL würde sicher nicht eine ESSO-Tankstelle auf der anderen Straßenseite eröffnen. Das wäre dumm. Warum mit sich selbst konkurrieren?

Es gibt freilich Leute, die aus mehr als einem Programm Einnahmen beziehen. Meine Erfahrung zeigt jedoch, dass – sofern es sich um hohe Einnahmen handelt – diese Person sich diese Einnahmequelle geschaffen hat, während sie eine gewisse Zeit lang ausschließlich an einem dieser Programme arbeitete. Mit anderen Worten, sie hat sich ein Geschäft aufgebaut und hat sich dann zur Ruhe gesetzt. Zu einem späteren Zeitpunkt hat sie sich einem anderen Unternehmen angeschlossen und hat für dieses ein Netz aufgebaut, wobei sie ihre Vertriebspartner aus der ersten Organisation unbehelligt ließ.

Wenn man sich ein Ferienhaus bauen will, ist es nicht klug, dafür die Bretter von seinem Eigenheim zu verwenden!

An mehr als einem Programm gleichzeitig zu arbeiten, kann verführerisch aussehen. Rabatte auf all diese Produkte! All die eingehenden Provisionen. All die verschiedenen Autos, Reisen und anderen Preise, die es zu gewinnen gibt...

In Wirklichkeit klappt das nie. Das System jedes Network-Marketing-Unternehmens steht im Widerspruch zu dem der anderen. Es gibt so viele Materialien zu kaufen, Veranstaltungen zu besuchen und Trainingssysteme zu lernen, dass Ihre Vertriebspartner völlig verwirrt sein werden. Sie werden in Untätigkeit erstarren.

Nehmen Sie sich die nötige Zeit, um das für Sie richtige Programm auszuwählen – und dann geben Sie ihm alles, was Sie haben. Exklusiv.

Kapitel Vier:

Wie Ihnen ein System
zum Erfolg verhilft

In den siebziger Jahren revolutionierte Franchising die Wirtschaftswelt. Das Konzept – das damals sehr umstritten war – bestand darin, dass die Muttergesellschaft (der Franchisegeber) ein komplettes Geschäftssystem zur Verfügung stellen würde, das die Standortwahl, die Betriebsverfahren, die Einkaufsbedingungen und die Schulung des Personals umfasste. Für ihre Sachkenntnis und dieses komplette Geschäftsmodell verlangte die Muttergesellschaft eine Anfangsinvestition und eine laufende Umsatzbeteiligung.

Die Person, die das Geschäft unter Lizenz aufbaute (der Franchisenehmer) gab einen Prozentsatz ihrer Gewinne ab, erhöhte aber in bedeutendem Maße ihre Chance auf Geschäftserfolg. Man nannte die Franchise-Unternehmen auch „schlüsselfertige" Geschäfte, weil man angeblich einfach nur die Eingangstür aufschließen müsse und schon das Geschäft eröffnen und betreiben könne. Es gab Schritt-für-Schritt-Anweisungen für jede Facette des Geschäft, vom einfachsten Detail (etwa Strohhalmen zu verwenden) bis zu komplexen Plänen (etwa wie die Küche einzurichten sei), um maximale Produktivität zu gewährleisten.

McDonald's ist natürlich ein unübertreffliches Beispiel für ein erfolgreiches Franchise. Besuchen Sie einen beliebigen Laden dieser Kette um 7 Uhr abends und Sie werden feststellen, dass er von einem 19- oder 20-Jährigen geleitet wird, der gerade erst dem Pickelalter entwachsen ist. Möglicherweise hat dieses Kind eine Mutter, die ihm nicht einmal ihren Volvo anvertrauen würde. Doch dasselbe Kind managt erfolgreich einen Betrieb, der einen Jahresumsatz von über 3 Millionen Dollar macht. Was ist das Geheimnis?

Das Geheimnis ist das System

Es ist eines der komplettesten, spezifischsten und besterprobten Systeme, die jemals entwickelt wurden. Ein System, das aus jedem 15-Jährigen einen effektiven, effizienten und produktiven Mitarbeiter macht. Ein bis drei Stück gehen in diese Tüte, vier bis sechs Stück in die nächstgrößere Tüte; hier sind die Servietten, die dazugehören; hier kauft man sie ein; die Bestellung macht man jede Woche an einem bestimmten Tag und sie werden immer am selben Tag geliefert.

Beim Militär findet man das selbe Prinzip. Neunzehnjährige Kinder fliegen Kampfflugzeuge, die mehr kosten als ein Entwicklungsland an Bruttosozialeinkommen aufbringt. Doch da gibt es die Checkliste, die vor dem Flug durchzugehen ist, die Checkliste, die man während des Flugs nutzt, eine Checkliste nach dem Flug und womöglich noch eine Checkliste für die Checklisten.

Durch solche Systeme als Arbeitsgrundlage ist die Anzahl erfolgreicher Geschäftsgründungen mit einem Quantensprung in die Höhe geschnellt. Heute wie damals haben Franchise-Unternehmen weitaus größere Erfolgsaussichten als unabhängige Unternehmen.

In den 1970-ern fand eine ähnliche Metamorphose auch im Network Marketing statt. Das Geschäft, das bis dahin fast ausschließlich eine Domäne der einfachen Arbeiter war, begann mehr Angestellte anzuziehen. Die Vertriebspartner der alten Schule betrachteten das Geschäft meist als Verkaufsgeschäft und viele gingen damit tatsächlich von Tür zu Tür. Doch die neuen Leute erkannten die Kraft der Hebelwirkung! Sie arbeiteten unermüdlich auf Duplikation hin und sahen in diesem Beruf keinen Teilzeit-Job mehr, sondern etwas, das ihr Einkommen und sogar ihre bisherige Arbeitsstelle ersetzen konnte. Es konnte zu einem richtigen Beruf werden. Was den Unterschied ausmachte, war das Konzept eines duplizierbaren Systems.

Ein System ist die Straßenkarte, die auch in Ihrem Unternehmen den Weg zum Erfolg zeigt. Es sollte lückenlos den gesamten Prozess beschreiben, dem ein Vertriebspartner folgen soll: wo man Interessenten findet, wie man an sie herantritt, wie man sie sponsert und wie man sie schult, damit sie höhere Pin-Ränge erreichen. (Der Einfachheit und Verständlichkeit halber verwende ich im ganzen Buch den Begriff „Pin-Ränge". Er bezeichnet die Leute, die die höchsten Ebenen Ihres Vergütungsplanes erreichen, egal ob sie Diamond Directors, National Vice Presidents, Master Coordinators oder anderswie genannt werden. Die Bezeichnung kommt daher, weil Vertriebspartner normalerweise eine Anstecknadel -einen Pin- erhalten, wenn sie diese Ränge erreichen.) Jede Stufe des Prozesses sollte klar definiert sein und dem Vertriebspartner zum richtigen Zeitpunkt ausführlich erklärt werden.

Bevor wir uns mit den Einzelheiten befassen, möchte ich die Formel ansprechen, mit der Sie in Ihrem Geschäft wahre Duplikation und Wohlstand schaffen können. Sie mag Ihnen allzu einfach erscheinen, doch ich schwöre Ihnen, sie ist sehr profund. <u>Diese Formel sorgt für Duplikation.</u> Sie lautet:

„Leiten Sie eine große Gruppe von Menschen dazu an – über einen längeren Zeitraum hinweg – kon-

sistent einige einfache Tätigkeiten auszuführen."

Sie sehen, dass diese Formel aus drei Teilen besteht. Erstens geht es um eine große Gruppe von Menschen. Man braucht eine größere Menge von Leuten, um an Boden zu gewinnen und die Duplikation anzukurbeln.

Der zweite Teil besteht darin, dass man diese Menschen dazu anleitet, nur einige wenige Tätigkeiten auszuführen und dass man diese Tätigkeiten einfach hält. Einer der größten Fehler, den Anfänger machen, ist alles auszuprobieren und zu quantifizieren. Dadurch lassen sie das Geschäft viel zu kompliziert erscheinen. Um wahre Duplikation zu erreichen, müssen wir uns auf Tätigkeiten konzentrieren, die einfach genug sind, dass jedes Mitglied einer großen Gruppe sie nachmachen kann.

Der letzte Teil beschreibt, dass alles über einen ausgedehnten Zeitraum hinweg erfolgen muss. Meiner Meinung nach sollte man zwei bis vier Jahre einplanen, um ein solides Netzwerk zu errichten. Mark Yarnell empfiehlt sogar fünf und er ist einer der hellsten Köpfe in der Branche.

Es geschieht also nicht innerhalb eines oder zweier Monate und auch nicht in sechs Monaten. Wir brauchen Menschen, die über einen längeren Zeitraum hinweg konsistent tätig sind. Auf diese Weise kommt man im MLM zu Wohlstand.

Als Nächstes müssen Sie verstehen, wie Sie diese Formel in Ihrem Team umsetzen können. Davon reden und es lehren nützt nicht viel. *Sie müssen das Verhalten vorleben.* Ihre Leute sehen, was Sie tatsächlich **tun** und genau das werden sie duplizieren.

Ebenfalls wichtig für Ihr System ist das Prinzip der höheren Quelle.

Dieses Prinzip beruht darauf, dass alles, was ein

Vertriebspartner zu einem potenziellen Interessen oder einem anderen Team-Mitglied sagt, von einer höheren Quelle als ihm selbst kommen sollte. (Ich meine damit nicht Gott, doch jede Upline-Hilfe, die Sie aus göttlichen Quellen bekommen, ist sicher auch prima.) Ich meine ein Tool von einer dritten Partei. Etwas wie eine DVD, eine CD, eine Zeitschrift, eine Webseite, eine Telefonkonferenz, ein Webcast oder einfach nur eine Geschichte.

Wenn Sie immer auf das Tool einer dritten Partei (eine höhere Quelle) verweisen, sichern Sie sich eine stärkere Duplikation, weil jeder neue Vertriebspartner den Prozess einfacher nachmachen kann.

Eine Produktfrage, die mit einer Broschüre beantwortet wird, eine Anfrage bezüglich des Vergütungsplans, der auf Ihrer Webseite erklärt wird, oder eine Frage zum Unternehmen, die in einer Telefonkonferenz diskutiert wird, kann von fast jedem mit jedwedem Grad an Erfahrung nachgemacht werden. In unserer Organisation sagen wir oft scherzhaft: „Wenn Sie mit einem Interessenten zusammen sind und Ihre Lippen bewegen sich, dann verweisen sie hoffentlich soeben auf das Tool einer dritten Partei!"

Meiner Meinung nach braucht man sechs Bausteine, um das System zu duplizieren. Diese sind:

1) Rekrutierungs-Tool für den Massenmarkt
2) Einführung für den warmen Markt
3) Standard-Präsentation
4) Spezifische „Eskalationsleiter"
5) Standard-Training für den „Schnellstart"
6) Schulungs-Struktur

Schauen wir uns jeden dieser Bausteine genauer an.

Das Rekrutierungs-Tool für den Massenmarkt ist das Hilfsmittel, das Vertriebspartner für die breite Öffentlichkeit nutzen. Sagen wir mal, sie treffen einen aufgeweckten Flugbegleiter, einen tüchtigen Kellner oder sonst jemanden, der ihnen in ihrem Alltag über den Weg läuft und sie auf irgendeine Weise beeindruckt. Dieses Tool ist der erste Schritt, um diese möglichen Interessenten anzusprechen.

Ich ziehe ein Tool der Einladung zu einer Veranstaltung vor – denn ich glaube, das lässt sich leichter duplizieren. Es ist leichter, einen Fremden dazu zu bringen, sich ein Tool anzusehen oder anzuhören, als ihn dazu zu bewegen, an einer Veranstaltung teilzunehmen. Auch das Eröffnungs-Gespräch ist leichter zu lernen. Das Tool kann eine Zeitschrift, eine Broschüre, eine CD, eine DVD oder eine Kombination dieser Hilfsmittel sein.

Der zweite Baustein ist ein Tool, das das Sponsern auf dem warmen Markt – also von Leuten, die Sie gut kennen – erleichtert. Man nutzt es für Freunde, Nachbarn und Verwandte. Das Ergebnis, das man erreichen möchte, ist wieder die bestmögliche Duplikation.

Bei manchen Network-Marketing-Unternehmen kann dieses Tool das selbe sein wie das Tool für den Massenmarkt. Bei meinem Unternehmen ist es ein anderes, weil wir Kandidaten des warmen Marktes als ersten Schritt zu uns nach Hause einladen. Daher haben wir eine DVD erstellt, die eine spezifische Präsentation für diesen Zweck zeigt.

Die Logik dahinter ist diese: Während ein flüchtiger Bekannter eher bereit ist, sich ein Tool anzusehen oder anzuhören als ein Meeting zu besuchen, ist bei einem guten Bekannten genau das Gegenteil der Fall. Der will sich kein Tool ansehen oder anhören, denn er hätte es viel lieber, wenn Sie ihm einfach mal erklären würden, worum es dabei geht. Er will Sie gleich an Ort und Stelle mit Fragen löchern. Das verlangsamt allerdings den Duplikations-Prozess. Meiner Meinung nach ist es daher besser, ihn dennoch zu bitten, zu einer Veranstaltung zu kommen, wo ihm all das erklärt wird, was Sie selbst nicht so gut erklären können.

Der dritte Baustein zur Erreichung bestmöglicher Duplikation ist eine Standard-Präsentation. Das ist die Präsentation, die bei größeren Geschäftsvorstellungen durchgeführt wird. Idealerweise sollte in allen Märkten und auf allen Ebenen die selbe Präsentation gezeigt werden.

Natürlich fügt jeder Präsentator sein einzigartiges Flair hinzu, seine persönlichen Geschichten und seinen Humor. Die Präsentation selbst sollte jedoch immer und überall das selbe Gerippe haben. Das heißt, dass Führungskräfte Tausende von Meilen oder von Kilometern reisen und mit Dutzenden oder sogar Hunderten von Downline-Ebenen arbeiten und dabei stets die selbe Basis-Präsentation anbieten können, die von den örtlichen Führungskräften nachvollzogen wird.

Genau so verhält es sich mit dem vierten Baustein, einer spezifischen Serie von Interaktionen, durch die wir unseren Interessenten hindurchführen, was ich als „Eskalationsleiter" bezeichne. Ich habe diesen Begriff geschaffen, weil man bei jedem Schritt des Prozesses den Interessenten stärker in das Thema einbindet und ihm deutlich macht, dass es um etwas Größeres geht, als er bisher gedacht hat.

Zum Beispiel könnte der erste Kontakt mit dem Geschäft ein Tool für den Massenmarkt sein – vielleicht eine CD. Der nächste Schritt könnte eine Einladung zu einem Meeting in einem Privathaus sein. Auch wenn nur fünf Leute dort sind, ist es schon eine viel größere Sache als nur eine CD zu bekommen.

Der nächste Schritt könnte die Person zu einer Veranstaltung in einem Hotel führen, an dem Hunderte von Menschen

teilnehmen, wodurch die Geschäftsgelegenheit viel bedeutender erscheinen wird, als es nach dem Treffen im privaten Kreis
den Anschein hatte. Eine nächste Steigerung könnte die Person bei einer Telefonkonferenz oder einem Webcast erleben,
an denen Tausende von Menschen teilnehmen. Die Dynamik,
die hier geschaffen wird, bezeichnen Psychologen als den
„sozialen Beweis". Jeder Schritt führt den Kandidaten näher
an eine Entscheidung heran.

Jedesmal, wenn diese Person eine Präsentation sieht, ist
sie größer, besser und beeindruckender als zuvor und jedesmal
sind mehr Menschen daran beteiligt, was ihrer Entscheidung
sozusagen „mehr Sicherheit" verleiht.

Network-Marketing-Unternehmen, die gewaltiges exponentielles Wachstum erreichen, haben daraus eine wahre Wissenschaft gemacht. Jeder Schritt ist vorgegeben, jeder Schritt
ist größer als der vorherige und für jeden Schritt gibt es die
entsprechenden ergänzenden Marketing-Materialien, die man
einem Interessenten geben kann. Dies führt zu überzeugenden
Resultaten und zur Duplikation.

Unser fünfter Baustein ist eine standardisierte Schulung
für „Schnell-Starter", die alle neuen Team-Mitglieder unmittelbar nach ihrem Beitritt mitmachen. Es gibt wohl nichts Bes-
seres zur Erhaltung ihres Interesses! Ich habe festgestellt, dass
Sie Ihre neuen Team-Mitglieder in den ersten beiden Wochen
für immer gewinnen oder für immer verlieren; die ersten 48
Stunden sind kritisch. Wenn Sie es schaffen, Ihre neuen Team-
Mitglieder zu aktivieren und wenn sie gleich erste Ergebnisse sehen, werden sie wahrscheinlich dabei bleiben. Wenn
sie zögern und nicht sofort aktiv werden, ist die Wahrscheinlichkeit groß, dass sie wieder aussteigen oder niemals aktiv
werden.

Dieses Schnell-Start-Training sollte erklären, wie man Bestellungen aufgibt, neue Leute einschreibt und grundlegende Geschäftsgründungs-Aktivitäten ausführt, wie die Eröffnung eines Bankkontos, die Bestellung von Visitenkarten, die Einrichtung einer speziellen Telefonleitung usw. Die Schulung sollte den neuen Vertriebspartner durch das Verfahren führen, wie man eine Liste möglicher Kandidaten erstellt, die Abfolge der Sponsoren sollte aufgezeigt werden und dann sollte die Person dazu motiviert werden, ihre ersten Kandidaten so schnell wie nur möglich zu kontaktieren und mit der Arbeit zu beginnen.

Im Idealfall hat Ihr Network-Marketing-Unternehmen schon eine solche Schulung vorbereitet. Falls es sie nicht gibt, können Sie allgemeine Tools zu Hilfe nehmen, die Sie unter www.mlm-training.com finden.

Der letzte Baustein, den Sie für eine starke Duplikation brauchen, ist eine Schulungs- und Veranstaltungsstruktur. Normalerweise ist das eine Kombination aus Veranstaltungen, die von örtlichen Führungskräften organisiert werden und solchen, die von dem Network-Marketing-Unternehmen angeboten werden, wie etwa die Jahresversammlung. Ich finde, vor Ort ist jedes Quartal eine größere Veranstaltung nötig, damit die Vertriebsgruppe inspiriert und fokussiert bleibt und ordentlich geschult wird. Wir werden uns das in den späteren Kapiteln genauer ansehen.

Diese sechs Bausteine sind die Grundlage für die Schaffung einer soliden, fortlaufenden Duplikation in Ihrem Team. Bei der Aufstellung dieser Bausteine sollten Sie drei Grundsätze beachten: Achten Sie darauf, wie Sie sie *systematisieren, automatisieren und größenmäßig anpassen* können. Sobald Sie das geschafft haben, sind Sie auf dem besten Weg zu echtem passiven Einkommen und Ihre persönliche Anwesenheit ist beim Prozess nicht länger nötig. Selbst wenn Sie sich zu einem späteren Zeitpunkt vom Geschäft zurückziehen, wird sich das System weiterhin fortsetzen.

Die meisten Leute, sogar einige der Erfolgreichen im Network Marketing, haben kein System. Stattdessen errichten sie ihr Vertriebsnetz dank Ihrem Verkaufstalent oder sie organisieren großartige Veranstaltungen oder sie nutzen ihre besondere persönliche Ausstrahlung. Sie verschicken 20 Postkarten pro Tag, rufen alle ihre Schlüsselpersonen fünfmal täglich an, organisieren laufend Hurra-Veranstaltungen oder beschäftigen sich 24 Stunden am Tag mit Sponsern.

Ich kenne einen Menschen, der täglich mit 30 Leuten über das Geschäft spricht. Menschen dieser Art sponsern jedes Jahr Dutzende und Aberdutzende von neuen Vertriebspartnern – um die Aberdutzenden zu ersetzen, die abgesprungen sind. Sie sind bei den Events des Unternehmens auf der Bühne zu Hause, sie machen eine Menge Geld, sie wohnen in schönen Häusern und sie fahren schicke Autos. Doch sie führen ganz bestimmt nicht ein Leben in Freiheit, bei dem sie Herr ihres eigenen Schicksals sind. Früher waren sie Sklaven eines Arbeitgebers, heute sind sie Sklaven ihres eigenen Geschäfts.

Was diese Leute machen, funktioniert. Es dupliziert sich jedoch nicht. Sie arbeiten fleißig und meinen es gut, aber der Durchschnittsmensch kann nicht duplizieren, was sie tun, um ihr Geschäft aufzubauen. Zugegeben, sie verdienen wahrscheinlich viel mehr Geld mit ihrem Networking als sie früher in ihrem Job verdient haben – doch sie sind nach wie vor Sklaven. Vor allem: Sie können anderen Menschen nicht zeigen, wie man der Tretmühle entflieht, denn sie sind noch immer selbst darin gefangen.

Mit einem vollkommen duplizierbaren System kann jeder – egal, ob er Verkaufstalent hat oder nicht, ob er schüchtern oder kontaktfreudig ist – das Geschäft machen. Das wichtigste Axiom in diesem Geschäft, das man sich merken sollte, lautet:

**Nicht „*Funktioniert* es?",
sondern „*Dupliziert* es sich?"**

Ich will Ihnen ein Beispiel geben. Nehmen wir mal an, Sie lassen einen Fernsehspot während der Werbepause der Fußball-Weltmeisterschaft schalten, um neue Vertriebspartner zu gewinnen. In der einen Nacht könnten Sie vielleicht 10.000 Vertriebspartner einschreiben! Doch wie viele von denen hätten die zwei Millionen locker in der Tasche sitzen, die eine solche Werbung kostet? Vielleicht einer oder zwei. Und wissen Sie, was diese beiden bis zur nächsten Fußball-Weltmeisterschaft tun würden? Gar nichts.

Das oben beschriebene Szenarium *funktioniert*. Es bringt 10.000 neue Leute. Aber es *dupliziert* sich nicht.

So, wie Sie Ihre neuen Leute anwerben, so werden diese ihre Leute anwerben.

Dies bringt uns zu einem Thema, das ich gleich an dieser Stelle aufgreifen und aus dem Weg schaffen kann: dem Unterschied zwischen den beiden Geschäftsmodellen im Network Marketing.

Als ich *The MLM Revolution* schrieb, mein Manifest über diesen Beruf, deckte ich auf, dass die größte Lüge in diesem Geschäft darin besteht, dass große Geschäftserfolge so dargestellt werden, als seien sie durch kleindenkerische Geschäftstaktiken zustande gekommen. Das ist eine Pest in diesem Geschäft und sie verbreitet sich deshalb, weil wir die Menschen nicht über den Unterschied zwischen dem kleinen

Einzelhandels-Modell und dem großen Geschäfts-Duplikations-Modell aufklären. Und die meisten Schuldigen sind sich ihrer Schuld nicht einmal bewusst, weil sie den Unterschied selbst nicht kennen.

Wie viele Idioten laufen denn jetzt schon auf den Parkplätzen der Einkaufszentren umher und stecken Flugblätter mit dem Slogan „Millionär sucht Lehrling" an die Windschutzscheiben? Wie viele ahnungslose Neulinge kleben Werbezettel an Straßenmasten und glauben, dass ihnen das einen Bonus-Scheck von € 50.000,- monatlich einbringen wird?

Freilich gibt es Millionäre, die Lehrlinge suchen (ich bin einer von ihnen und viele von Ihnen, die das hier lesen, auch) und ein Teil von uns verdient € 50.000,- monatlich oder sogar ein Mehrfaches davon. Doch wir haben es nicht soweit gebracht, weil wir kitschige Buttons trugen, Flugblätter auf Einkaufsstraßen verteilten oder mit Autowerbung auf unseren Lamborghinis durch die Straßen fuhren.

Das heißt nicht, dass mit den Leuten, die mit Buttons, Aufklebern oder Flugblättern werben, etwas nicht stimmt. Ich will damit nur sagen, dass sie auf diese Weise kein großes Team aufbauen und nicht das Resultat erzielen werden, mit dem sich dieses Buch beschäftigt.

Wenn Ihr Hauptinteresse darin besteht, dass Ihr Einkommen die Kosten für Ihre eigenen Produkte abdecken soll, oder wenn Sie nur einige Hundert oder vielleicht einige Tausend Dollar pro Monat verdienen wollen, werden diese Taktiken funktionieren. Sie werden jedoch keine starke Duplikation schaffen oder große Bonus-Schecks produzieren.

Daher sollten Sie neue Leute nicht mit kostenlosen Autos und Urlaubsreisen oder mit hohen Einkommen locken – und dann behaupten, dass sie all das mit solchen Hausierer-Taktiken erreichen könnten. Sie werden das nicht tun. Weder jetzt noch später. Fünf- und sechsstellige Einkommen entstehen durch den Aufbau des großen Geschäfts-Duplikations-Modells, das ich Sie hier lehre, nicht durch das vielfach empfohlene Modell, das darin besteht, „die Produkte seinen Freunden zu zeigen".

Zurück zum duplizierbaren System...

Wenn Sie jemanden zum ersten Mal treffen, erreichen Sie die besten Resultate, wenn Sie zuerst von der Geschäftsmöglichkeit sprechen. Wenn die Person am geschäftlichen Aspekt nicht interessiert ist, dann können Sie immer noch darauf umschwenken, sie als Kunden zu gewinnen. Das lässt sich besser duplizieren, als zuerst von den Produkten oder Dienstleistungen zu sprechen und dann zu versuchen, auf das Geschäft hinzuweisen. Der Grund dafür ist folgender:

Stellen Sie sich vor, Sie arbeiten mit Mona Vie, Xango oder Usana zusammen und sponsern einen Chiropraktiker. Er wird sich denken, *„Das sind großartige Wellness-Produkte. Sie werden allen meinen Patienten helfen. Ich werde sie in meiner Praxis verkaufen."*

Das funktioniert. Es dupliziert sich aber nicht gut. Was Sie bei diesem Szenarium erleben werden, wird sein, dass der Chiropraktiker große Einzelhandels-Umsätze mit den Produkten machen wird. Es ist jedoch unwahrscheinlich, dass er das Geschäft viele Ebenen tief duplizieren wird.

Auch wenn er mit seinen Leuten über das Geschäft sprechen mag, werden 90 Prozent von ihnen sich nie daran beteiligen. Auch wenn das Geschäftsangebot verlockend klingt, werden die Leute auf unbewusster Ebene denken, um erfolgreich zu sein, müssten sie erst Chiropraktiker werden und 30–40 Patienten täglich haben, um ihnen die Produkte verschreiben zu können.

Das Selbe gilt für die Zahnärztin, die in ihrer Praxis

Zahnpflegeprodukte anbietet, den Sportlehrer, der in seinem Fitness-Studio Agel-Produkte vermarktet oder die Kosmetikerin, die im Salon Arbonne oder Nu Skin verkauft.

Diese Taktiken funktionieren, aber sie duplizieren sich nicht sehr gut. Wenn diese Leute ein auf Duplikation ausgerichtetes System praktizieren würden, das die Geschäftsmöglichkeit in den Vordergrund stellt, würden sie im Endeffekt viel größere Organisationen aufbauen, weil die Leute, die sie einschreiben, viel bessere Möglichkeiten sehen würden, ihre Resultate zu wiederholen. Ein System dient nicht nur Ihrem eigenen Vorteil – es hilft auch Ihren Leuten.

Kapitel Fünf:

Zentrale Eigenschaften eines professionellen Networkers

Es gibt 10 zentrale Eigenschaften, die für professionelle Networker charakteristisch sind. Um ein wahrer Profi zu sein, bedarf es mehr als diese zentralen Eigenschaften selbst zu besitzen. Sie müssen auch eine Kultur schaffen, in der diese zentralen Eigenschaften zur Norm in Ihrer Organisation werden. Wenn Sie Ihren Zeitplan erstellen und entscheiden, mit wem Sie arbeiten werden, sollten Sie Mitgliedern in Ihrem Team den Vorzug geben, die ebenfalls diese zentralen Eigenschaften besitzen. Schauen wir sie uns an:

1) Seien Sie ein Produkt der Produkte

Diese zentralen Eigenschaften vorzuleben, bedeutet, dass Sie niemals aus welchem Grund auch immer ein Produkt kaufen würden, das mit Ihrem Network-Marketing-Unternehmen in Konkurrenz steht – nie und nimmer. Der Kauf eines Produkts der „Marke X" entzieht Ihrem eigenen Geschäft Geld und steckt es in das von jemand anderem. Wenn Ihr Network-Marketing-Unternehmen über ein Auto-Ship-Programm verfügt, sollten Sie daran teilnehmen.

Als eine Person mit diesen Eigenschaften haben sie genügend Vorräte, um nie in Lieferschwierigkeiten zu geraten oder ein Konkurrenzprodukt kaufen zu müssen. Sie lassen sich weder durch Schlussverkäufe noch durch Leistungsprämien beeinflussen und Sie kaufen immer aus Ihrem eigenen Lager. Sie werden alle für Sie geeigneten Produkte Ihres Unternehmens verwenden – und Sie werden in der Lage sein, fachkundig und mit Begeisterung über diese Produkte zu sprechen, um Ihr Geschäft erfolgreich aufzubauen.

2) Entwickeln Sie einen Kundenstamm

Ihr Geschäft wird durch das Volumen von Verkäufen an den Endverbraucher angetrieben. Wie Sie wissen, wird ein Großteil dieser Verkäufe an Vertriebspartner gehen, die von ihrem eigenen Lager kaufen und die Produkte selbst nutzen. Doch es gibt eine Menge anderer Leute, die von Ihren Produkten oder Dienstleistungen profitieren werden und die momentan nicht an dem Aufbau eines Geschäfts interessiert sind. Diese Leute bilden Ihren Kundenstamm.

Es ist entscheidend, dass sie diesen Stamm hegen und pflegen. Es geht hier um ein gutes Geschäft, da Sie Einzelhandels-Gewinne einstreichen, passives Einkommen entwickeln und Ihr eigenes Gruppenvolumen aufbauen, das Ihnen zu einem schnelleren Aufstieg in Ihrem Marketingplan und zu höheren Provisionen verhilft. Wenn Sie noch am Anfang stehen, ist es ein gutes Ziel, eine Basis von mindestens zehn Direktkunden aufzubauen.

3) Befolgen Sie das System

Ich habe dies bereits erörtert, also werde ich es hier nicht weiter ausführen. Führungskräfte wissen, dass Einzelkämpfer zunächst erfolgreich sein können, aber auf Dauer keinen Erfolg haben werden. Für residuales Einkommen und die Sicherheit, sich zurückziehen zu können, müssen Sie einem schrittweisen duplizierbaren System folgen und Sie selbst müssen duplizierbar sein.

Ihre Sponsoren-Linie hat gelernt, was funktioniert und was nicht. Sie hat das System auf Basis dieser Erfahrung geschaffen. Wenn sie das System befolgen, profitieren Sie von den Ressourcen der gesamten Linie Ihrer Sponsoren. Wenn Sie das System verändern, verlieren Sie den Vorteil, all diese Leute und Ressourcen nutzen zu können. Darüber hinaus senden Sie dadurch eine Botschaft an Ihre eigenen Leute, dass es legitim ist, das System zu verändern und nach ein paar Ebenen existiert es nicht mehr. Halten Sie das System hoch.

4) Nehmen Sie an allen Veranstaltungen teil

Beginnen wir mit den Geschäftsvorstellungen. Es gibt eine Menge Leute, die behaupten, dass Geschäftsvorstellungen nicht länger notwendig sind und dass sie durch Abarbeiten von Telefonnummern, Versenden von E-Mails oder das Schalten von Inseraten ersetzt werden können. Ich bin da anderer Meinung.

Fakt ist, dass jedes Unternehmen, das eine exponentielle Wachstumskurve entwickelt hat und dieses beachtliche Niveau halten konnte, dies durch Geschäftsvorstellungen erreicht hat. Selbst mit Bildtelefonen, Webcasts und anderen sich rasend entwickelnden Technologien bezweifle ich, dass dies sich in Kürze ändern wird – falls überhaupt jemals. Es entsteht eine gewisse Magie, wenn Sie eine große Gruppe von Menschen in einem Festsaal zusammen bringen.

Ja, das Durchführen von Veranstaltungen erfordert mehr Arbeit als in Pantoffeln zu Hause zu sitzen und im Internet zu arbeiten. Dennoch finden sich die Energie und der soziale Beweis, die eine Live-Veranstaltung bietet, nirgendwo anders.

Wie häufig diese Veranstaltungen stattfinden, ist von Organisation zu Organisation unterschiedlich. Finden sie allerdings in Ihrer Umgebung statt, müssen Sie dort sein. Und wenn es in Ihrer Gegend keine Geschäftsvorstellungen gibt, sollte es Ihre oberste Priorität sein, mitzuhelfen, diese ins Leben zu rufen.

Sie sollen auch an den „größeren Veranstaltungen" teilnehmen.

Veranstaltungen sind der Klebstoff, der Ihr Geschäft zusammenhält. Die Teilnahme hilft Ihnen, Ihr eigenes Geschäft zu entwickeln, vermittelt Ihnen essentielles Training und hält Ihren Fokus aufrecht. In Ihrer regionalen Umgebung werden Sie die Möglichkeit haben, an Produkt-Workshops, Veranstaltungen und Zusammenkünften teilzunehmen. Wenn diese innerhalb von 4 oder 5 Stunden Autofahrt entfernt stattfinden, müssen Sie dort sein. Es gibt noch andere Veranstaltungen, wie Tagungen und Führungskräfte-Konferenzen, die jährlich abgehalten werden. Dies sind entscheidende, oft lebensverändernde Veranstaltungen und Sie tun gut daran, Ihre Urlaubszeit um sie herum zu planen, damit Sie keine verpassen.

Rechnen Sie damit, dass Sie hinsichtlich dieses Aspekts auf den größten Widerstand bei Ihren neuen Team-Mitgliedern treffen werden. Sie verstehen nicht, wie wichtig diese Veranstaltungen sind und es widerstrebt ihnen oft, ein Flugticket zu kaufen, um an weit entfernten Veranstaltungen teilzunehmen. Dennoch ist es Ihre Aufgabe als Führungskraft, etwas „liebevolle Strenge" walten zu lassen und sie dort hin zu bewegen. Das neue Repertoire an Fähigkeiten, der Glaube und das Selbstvertrauen, das sie bei diesen Veranstaltungen gewinnen, lässt Ihre Einkommen steigen und macht die Investition mehr als lohnenswert.

5) Studieren Sie den Beruf

Wenn Sie Ihr Geschäft auf schnellstmögliche Art und Weise aufbauen möchten, müssen Sie lernwillig und offen sein, sich coachen zu lassen. Sie werden feststellen, dass Network-Marketing sich sehr vom herkömmlichen Geschäftsbetrieb unterscheidet. Dinge, die im Verkauf oder anderen Geschäftsfeldern gut funktionieren, funktionieren nicht unbedingt im Network-Marketing.

Ihre Sponsoren-Linie hat gelernt, welche Methoden, Strategien und Techniken am besten in Ihrem Geschäft funktionieren. Sie werden mit Ihnen zusammenarbeiten und Ihnen alles beibringen was sie wissen... kostenlos. Ihr Sponsor ist der Treuhänder aller Erfahrungen von vielen Generationen von Vertriebspartnern – bis hin zum Network-Marketing-Unternehmen. Lernen Sie von ihm.

Bemühen Sie sich bewusst, alles über den Beruf zu lernen. Abonnieren Sie Fachzeitschriften und lesen Sie Bücher und andere Publikationen über Network-Marketing. Einige finden Sie im Abschnitt „Empfohlene Quellen" am Ende dieses Buches aufgeführt.

6) Seien Sie verantwortungsbewusst

Ich habe die Kettenbriefe und Geldspiele, die sich als seriöse Network-Marketing-Programme tarnen, erläutert. Wegen dieser müssen wir unseren Maßstab für Integrität viel höher ansetzen als die traditionelle Geschäftswelt. Wenn Ihnen etwas auch nur im Geringsten zweifelhaft erscheint, lassen Sie die Finger davon.

Network-Marketing ist ein Geschäft der Beziehungen und Beziehungen setzen auf Vertrauen. Um sich dieses Vertrauen zu verdienen und es aufrecht zu erhalten, müssen Sie verantwortungsbewusst sein.

Sie können niemals Ihre Vertriebspartner oder Kunden belügen und dabei verantwortungsbewusst bleiben. Verantwortung bedeutet auch, dass, wenn Sie Schecks ausstellen, diese gedeckt sind, wenn Sie versprechen, mit jemanden zu arbeiten, Sie das auch tun und dass, wenn Sie zusagen an einer Veranstaltung teilzunehmen, Sie auch pünktlich erscheinen.

Verantwortung bedeutet, dass, wenn wir ein Produkt-Display mit 24 Produkten ausstellen, am Ende des Abends immer noch 24 Produkte vorhanden sein werden. Es bedeutet, niemals den Interessenten von jemandem anderen anzugehen oder zu versuchen, Vertriebspartner einer anderen Line abzuwerben.

7) Edifizieren Sie Ihre Sponsoren-Linie

Kluge Vertriebspartner lernen, ihre Sponsoren-Linie zu edifizieren. Mit „edifizieren" meine ich „sie moralisch aufbauen, gut über sie sprechen". Wenn Sie den Erfolg und die Errungenschaften Ihrer Sponsoren aufzeigen, wird die Arbeit dieser Sponsoren effektiver sein, wenn sie kommen, um mit Ihren Interessenten und Ihren Vertriebspartnern zu arbeiten.

Oft wird es Ihnen schwer fallen, der Prophet im eigenen Land zu sein. Zuweilen sind Ihre Freunde und Verwandten noch nicht bereit zu akzeptieren, dass einflussreiche, positive Konzepte von Ihnen kommen können. Durch die Edifizierung Ihrer Sponsoren-Line – und das darauf folgende Mitnehmen Ihrer Interessenten in Ihre „Homebase" – werden Sie die Unterstützung haben, die Sie über Wasser hält, bis Sie erste Erfolge und Glaubwürdigkeit entwickelt haben. (Dies ist das Praktizieren des Prinzips der höheren Quelle, das ich zuvor erläutert habe.)

Dies war eine Lektion, für die ich Lehrgeld zahlen musste.

In meinen Anfangsjahren in der Branche war ich so von mir selbst eingenommen, dass ich meinen Sponsor niemals edifizierte. Ich tat genau das Gegenteil.

Ich beschwerte mich bei allen meinen Leuten, wie schwach mein Sponsor sei, in der Hoffnung, dass es mich im Vergleich stark erscheinen ließe. (Natürlich bezweckte es genau das Gegenteil, aber das konnte ich nicht erkennen.) Wenn mein Sponsor in die Stadt kam, um ein Training oder eine Geschäftsvorstellung durchzuführen, nahmen nur wenige meiner Leute teil. Brauchte ich dann jemanden, der mir Glaubwürdigkeit verlieh, war niemand da, der mir sie hätte geben können. Ich habe niemals meine engsten Freunde oder Familienangehörigen in das Geschäft eingebracht. Ich glaube heute noch, dass dies darin begründet liegt, dass ich meine Sponsoren-Linie nicht edifiziert habe.

Sie sollten zudem Ihre Organisation, Ihr Network-Marketing-Unternehmen und den gesamten Berufszweig edifizieren. Damals habe ich viel Zeit damit verbracht, die Unzulänglichkeiten konkurrierender Unternehmen aufzuzeigen, um einen Wettbewerbsvorteil zu gewinnen. Heutzutage baue ich sie und den Berufszweig in seiner Gesamtheit lieber auf. Ich denke, dass dies letztendlich effektiver ist.

8) Legen Sie eine wöchentliche Anzahl von Kontaktaufnahmen fest und halten Sie sich daran

Sie können die Zahl der Anwerbungen nicht beeinflussen, aber Sie können beeinflussen, wie vielen Leuten Sie die Möglichkeit geben, einen Eindruck von dem Geschäft zu gewinnen. Legen Sie sich zum Beispiel fest, zwei Leuten am Tag an fünf Tagen der Woche Ihr Geschäft vorzustellen.

Das heißt nicht, dass Sie dementsprechend viele Präsentationen geben müssen; dazu werden Sie wahrscheinlich sowieso keine Zeit haben. Dennoch verpflichten Sie sich, einer bestimmten Anzahl von Leuten die Möglichkeit zu geben, sich Ihr Geschäft anzusehen. Diese Kontaktanbahnungen können in Form von E-Mails, einem Anruf oder der Aushändigung einer CD, einer Zeitschrift oder einer DVD erfolgen. Sie bringen andere einfach mit der Geschäftsmöglichkeit in Kontakt, um abzuschätzen, ob von deren Seite ein echtes Interesse besteht.

9) Nehmen Sie sich jeden Tag Zeit für Ihre eigene Weiterentwicklung

Wenn ich etwas Grundlegendes festgestellt habe, dann folgendes: Ihr Geschäft wird nur so schnell wachsen wie Sie selbst. Sie werden neue Fähigkeiten entwickeln müssen, während Ihr Geschäft vorankommt. Zunächst besteht das Repertoire an Fähigkeiten, die Sie benötigen, darin, eine Kandidatenliste aufzustellen, Leute zu treffen und sie einzuladen. Später benötigen Sie Fähigkeiten zur Erstellung von Präsentationen und für Nachfassaktionen. Letztendlich müssen Sie lernen, Führungskräfte auszubilden.

Die anfänglichen Fertigkeiten befassen sich eher mit den Geschäftstechniken, wohingegen die höheren Fähigkeiten mehr auf die zwischenmenschliche Interaktion abzielen.

Es ist wichtig, dass Sie jeden Tag etwas Zeit für die eigene Weiterentwicklung einplanen. Für die meisten Leute eignet sich dazu am besten der Morgen, vor dem Start in den Tag. Sie könnten meditieren, Körperübungen machen, sich inspirierende Audios anhören oder Bücher lesen, die Ihnen helfen, in Geist, Körper und Seele zu wachsen. Planen Sie diese Zeit ein und nutzen Sie sie.

Investieren Sie in Audios, Bücher und Videos, die Ihre persönliche Entwicklung unterstützen… und achten Sie darauf, dass die Hälfte davon sich konkret auf Ihr Network-Marketing Geschäft bezieht. Führen Sie positive CDs in Ihrem Auto mit sich und hören sie sich diese an, statt sich dem Krach und der negativen Programmierung des Radios auszusetzen. Besorgen Sie sich einen MP3 Player und laden Sie inspirierendes Material herunter, das Sie sich beim Spazierengehen, Joggen oder Fahrrad fahren anhören können.

Beenden Sie Ihren Tag nie damit, sich die Spätnachrichten anzuschauen und dann ins Bett zu gehen. Stellen Sie sicher, dass der letzte Eindruck, den Sie vor dem zu Bett gehen haben, positiver Natur ist – selbst wenn es nur das Lesen eines Abschnitts in einem inspirierenden Buch ist. (Ich habe „Heile deine Gedanken: Werde Meister deines Schicksals" an meinem Bett, so dass ich jeden Morgen als erstes und jeden Abend als letztes einen Abschnitt darin lesen kann.)

Viele Network-Marketing-Unternehmen oder Sponsoren-Linien bieten Programme mit positivem, inspirierendem und/ oder lehrreichem Material an. Falls dies auf Sie zutrifft, haben Sie Glück, denn Ihnen wurde bereits viel von der Arbeit nach der Suche und Beschaffung guten Materials abgenommen. Abonnieren Sie gleich und stellen Sie sicher, dass Ihre Leute das auch tun.

10) Tun Sie immer das Richtige

Es kann zu Situationen kommen, in denen Sie in Konflikt geraten und sich fragen, was Sie tun sollen. Vielleicht ist jemand von einer anderen Line auf Sie zugekommen und möchte in Ihre Linie übertreten. Vielleicht fühlt sich der

Kontakt von jemand anderem zu Ihnen hingezogen. Letzten Endes ist es nicht schwer, die richtige Entscheidung zu erkennen. Handeln Sie. Sagen Sie die Wahrheit, bauen Sie andere auf, behandeln Sie die Interessenten anderer Teammitglieder mit Respekt und halten Sie, was Sie versprechen. Punkt aus.

Diese zehn zentralen Eigenschaften sind das, was professionelle Networker von den Amateuren unterscheidet. Alle zentralen Eigenschaften in der Praxis anzuwenden ist nicht immer einfach – und das soll es auch nicht sein. Wenn Sie wirklich daran interessiert sind, ein erfolgreiches Netz aufzubauen, das andere duplizieren können, dann sind sie unerlässlich.

„Sich auf den Kern zu besinnen" bedeutet alle 10 Eigenschaften anzuwenden – nicht nur die, die Ihnen zusagen. Das erfordert ebenfalls eine hohe Investition in sich selbst. Sie werden entdecken, dass die Leute, die in sich investieren, um sich „auf den Kern zu besinnen", viel höhere Erfolgsquoten erzielen als die, die es nicht tun. Als Führungskraft, die sich zur Professionalität und zur Stärkung anderer verpflichtet hat, haben Sie die Verantwortung, sich selbst „auf den Kern zu besinnen" und diese Kultur auch innerhalb Ihrer Organisation zu schaffen.

Kapitel Sechs:

Schnellstart

Die Zahl der Menschen, die gleich am Anfang ihrer Karriere wieder aus dem Network Marketing aussteigen, ist riesig! Wie ich in Kapitel 4 erwähnt habe, gewinnen oder verlieren Sie Ihre neuen Vertriebspartner in den ersten beiden Wochen und die ersten 48 Stunden sind kritisch. Dasselbe gilt wahrscheinlich auch für Sie selbst.

Wenn Sie schnell aktiv werden und einige kleine Erfolge einstreichen, werden Sie wahrscheinlich dabei bleiben. Wenn Sie dagegen die ersten paar Wochen mit Vorbereitungen zur Vorbereitung verbringen, wird es wahrscheinlich damit enden, dass Sie gar nichts tun, bis Sie schließlich die Flinte ganz ins Korn werfen.

Wenn Sie diese Zeit damit verbringen, Broschüren zu analysieren, sich das Firmenvideo noch einmal anzusehen, darüber nachzudenken und darüber zu reden, was Sie tun werden, doch nichts wirklich tun – dann gehen die zwei Wochen vorüber, ohne dass irgend etwas geschieht. Ihre Begeisterung geht dahin und Ihr Traum entgleitet in die Ferne.

Wenn Sie jedoch in Ihren ersten beiden Wochen gleich lernen, wie das Geschäft funktioniert, aktive Schritte unternehmen und tatsächlich Leute in Ihre Gruppe aufnehmen, dann entsteht ein Momentum und Ihre Begeisterung steigt. Gute Arbeitsgewohnheiten stellen sich ein…die mit positiven Ergebnissen belohnt werden…die Sie motivieren werden, sich noch mehr gute Arbeitsgewohnheiten anzueignen.

Bitte, beginnen Sie nicht mit der Einstellung, dass Sie das Geschäft mal „ausprobieren" wollen. Steigen Sie mit der Haltung ein, dass Sie den Beruf erlernen wollen und verpflichten Sie sich zu einem Jahr Studium, um ein Profi zu werden. Wenn Sie das Buch *Outliers* von Malcolm Gladwell gelesen haben, wissen Sie, dass man in jedem Beruf 10.000 Stunden Erfahrung braucht, um kompetent zu sein.

In unserem Berufszweig wird es nicht so lange dauern, bis Sie Gewinne einfahren können. Doch es wird so lange dauern, bis Sie die Aufgabe meisterhaft beherrschen werden. Wie jeder neue Beruf erfordert auch Network-Marketing die Aneignung neuer Kenntnisse und Fähigkeiten.

Das Gute dabei ist, dass Sie Geld verdienen, während Sie lernen – doch es ist trotzdem gut, das erste Jahr als ein Lehrjahr zu betrachten. Für den durchschnittlichen Network-Marketer, der sich nur 10 bis 15 Stunden pro Woche seinem Geschäft widmet, ist die einjährige Verpflichtung ein realistisches Ziel. Ich bin überzeugt: Wenn Sie so lange diesem duplizierbaren System folgen, werden Sie mit den Ergebnissen so zufrieden sein, dass Sie das Geschäft für den Rest Ihres Lebens weiter betreiben werden.

Schnell aus den Startlöchern kommen!

Wie schafft man also einen schnellen Start? Vermeiden Sie, was in 90 Prozent der Fälle geschieht:

Sie geben eine Präsentation und sponsern einen neuen Vertriebspartner. Er ist begeistert und träumt von all dem Geld, den Reisen, den Autos und den anderen Herrlichkeiten, die er bekommen wird. Er hat seine ersten fünf Vertriebspartner schon im Kopf. Also schicken Sie ihn nach Hause und sagen ihm, er solle seine Namensliste schreiben.

Da er die fünf Leute, die er haben will, schon kennt, kümmert er sich nicht weiter um die Liste, sondern ruft die fünf Leute einfach an und lädt sie zu dem nächsten Meeting ein. Dann lehnt er sich zurück und wartet auf das große Geld.

Sie glauben wahrscheinlich, Sie hätten einen potenziellen Superstar gefunden. Doch in Wahrheit spricht vieles dagegen.

Erstens hat er die Einladungen wahrscheinlich ausgesprochen, bevor er wusste, wie man das richtig macht. Er klang vermutlich nicht sehr überzeugend und die Beteiligung an dem Meeting wird armselig sein.

Zweitens nutzte er für die Einladung kein Tool, also selbst wenn seine Einladungen erfolgreich sind, wird sein Herangehen schwerer zu duplizieren sein.

Motivation und positives Denken werden einen neuen Vertriebspartner nur bis zu dieser Schwelle tragen. Sofern er keinen glaubwürdigen, logischen Plan hat, um seine Träume zu verwirklichen, werden ihn Furcht und Zögern übermannen. Dasselbe gilt ebenso für Sie selbst. Dieses Kapitel verfolgt demnach zweierlei Ziele: Sie zu einem schnellen Start zu bewegen und Sie zu lehren, wie Sie richtig mit neuen Vertriebspartnern arbeiten, damit auch sie möglichst schnell Boden unter die Füße bekommen. Hier ist mein vierteiliges Rezept dazu:

Teil 1...Errichten Sie das Fundament (3 Schritte)

Die folgenden drei Dinge sollten bereits erledigt worden sein, als Sie sich bei Ihrem Sponsor eingeschrieben haben.

Schritt 1: Einschreibvorgang abgeschlossen

Sie haben das vielleicht online getan, oder Sie haben Ihre Angaben in ein Antragsformular eingetragen und dieses Ihrem

Sponsor gegeben. Sobald Sie eine Vertriebspartnernummer haben, ist das erledigt. Das heißt, Sie haben einen Platz in der Struktur belegt und Ihre Position ist gesichert.

____Schritt 2: Aktivierungsbestellung aufgegeben

Sie müssen die Produkte oder Dienstleistungen selbst nutzen, damit Sie sich von ihnen überzeugen können. Wieviel sollten Sie bestellen? Irgendwo zwischen der Menge, die Sie brauchen – und der, die Sie nervös macht. Ich sage das nur halb im Scherz. Wir haben festgestellt, das „nur das, was Sie brauchen", nicht reicht.

Sie werden etwas Inventar brauchen, um es neuen Vertriebspartnern zu leihen, während sie auf die Lieferung ihrer ersten Bestellung warten, einige Extras zum Ersatz verkaufter Waren und Proben, die Sie mit Ihren Nachfasspaketen weggeben können. Besorgen Sie sich genug Produkte, um Ihr Geschäft aufbauen zu können.

Vor einigen Jahren arbeitete ich an einem Programm mit, das organische Haushaltsreiniger anbot. Mit meinen neuen Vertriebspartnern tat ich damals folgendes: Ich ging mit ihnen durch ihr Haus und entfernte alle Produkte der „Marke X" aus ihren Badezimmern und Küchen. Wir taten sie in eine Einkaufstüte und führten sie einem guten Zweck zu. Dann ersetzten wir alles mit dem guten Zeug. Das selbe Konzept wird für die meisten Programme funktionieren.

____Schritt 3: Autoship eingerichtet

Wenn Ihr Unternehmen ein Autoship-Programm hat, sollten Sie mit einer regelmäßigen monatlichen Bestellung daran teilnehmen. Das gewährleistet, dass Ihnen das Produkt nie ausgeht und dass Sie immer für die Provisionen und

Beförderungen qualifiziert sind, die Sie sich verdient haben. Das ist der Motor, der Ihr Geschäft sanft weiterbrummen lässt. Das ermöglicht auch Ihrem Unternehmen, die Nachfrage besser vorherzusehen und sicherzustellen, dass die gefragtesten Produkte immer auf Lager und verfügbar sind.

Es ist äußerst wichtig, dass Sie die Produkte oder Dienstleistungen selbst nutzen und aus eigener Erfahrung bestätigen können, wie gut sie sind. Sie sollten auch immer in Ihrem eigenen Geschäft einkaufen. In Ihrem Zuhause sollte niemals ein X-beliebiges Produkt zu finden sein, das mit dem Produkt Ihres eigenen Unternehmens konkurriert.

Denken Sie nicht, das sei eine zusätzlich Ausgabe, denn das stimmt nicht. Viele der Produkte, die Sie nutzen werden, ersetzen lediglich Produkte, für die Sie ansonsten Einzelhandelspreise in Supermärkten bezahlen würden. Und je nachdem, mit welcher Produktlinie Sie sich beschäftigen, können die langfristigen Einsparungen bedeutend sein.

Teil 2...Knüpfen Sie Verbindungen (4 Schritte)

____Schritt 1: Loggen Sie sich in ihr Back Office ein

Gehen Sie zur Webseite Ihres Unternehmens und loggen Sie sich in Ihr Back Office ein. Machen Sie sich mit den Vorgängen vertraut, wie man Bestellungen aufgibt, Autoships ändert und neue Kunden und Vertriebspartner einschreibt. Wenn Ihr Sponsoren-Team eine Webseite oder einen Newsletter hat, tragen Sie sich dort ein.

____Schritt 2: Machen Sie sich mit den Geschäftsbedingungen Ihres Unternehmens vertraut

Nehmen Sie sich ein paar Stunden Zeit (Sonntagabend ist für die meisten Menschen ideal), um sich alle Materialien aus dem Vertriebspartner-Kit durchzusehen und sich mit den Formularen vertraut zu machen. Lesen Sie sich die Geschäftsbedingungen und Verfahrensweisen sowie den Ethik-Kodex Ihres Unternehmens durch.

____Schritt 3: Beantragen Sie eine Kreditkarte für Ihr Geschäft und richten Sie sich ein Geschäftskonto ein

Getrennte Kreditkarten- und Girokonten zu haben zeigt, wie ernst Sie es damit meinen, Ihr Geschäft auf professionelle Weise auszuüben und es bietet auch die Möglichkeit, den Überblick über Ihre Geschäftsausgaben zu behalten. Ihr Buchhalter oder Steuerberater wird Ihnen dafür dankbar sein!

HINWEIS: Wenn Sie Produkte für den Gebrauch Ihrer eigenen Familie kaufen, kaufen Sie sie in Ihrem eigenen Geschäft zum Einzelhandelspreis. Beispiel: Nehmen wir an, der Großhandelspreis eines Ihrer Produkte ist € 25,- und der empfohlene Einzelhandelspreis ist € 40,-. Sie stellen einen Scheck über € 40,- von Ihrem Privatkonto auf Ihr Geschäftskonto aus. Natürlich haben Sie schon € 25,- von Ihrem Geschäftskonto an Ihr Network-Marketing-Unternehmen ausbezahlt. Die € 15,- dazwischen sind die Gewinnspanne aus dem Einzelhandelsgeschäft, die Ihrem Geschäft gutgeschrieben werden sollten. Dieses Verfahren zu befolgen hilft Ihnen und Ihren Leuten, den wahren Wert Ihrer Produkte schätzen zu lernen.

____Schritt 4: Melden Sie sich für das nächste große Event an

Die meisten Unternehmen und Organisationen organisieren jedes Jahr zwei bis vier größere Events, um Ihnen beim Geschäftsaufbau zu helfen. Diese Events bieten Ihnen informationsgeladene Trainings und zeigen die besten Methoden, Ihr Geschäft aufzubauen. Manche Events, wie etwa die Leadership-Konferenzen, sind nur für Mitglieder der höheren Ränge, während andere, wie etwa Tagungen des Unternehmens, für jeden da sind, um beim Erreichen jener höheren Ränge zu helfen.

Diese größeren Veranstaltungen bieten Ihnen die Gelegenheit, Führungskräfte aus Märkten kennen zu lernen, in denen Sie vielleicht Kontakte haben und in denen Sie vielleicht eine Gruppe aufbauen würden. Also egal, ob Sie nur in Ihrem Heimatland aktiv sein wollen oder ein weltumspannendes Geschäft aufbauen möchten, Sie müssen einfach dort sein!

Wer an diesen Events teilnimmt, hat einen deutlichen Vorsprung gegenüber jenen, die es nicht tun. Diese Veranstaltungen können Ihre Lernkurve um Monate oder gar Jahre verkürzen. Es gibt einfach keinen Ersatz für die Teilnahme an diesen Live-Veranstaltungen – da können Sie persönlich mit Spitzenkräften innerhalb des Vertriebsnetzes und mit Führungskräften des Unternehmens sprechen, Fragen stellen, während der Pausen networken und sich zusammen mit Hilfe der besten und intelligentesten Leute Ihres Unternehmens auf Erfolg programmieren.

Für Programme dieser Art würden Sie Hunderte oder gar Tausende von Dollar, Pfund oder Euro bezahlen, wenn diese als allgemein zugängliche Seminare angeboten werden würden. (Was nicht der Fall ist.) Fragen Sie Ihren Sponsor, wann die nächste größere Veranstaltung stattfindet und melden Sie sich gleich an!

Teil 3...Erstellen Sie Ihren Spielplan (5 Schritte)

____Schritt 1: Leben Sie die zentralen Eigenschaften

Die Menschen, die es in unserem Beruf zu Erfolg bringen, sind diejenigen, die Verpflichtungen eingehen und sie einhalten. Sie haben in Kapitel 5 von den zentralen Eigenschaften gehört. Eignen Sie sich diese an und setzten Sie sie in die Praxis um.

____Schritt 2: Setzen Sie sich Ziele

Bestimmen Sie, was Ihr letztendliches Ziel ist, das Sie mit Ihrem Network-Geschäft erreichen wollen. Sind Sie nur daran interessiert, Ihre Produkte kostenlos zu bekommen? Wollen Sie genug verdienen, um Ihr Auto abzahlen zu können? Oder wollen Sie völlige finanzielle Unabhängigkeit erreichen? Um Ihre Ziele zu erreichen, müssen Sie zuerst bestimmen, was Ihre Ziele sind – dann stellen Sie einen Zeitplan auf, um sie zu erreichen. Dies ist Ihre Chance, Pläne für Ihre Träume zu machen.

Ziele sind Träume mit einem Liefertermin. Schreiben Sie sie nieder und gestalten Sie sie konkret und messbar.

Ich bin überzeugt, dass jeder Durchschnittsmensch, der ein System befolgt, in diesem Geschäft innerhalb eines Zeitraums von zwei bis vier Jahren finanzielle Unabhängigkeit erlangen kann. Überlegen Sie, was Sie gleich tun wollen. Dann überlegen Sie, wie Ihr Zwei- bis Vier-Jahres-Plan aussehen soll.

Konkretisieren Sie Ihren Traum gemeinsam mit Ihrem Partner und mit Ihrem Sponsor. Erwecken Sie jene Wünsche und Sehnsüchte wieder zum Leben, die Sie früher hatten und

die irgendwo auf Ihrem Lebensweg verloren gegangen sind.
Manchmal sind wir so sehr mit dem Alltagsallerlei beschäftigt, dass wir unsere Träume aus den Augen verlieren.

Es ist wichtig, dass Sie entdecken, was Sie „heiß" macht.
Es ist dieses brennende Verlangen, das Ihren Fokus und Ihre
Motivation in den frühen Entwicklungsstadien Ihrer Karriere
aufrecht erhalten wird, wenn die Anforderungen größer sind
und das Einkommen noch nicht der Mühe wert scheint. Dies
ist das Geheimnis, wie man selbst motiviert bleibt.

___Schritt 3: Kaufen Sie sich einen Terminkalender (oder nutzen Sie eine Online-Version) und teilen Sie sich Ihre Zeit ein

Das Geheimnis des rapiden Wachstums in unserem Beruf
hängt davon ab, womit Sie die 10 bis 15 Stunden pro Woche
verbringen, die Sie für Ihr Geschäft reserviert haben. Sie sollten so viele produktive Tätigkeiten für den Geschäftsaufbau
einschließen wie nur möglich und unproduktive Beschäftigun-
gen minimieren. Tragen Sie die Zeiten für Hausbesuche, Telefonkonferenzen und das Kontaktieren von Interessenten ein.
Wenn Sie Ihre 10–15-Stunden-Woche im Voraus planen, werden Sie viel produktiver sein.

Arbeiten Sie eng mit Ihrem Sponsor zusammen, um die
Zeiteinteilung für Ihre ersten Wochen im Geschäft festzulegen. Finden Sie die Daten aller Veranstaltungen in den nächsten 90 Tagen heraus und tragen Sie sie in Ihren Terminkalender ein. Ebenso die Daten von Jahresmeetings und Konferen-
zen. Diese großen Events sind für Ihren Erfolg äußerst wichtig, also sorgen Sie rechtzeitig vor, dass Sie sich zum betref-
fenden Zeitpunkt beurlauben lassen, um dorthin zu reisen und
daran teilnehmen zu können.

____Schritt 4: Bestellen Sie Tools für Ihren Geschäftsaufbau

Wie in jedem Geschäft gibt es auch hier bestimmte Materialien, die Sie brauchen, um effizient und effektiv zu arbeiten. Sie werden viel schneller zu Erfolg kommen und den Erfolg in Ihrem Team besser duplizieren, wenn Sie die bewährten Hilfsmittel nutzen, die Ihre Sponsorenlinie empfiehlt.

Diese Tools sind dazu da, Ihre Interessenten auf professionelle Weise mit zuverlässigen und glaubwürdigen Informationen zu den Produkten und der Geschäftsgelegenheit zu versorgen. Dank dieser Tools von dritten Personen müssen Sie selbst kein Experte sein, um Erfolg zu haben. Verweisen Sie einfach auf das Tool und lassen Sie es die Arbeit tun. So kann jeder das Geschäft auf effektive Weise betreiben – ohne Spezialkenntnisse, Talent, Training, Erfahrung oder besondere Bildung. Außerdem vergrößert das Nutzen von Tools Ihre Fähigkeit zum Duplizieren ganz gewaltig.

____Schritt Fünf: Füllen Sie Ihre Namensliste komplett aus

Dies ist einer der wichtigsten Schritte. Lassen Sie ihn nicht aus und machen Sie die Liste nicht nur halb. Fangen Sie einfach an, die Namen aller Leute, die Sie kennen, niederzuschreiben.

Bemühen Sie sich, niemanden im Voraus zu beurteilen: *Ah, der verdient schon viel Geld. Der wird nicht interessiert sein. Sie ist eine Vollblut-Verkäuferin. Sie wird sich das nicht ansehen...usw.* Ein Fehler dieser Art kann Sie später Zehntausende von Dollar kosten. Also, beurteilen Sie niemanden im Voraus, schreiben Sie einfach nur die Namen auf.

Aus jeder Hundert-Namens-Liste werden sich drei bis vier hochrangige Führungskräfte ergeben, sechs bis acht Führungskräfte der mittleren Ebene und vielleicht 20 Teilzeit-Mitarbeiter sowie etliche Leute, die die Produkte als Kunden nutzen möchten. Sie können nicht wissen, wer sich wofür entscheidet – und die Person, die wirklich ernsthaft das Geschäft anpackt, ist oft nicht die, von der Sie es anfangs erwarten.

Gehen Sie durch Ihr Adressbuch und die Liste der Leute, denen Sie immer Urlaubskarten schicken. Dann nehmen Sie die Gelben Seiten zur Hand und überfliegen Sie alle Berufe, die dort aufgelistet sind; So werden Ihnen noch mehr Leute einfallen, die Sie kennen. Beginnen Sie mit den Apothekern und Autohändlern und hören Sie nicht auf, ehe Sie bei den Zahntechnikern und Zupfinstrumentenmachern angelangt sind.

Machen Sie nicht den klassischen Fehler, an fünf oder sechs Leute zu denken, die interessiert sein werden und dort aufzuhören. So werden Sie sicher enttäuscht. Schreiben Sie mindestens zweihundert Namen auf, dann lassen sich die Leute ganz leicht in die richtigen Kategorien einteilen.

An dieser Stelle sagen die meisten, dass sie nicht so viele Menschen kennen. Das ist nicht wahr.

Wenn es eine Hochzeit gibt, werden durchschnittlich 500 Freunde und Bekannte informiert oder eingeladen, 250 auf jeder Seite und bei einem Begräbnis schreiben sich rund 250 Leute ins Gästebuch ein. Und da zähle ich noch nicht einmal die Dutzende und Aberdutzende von flüchtigen Bekannten mit, die Sie kennen!

Wenn Sie nur eine kleine Liste haben, führt das zu einer schwachen Positur mit zaghaften und furchtsamen Annäherungsversuchen. Wenn Sie eine große Liste haben, fühlen Sie sich stark und Sie werden die Menschen mit Kraft und Selbstvertrauen ansprechen.

Teil 4...Heben Sie ab!
(6 Schritte)

Sie werden feststellen, dass sich dieser Abschnitt am stärksten von den früheren Auflagen dieses Buches unterscheidet. Sobald ich nämlich diese Strategie eines „explosiven Starts" entwickelt hatte, baute ich zehnmal schneller Gruppen auf als je zuvor. Dies hier ist der entscheidendste Teil, der zu schnellen Aktionen und zu schnellen Gewinnen führt.

Das Konzept des explosiven Starts besteht darin, möglichst viele Menschen möglichst schnell mit Hilfe von Tools, die von dritten Personen erstellt wurden, die Geschäftsmöglichkeit vorzustellen.

Sie brauchen die Produkte oder die Geschäftsmöglichkeit nicht zu „verkaufen". Überlassen Sie „das Reden" dem Tool. Merken Sie sich: Wenn sich Ihre Lippen bewegen, sollten sie auf ein Tool verweisen. Jedesmal, wenn Sie jemandem ein Tool geben, sollten Sie innerhalb von 12 bis 24 Stunden ein Nachfassgespräch einplanen.

Das Ziel dieses explosiven Starts ist es, sofort mindestens 80 bis 100 Kandidaten in Ihre Interessenten-Pipeline zu befördern. Bitte, verstehen Sie mich richtig: Das bedeutet nicht, dass Sie 80 oder 100 Leute sponsern müssen oder dass Sie so viele Präsentationen geben müssen. Es heißt lediglich, dass Sie ihnen die Gelegenheit geben müssen, sich das Geschäft anzuschauen, um zu sehen, ob sie das interessiert. Es ist wichtig, dass Sie eine große Anzahl von Menschen auf das Geschäft hinweisen, damit Sie gleich genug Leute finden, die sich dieses Geschäft aufbauen wollen. Damit schaffen Sie sich ein gutes Fundament.

Es mag paradox klingen, doch es ist tatsächlich einfacher,

das Geschäft schnell aufzubauen, als es langsam zu tun. Wenn Sie schnell starten, schaffen Sie Aufregung und Momentum, die sich auf Ihre ganze Gruppe ausbreiten. Und wenn Sie schnell positiven Geldfluss vorweisen können, geben Sie den Ton für Ihr Team an und demonstrieren Erfolg.

Network Marketing ist ideal für jeden – doch nicht jeder ist ideal für Network Marketing. Manche Leute suchen im Moment nicht nach einer Geschäftsgelegenheit. Andere wollen so eine Gelegenheit, sind aber nicht willens, die Arbeit zu tun. Wiederum andere werden Kunden für die Produkte werden, doch werden nicht das Geschäft machen. Das ist alles in Ordnung. Sie müssen sie nur aussortieren. Die beste Vorgehensweise ist eine mehrgleisige, großflächige Aktion. Es folgen nun die einzelnen Schritte eines solchen explosiven Starts.

___Schritt 1: Schnellstart mit PGVs

Das Fundament des Rekrutierens sind private Geschäftsvorstellungen (PGVs). Gemeint sind damit formlose Zusammenkünfte bei Ihnen zu Hause, zu denen Sie die wichtigsten Leute einladen, die Sie gerne in Ihrem Team hätten, um ihnen die Geschäftsmöglichkeit vorzustellen. Im Idealfall werden Sie ein Video für die Präsentation zur Verfügung haben, oder jemand aus Ihrer Sponsorenlinie wird die Präsentation für Sie machen. Das ist eine sehr freundliche, unbedrohliche Art und Weise für die Kandidaten, zu erfahren, worum es beim Geschäft geht.

Planen Sie Ihre ersten drei oder vier PGVs zur „großen Geschäftseröffnung" ein. Das erste Meeting sollte innerhalb von drei oder vier Tagen nach Ihrem Einschreiben bei dem Network-Marketing-Unternehmen stattfinden, weitere zwei oder drei sollten jeweils im Abstand von einigen Tagen folgen.

Eine solche Serie ermöglicht es dank ihrer Flexibilität, dass mehr Kandidaten die Zeit finden werden zu kommen. Sie werden so auch genügend Vertriebspartner einschreiben, um unter ihnen einige ernsthafte Leute zu identifizieren, die sich mit Energie ins Geschäft stürzen und für Sie ein Fundament bilden werden.

Ihr Ziel sollte sein, in den ersten sieben bis zehn Tagen mindestens drei solche PGVs abzuhalten. Das ist die schnellste Art, um Momentum zu schaffen. Hier sind einige Richtlinien für die Durchführung der effektivsten PGVs und für einen schnellen Start:

Vor der PGV

- Sehen Sie sich Ihre Namensliste durch und wählen Sie Ihre Favoriten aus. Laden Sie diese zu sich nach Hause ein. Teilen Sie ihnen mit, dass Sie die „große Eröffnung" Ihres neuen Geschäftes feiern und dass Sie Ihre Freunde zu Ihrer Unterstützung dabei haben wollen und ihnen zeigen wollen, worum es geht. (Die Worte „große Eröffnung" erhöhen die Teilnahmequote drastisch, da fast jeder gern Eröffnungsfeiern besucht.)
- Lassen Sie sich nicht in lange Gespräche verwickeln. Wenn Ihre Freunde danach fragen, nennen Sie ihnen den Namen des Network-Marketing-Unternehmens und sagen Sie ihnen, dass Sie eine besondere Video-Präsentation haben, die Sie ihnen zeigen wollen, oder dass jemand kommt, den Sie ihnen vorstellen wollen. Erklären Sie, dass auch für Sie alles brandneu ist und dass Sie noch nicht selbst alle Fragen beantworten können, dass ihnen die Präsentation jedoch alle nötigen Informationen geben wird.

- Entfernen Sie vor der Präsentation alle möglichen Störfaktoren (Telefon, Haustiere, Kinder usw.)
- Stellen Sie die Möbel in Ihrem Zuhause für das Meeting nicht um. Lassen Sie alles stehen wie immer und bringen Sie erst dann zusätzliche Stühle in den Raum, wenn die Leute ankommen.
- Bieten Sie nur Getränke (keinen Alkohol) oder leichte Snacks an.
- Halten Sie Infopakete für alle Gäste bereit, bewahren Sie sie aber außerhalb ihrer Sichtweite auf.
- Stellen Sie kein Produktdisplay auf.

Die eigentliche PGV

- Heißen Sie die Leute willkommen, wenn sie eintreffen und bieten Sie ihnen Sitzplätze an. Stellen Sie die Gäste einander vor und führen Sie ein paar nette Unterhaltungen.
- Beginnen Sie innerhalb von ein paar Minuten nach der festgesetzten Zeit. Reden Sie nicht über Leute, die zu spät kommen oder die nicht erschienen sind. Konzentrieren Sie sich auf die, die da sind.
- Zu Beginn begrüßen Sie alle offiziell und danken Sie ihnen, dass sie gekommen sind. Sagen Sie in 30 Sekunden, warum Sie in das Geschäft eingestiegen sind, dann starten Sie das Video oder stellen Sie den Redner vor.
- Laufen Sie während der Präsentation nicht im Haus umher. Bleiben Sie sitzen und sehen Sie sich die Präsentation zusammen mit Ihren Gästen an.
- Wenn jemand zu spät kommt, beginnen Sie nicht wieder von vorne. Sagen Sie der Person, dass Sie das

Versäumte später privat nachholen.

- Zu Ende der Präsentation geben Sie jedem Gast oder jedem Paar ein Info-Paket.
- Nun ist der richtige Zeitpunkt, um Fragen zu beantworten. Wenn Ihr Sponsor anwesend ist oder anruft, leiten Sie die Fragen an ihn weiter. Wenn er nicht da ist, nutzen Sie die Tools, um Antworten zu geben. Zum Beispiel: Wenn es Fragen zum Vergütungsplan gibt, schlagen Sie die entsprechende Seite im Vertriebspartner-Kit auf. Wenn es Fragen zu den Produkten gibt, nutzen Sie den Produktkatalog.
- Wenn Sie sehen, dass jemand sehr interessiert ist, fragen Sie ihn, ob er alles verstanden hat. Wenn er bejaht, fragen Sie, ob er bereit ist, gleich zu starten.
- Schreiben Sie diejenigen ein, die bereit sind gleich zu starten.
- Fordern Sie diejenigen, die sich nicht einschreiben, auf, sich das Info-Paket durchzusehen. Teilen Sie ihnen mit, dass Sie Ihre Gruppe schnell aufbauen werden und dass Sie möchten, dass sich Ihre Freunde das Material möglichst schnell durchsehen, um zu entscheiden, ob sie aus der Gelegenheit auch Kapital schlagen wollen. Vereinbaren Sie Telefongespräche zum Nachfassen oder, wenn innerhalb den nächsten Tage noch eine weitere PGV oder eine Geschäftsvorstellung in größerem Rahmen stattfindet, laden Sie sie dazu ein.

Nach der PGV

- Fassen Sie bei denen, die sich nicht eingeschrieben haben, innerhalb von 12 bis 48 Stunden nach. Laden Sie sie wieder zu einem anderen Meeting ein oder organisieren Sie ein Drei-Wege-Telefongespräch.

- Helfen Sie Ihren neuen Team-Mitgliedern, ihre eigene PGV-Serie zu planen und beginnen Sie, den Prozess zu duplizieren!

Ratschläge für eine erfolgreiche Präsentation:

- Beginnen Sie pünktlich und fassen Sie sich kurz.
- Reden Sie nicht zu viel über das Geschäft. Überlassen Sie die Arbeit den Tools.
- Zeigen Sie, dass Sie Profi sind – und kleiden Sie sich entsprechend.
- Stellen Sie Ihren Gästen Schreibblöcke und Stifte zum Mitschreiben zur Verfügung.

Hinweis: Wie Sie sehen, glaube ich immer noch an das Konzept der Treffen im privaten Kreis. Ich lasse mich nicht vom Gegenteil überzeugen, auch wenn viele Leute versuchen, sie in Verruf zu bringen und behaupten, man könne das Geschäft nur aufbauen, indem man ausschließlich fremde Leute anspräche, Pay-Per-Click-Inserate schalte oder Listen mit E-Mail-Adressen kaufe. Solche Strategien duplizieren sich nicht langfristig und es ist geradezu lächerlich, dass viele tatsächlich dazu raten, man solle keine Freunde, Nachbarn oder Bekannten ansprechen. Wenn die Leute, die solche Strategien anpreisen, wirklich von unserem Beruf überzeugt wären, würden sie zuerst mit den Leuten sprechen, die ihnen wirklich am Herzen liegen.

Schreiben Sie Ihren Zeitplan für Ihren explosiven Start mit PGVs auf:

_____

_____

_____

_____

_____

___Schritt 2: Schnellstart mit Rekrutierungs-Tools für den Massenmarkt

Sie sollten in den ersten 10 Tagen mindestens 50 Rekrutierungs-Tools für den Massenmarkt in die Hände von möglichen Interessenten drücken (durchschnittlich 5 pro Tag). Natürlich wird sich nicht jeder sofort das Material ansehen, doch Sie sollten bei mindestens 25–30 erfolgreich sein – das heißt, dass sich die Leute die Zeit nehmen, sich das Material zu Gemüte zu führen.

Dieser Schritt eignet sich am besten für Leute, von denen Sie annehmen, dass sie nicht zu Ihnen nach Hause zu einer PGV kommen werden, denen Sie aber trotzdem das Geschäft vorstellen wollen. Es ist auch sehr wirksam für flüchtige Bekannte. Auch Menschen, auf die Sie in Ihrem Alltag treffen und die Sie mit irgendetwas beeindrucken, können damit vielleicht etwas anfangen: der hilfsbereite Angestellte im Einzelhandelsgeschäft, der höfliche Taxifahrer oder die sympathische Kellnerin.

Es folgen einige Beispiele dafür, was Sie zu Leuten sagen können, die Sie kennen. Gehen Sie diese Vorschläge durch und schauen Sie, welcher Ihnen gefällt.

„Peter, die Information auf dieser DVD ist das Wichtigste, was ich je gesehen habe. Wann glaubst du, wirst du die Gelegenheit haben, sie dir anzusehen?"

„Peter, ich weiß, du gehörst zu den Besten in deinem Fach. Ich glaube, du könntest sehr erfolgreich in einem neuen Unternehmen sein, in das ich eingestiegen bin. Ich würde gern deine Meinung dazu hören, nachdem du dir diese Zeitschrift angesehen hast. Wann glaubst du, wirst du die Gelegenheit haben, dir das durchzulesen?"

„Peter, ich starte ein neues Geschäft, suche nach Führungskräften und dachte dabei sofort an dich. Bitte, höre dir diese CD an und lass mich wissen, was du davon hältst."

„Ich stelle eine Gruppe der gescheitesten Leute zusammen, die ich kenne, um eine neue Geschäftsinitiative zu starten. Deine Fähigkeiten sind dafür perfekt. Würdest du dir 30 Minuten Zeit nehmen und dir mir zuliebe diese DVD ansehen?"

„Peter, ich habe unlängst beschlossen, mein Einkommen zu erhöhen und ich habe ein neues Geschäft begonnen, um das zu schaffen. Ich schätze, du wirst die Info auf dieser DVD mehr als interessant finden. Wann glaubst du, wirst du die Gelegenheit haben, sie dir anzusehen?"

Nachfassen

Die Leute werden Ihrer Aufforderung, sich die Materialien anzusehen, viel eher folgen und Sie werden viel bessere

Rückmeldungen erhalten, wenn Sie der Sache eine gewisse Dringlichkeit verleihen. Sagen Sie Ihren Interessenten, dass Sie Ihre Gruppe schnell aufbauen und bitten Sie sie um das Versprechen, sich die Materialien schnell durchzusehen.

Treten Sie energisch und geschäftsmännisch auf, doch üben Sie keinen übertriebenen Druck auf den Interessenten aus. Wenn die Leute wirklich nicht interessiert sind, sich die Informationen anzusehen, danken Sie Ihnen für ihre Zeit und ziehen Sie weiter. Die besten Ergebnisse erreichen Sie, wenn Sie Ihre Kandidaten qualifizieren und einen Zeitpunkt vereinbaren, wann Sie sich wieder bei ihnen melden können. Das sieht etwa so aus:

Nachdem Ihr Interessent bestätigt hat, die Informationen durchzugehen, sagen Sie, *„Super! Wann, glauben Sie, können Sie sich das mit Sicherheit ansehen?"* Warten Sie die Antwort ab. Es ist allerdings unwichtig, welchen Zeitpunkt der Interessent nennt. Dann sagen Sie, *„Wenn ich Sie also gleich nach [dem genannten Zeitpunkt] anrufe, werden Sie sich das schon angesehen haben, richtig?"* Nachdem die Person das bestätigt hat, bitten Sie um die Telefonnummer, unter der Sie anrufen können.

Auf diese Weise hat der Kandidat mehrere Möglichkeiten zu bestätigen, dass er sich das Material ansehen wird. Mit diesem Herangehen, das dem Kandidaten ein Versprechen abverlangt, (und mit der richtigen Haltung) werden Sie 80 oder mehr Prozent mehr Erfolg haben, das sich durch Ihre Organisation duplizieren wird.

Wenn Sie zu dem vereinbarten Zeitpunkt nachfassen, fragen Sie einfach, *„Hatten Sie die Gelegenheit, sich die Informationen anzusehen?"*

Wenn die Person sagt, dass sie sich die Präsentation noch nicht angesehen hat, sagen Sie etwas wie, *„Es ist wirklich* *wichtig. Wann denken Sie, dass Sie sich das mit Sicherheit ansehen können?"* Warten Sie die Antwort ab und sagen Sie, *„Super, wenn ich also am _____ anrufe, haben Sie sich das mit Sicherheit durchgesehen?"*

Wiederholen Sie diesen Prozess einfach weiter, bis sich die Person die Präsentation tatsächlich ansieht oder Ihnen sagt, dass sie nicht interessiert ist.

Wenn sie sich das Material angesehen hat, fragen Sie, *„Und – haben Sie es verstanden? Klingt das Ihrer Meinung nach vernünftig?"* Wenn die Person Ja sagt, fragen Sie, *„Sind Sie bereit loszulegen?"* Wenn sie sagt, sie sei nicht interessiert, danken Sie ihr für ihre Zeit und fragen Sie, ob sie interessiert wäre, Kunde zu werden.

Wenn die Person interessiert ist, aber nicht bereit ist, gleich zu starten, nutzen Sie die Eskalationsleiter. Laden Sie diese Person zu einer PGV oder einer Geschäftsvorstellung in größerem Rahmen ein, holen Sie sie zu einem Drei-Wege-Telefongespräch dazu, oder bitten Sie sie, bei einem Führungskräfte-Training per Telefon oder Webcast hereinzuhören.

Hier ist ein Beispiel, wie Sie Leute ansprechen könnten, die Sie beeindruckt haben:

„Wissen Sie, Sie sind gut bei der Arbeit, die Sie hier machen – Sie sind viel zu gut dafür! Ich wette, Sie wären ganz toll in meinem Geschäft. Kann ich Ihnen ein paar Informationen zur Ansicht dalassen? Wenn es Ihnen gefällt – meine Telefonnummer ist auf der Rückseite."

„Wissen Sie, ich bin sehr beeindruckt davon, wie gut Sie Ihren Job machen. Ich glaube, Sie wären sehr erfolgreich in dem Geschäft, das ich mache. Kann ich Ihnen ein paar Informationen zur Ansicht

dalassen? Wenn es Ihnen gefällt – meine Telefonnummer ist auf der Rückseite. "

„Wissen Sie, ich bin sehr beeindruckt von Ihrer Arbeit. Wissen Sie, was Network Marketing ist? Ich arbeite mit einem schnell wachsenden, neuen [expandierenden, gut eingeführten] Unternehmen, das Führungskräfte sucht. Kann ich Ihnen ein paar Informationen zur Ansicht dalassen? Wenn es Ihnen gefällt – meine Telefonnummer ist auf der Rückseite. "

Einige Ihrer besten Führungskräfte werden Leute sein, die Sie heute noch nicht kennen. Wenn Sie also durch Ihren Alltag gehen, halten Sie nach guten Leuten Ausschau. Leute, die auf anderen Gebieten erfolgreich sind, sind es im Network Marketing normalerweise auch. Führen Sie immer einige Ihrer Rekrutierungs-Tools mit sich, in Ihrem Auto, in Ihrer Handtasche oder in Ihrem Aktenkoffer, damit Sie sie zur Hand haben, wenn Sie auf eine solche Person treffen.

Schreiben Sie Ihren Zeitplan für Ihren Schnellstart mit Massen-Rekrutierungs-Tools auf:

_____

_____

_____

_____

_____

_____

___ **Schritt 3: Schnellstart per Telefon**

Dieser Schritt funktioniert am besten mit Leuten, auf die Sie einen gewissen Einfluss haben, die aber nicht nahe genug leben, um schnell ein Info-Paket zu bekommen oder Ihre PGV besuchen zu können. Rufen Sie sie persönlich an und geben Sie dem Anruf eine gewisse Dringlichkeit. Sie können etwas in dieser Art sagen:

> *„Hallo, David, schnapp dir einen Kugelschreiber. Schreib dir bitte diese Webseite auf: [Webseite]. Dort geht es um ein neues Geschäft, das ich gerade starte und ich würde dich gern mit an Bord nehmen. Bitte schau dir das an. Ich melde mich dann, um mit dir darüber zu sprechen."*

> *„Hallo, David, ich eröffne gerade ein brandheißes neues Geschäft und du bist einer der ersten Menschen, an die ich dabei gedacht habe. Ich glaube, du würdest dich da sehr gut machen. Hast du einen Stift? Bitte, gehe auf [Webseite] und guck dir das an. Es gibt Möglichkeiten, sich kostenlose Reisen, ein Bonus-Auto und bedeutendes passives Einkommen zu verdienen. Schau dir das an und ich melde mich dann, um mit dir darüber zu sprechen."*

Planen Sie immer gleich einen genauen Zeitpunkt für einen Rückruf am selben oder am nächsten Tag ein.

Schreiben Sie Ihren Zeitplan für Ihren Schnellstart per Telefon auf:

_____

_____

_____

_____

_____

_____

_____Schritt 4: Schnellstart über die Entfernung

Für diesen Schritt senden Sie mindestens zehn Informations-Pakete an Kandidaten, die weit von Ihnen entfernt leben. Fügen Sie einen handgeschriebenen Zettel bei, auf den Sie ungefähr folgendes schreiben: *„DRINGEND: Bitte, schau dir diese DVD an, gehe das Alles mal durch und gib mir bescheid, was du davon hältst."*

Dieser Schritt funktioniert am besten mit Menschen, die Sie kennen, aber auf die Sie keinen großen Einfluss haben oder mit denen Sie schon länger nichts mehr zu tun hatten. Oft gehören dazu ehemalige Mitschüler, frühere Nachbarn und andere Menschen auf Ihrer Liste. Um beste Resultate zu erzielen, rufen Sie sie kurz an und sagen Sie ihnen, dass Sie ihnen gerade etwas Wichtiges zuschicken und wann sie es erhalten werden. (Über soziale Netzwerke wie Facebook, meinVZ etc. können Sie so gut wie jeden finden, den Sie jemals in Ihrem Leben kennengelernt haben.)

Schaffen Sie bei ihnen eine Erwartungshaltung, dann beenden Sie das Telefongespräch schnell. Lassen Sie sich nicht in einen Haufen Fragen verwickeln. Teilen Sie ihnen mit, dass Sie gerade nur mal eine Minute Zeit haben und dass das Paket bald ankommen und ihnen alles erklären wird. Teilen Sie ihnen auch mit, dass Sie bald wieder anrufen werden, um nachzufassen. Um beste Resultate zu erzielen, schicken Sie ihnen die Pakete per Eilpost oder auf eine ähnliche Weise.

Schreiben Sie Ihren Zeitplan für Ihren Schnellstart über die Entfernung auf:

_____

_____

_____

_____

_____

____ Schritt 5: Schnellstart per E-Mail

Dieser Schritt eignet sich am besten für Leute, von denen Sie eine E-Mail-Adresse, aber keine Postanschrift haben. Er ist auch prima für Ihre Kandidaten, die in anderen Ländern leben, wohin Pakete zu verschicken teuer wäre. Es ist ein einfacher Zwei-Schritte-Qualifikationsprozess.

Mit der ersten Email fragt man an, ob sie Interesse haben und mit der zweiten verweist man sie auf eine Webseite oder Online-Präsentation.

Ich habe mit diesem Verfahren erstaunlichen Erfolg gehabt, als ich mein Geschäft begann. Es ermöglichte mir, meine Zeit denjenigen Leuten zu widmen, die echtes Interesse zeigten, anstatt Zeit mit uninteressierten Leuten zu vergeuden.

Anhand des folgenden Beispiels werden Sie feststellen, dass ich geradeheraus mitteilte, dass es sich hier um Network Marketing handele. Hätten sie damit Probleme gehabt, würde ich meine Zeit nicht mit ihnen verplempern wollen.

Das ist nur ein Beispiel. Arbeiten Sie mit Ihrer Sponsorenlinie, um eine Muster-Email zu entwerfen, die spezifisch auf Ihr Network-Marketing-Unternehmen zugeschnitten ist.

Erste Nachricht...

BETREFF: Geschäft mit passivem Einkommen

Hallo Karin,

wärst du interessiert, dir ein Geschäft anzusehen, das dir ein hohes passives Einkommen bieten kann? Ich beginne eben etwas Großes und ich hätte dich gern mit in meinem Team.

Ich arbeite mit einem wachsenden, neuen [gut eingeführten, renommierten] Network-Marketing-Unternehmen zusammen, das die Kriterien erfüllt, das nächste Milliarden-Dollar-Unternehmen in dieser Branche zu werden. Dieses neue Unternehmen stellt eine schnell wachsende Geschäftsgelegenheit dar und ich schaue mich gerade nach Führungskräften in unserer Gegend um. Wir suchen Leute mit guten Lehr- und Trainingsfähigkeiten, die die Chance nutzen wollen, schon im frühen Stadium dabei zu sein.

Folgende Punkte machen aus dem Geschäft eine hervorragende Gelegenheit:

1) Du kannst von Anfang an dabei sein!

Die Gesellschaft hat erst kürzlich ihre Geschäftstätigkeit in [Land] aufgenommen. Wir haben daher eine wirklich einmalige Gelegenheit, in dem Rennen einen Vorsprung zu gewinnen – noch bevor die meisten Leute überhaupt wissen, dass es hier ein Rennen gibt. Wir suchen nach Leuten, die wir in unserem Team trainieren können, damit sie ihren lokalen Markt anführen und dann von dort aus expandieren können.

2) Hohes passives Einkommen ist möglich.

Dir ist sicher bewusst, wie wichtig es ist, passives Einkommen zu haben, um sich wahren Wohlstand zu schaffen. In diesem Geschäft bietet der Vergütungsplan _____ Einkommensarten, wobei die meisten davon passives Einkommen bieten.

3) Es gibt auf dem Markt eine enorme Nachfrage nach den Produkten.

Die Produkte sind _____.

Es gibt viele Faktoren der modernen Lebensweise und viele Trends, die dafür sorgen, dass gerade jetzt eine hohe Nachfrage nach diesen Produkten besteht. Dies garantiert dir ein stabiles Geschäft und ein stabiles Einkommen für viele Jahre.

Also, willst du mehr darüber hören? Oder bist du zu sehr mit deinem anderen Zeug beschäftigt, um es dir anzusehen?

Bitte, gib mir gleich Bescheid.

Danke,
[Ihr Name]

Zweite Nachricht

Hallo Karin,
ich freue mich, dass wir wieder in Kontakt sind und dass du interessiert bist. Ich glaube, du kannst in diesem Geschäft sehr erfolgreich werden, einfach weil du bist wie du bist.

Wir haben ein ganz einfaches System, das jeder duplizieren kann. Bitte gehe auf [Webseite] und schau dir die Information an. Sobald du das getan hast, lass uns darüber sprechen. Wir schreiten jetzt schnell voran und ich hätte dich gern in meinem Team.

Danke,
[Ihr Name]

> **HINWEIS:** Wenn Sie jede Nachricht mit einigen persönlichen Kommentaren ausschmücken, wird die Rücklaufquote besser sein. Außerdem sollten Sie diese Nachrichten nur an Leute schicken, die Sie kennen! Bei Fremden werden sie nicht gut ankommen und Sie würden mit Spam-Regeln in Konflikt geraten, auch wenn Sie mit gekauften Adressen arbeiten.

Fassen Sie 24 Stunden später nach, um die besten Resultate zu erzielen. Wenn Ihr Kandidat interessiert ist, aber noch nicht bereit ist, sich einzuschreiben, eskalieren Sie den Prozess. Das kann geschehen, indem Sie ihm ein Paket per Post schicken, ein 3-Wege-Gespräch mit jemandem in Ihrer Sponsorenlinie führen, oder ihn zu einem Live-Meeting oder Webcast schicken.

Schreiben Sie Ihren Zeitplan für Ihren Schnellstart per E-Mail auf:

_____

_____

_____

_____

_____

Schritt 6: Schnellstart durch Broschüren-Verteilen

Legen Sie fünf bis zehn Ihrer Rekrutierungs-Tools für den Massenmarkt an 20 verschiedenen Stellen Ihres örtlichen Marktes aus. Das könnten Autowaschanlagen, Friseursalons, Warteräume in Arztpraxen, Hotel-Lobbys, Kaffeehäuser u.ä. Orte sein. Dieses Herangehen wird Ihnen weniger Rückmeldungen einbringen als die vorhergehenden Methoden. Sie kann Ihnen jedoch Menschen zuführen, die Sie noch nicht kennen und sie arbeitet für Sie rund um die Uhr.

Schreiben Sie Ihren Zeitplan für Ihren Schnellstart durch Broschüren-Verteilen auf:

_____

_____

_____

_____

Allgemeine Tipps für maximale Ergebnisse bei Ihrem explosiven Start

Denken Sie stets an die Geheimformel für das Schaffen von Wohlstand in diesem Geschäft:

„Leiten Sie eine große Gruppe von Menschen dazu an – über einen längeren Zeitraum hinweg – konsistent einige einfache Tätigkeiten auszuführen. "

Ihr Geschäft mit einem explosiven Schnellstart einzuleiten, wie er vorstehend beschrieben wurde, passt wunderbar zu dieser Formel. Jeder mit jedweder Art von Erfahrung oder Bildung kann diese einfachen Schritte nachvollziehen. Sie werden festgestellt haben, dass alle diese Schritte Hilfsmittel beinhalten, die von Dritten erstellt wurden. Das gewährleistet, dass dieses Geschäft nicht auf Sie bezogen ist und dass jeder Ihre Ergebnisse duplizieren kann.

Nutzen Sie immer Hilfsmittel von Dritten und versuchen Sie nicht, selbst Präsentationen zu geben. Vereinbaren Sie immer spezifische Zeiten fürs Nachfassen, wenn Sie jemandem ein Tool geben. Wenn jemand Interesse zeigt (zum Beispiel Fragen stellt), dann heben Sie diese Person unverzüglich auf die nächste Ebene.

Der Schlüssel zu all dem ist Ihr explosiver Schnellstart, der eine große Gruppe von Menschen dazu bringt, Ihre Geschäftsmöglichkeit anzusehen. Wenn Sie das anpacken, behalten Sie eine starke Haltung bei. Beeilen Sie sich. SIE haben das Geschenk zu vergeben. Betteln Sie niemals. Stecken Sie keine persönlichen Gefühle in die Resonanz Ihrer Kandidaten. Wenn es ihnen nicht gefällt, lehnen sie das Tool eines Dritten ab; sie lehnen nicht Sie ab.

Leute, die in kleinem Rahmen aktiv sein wollen

Bevor wir fortfahren, müssen wir das Thema ansprechen, was man mit Vertriebspartnern tun soll, die nur „ganz klein" mitmischen wollen. Diese Vertriebspartner sind nicht sonderlich interessiert daran, andere zu sponsern und zu duplizieren. Sie sind dagegen sehr begeistert von den Produkten und wollen sich darauf konzentrieren, sie zu vermarkten. Sie wollen sich nicht verpflichten, die zentralen Eigenschaften zu entwickeln und 10–15 Stunden pro Woche mit dem Aufbau ihres Geschäfts zu verbringen. Alles, was sie wollen, ist, die Produkte selbst zu nutzen und sie als Einzelhändler an Freunde und Verwandte zu verkaufen.

Diese Leute wollen nicht beim „Schnellstarter"-Training mitmachen und den eben beschriebenen „explosiven Start" durchführen, also zwingen Sie sie nicht dazu. Verbringen Sie stattdessen ein oder zwei Stunden mit Ihren „kleinen Vertriebsleuten", wenn Sie sie einschreiben. Erklären Sie ihnen, wo man was im Vertriebspartner-Kit findet, wie man Produkte bestellt und welche Verfahrensabläufe sie kennen müssen. Geben Sie ihnen eine Übersicht der Veranstaltungen und betonen Sie, dass sie jederzeit willkommen sind teilzunehmen – doch üben Sie keinen Druck aus, um sie zu bewegen, zu allen Veranstaltungen zu kommen. Nicht jeder interessiert sich für das große Geschäft. Versichern Sie, dass Sie niemals Druck auf sie ausüben werden, doch dass Sie immer für sie da sein werden, wenn sie Fragen haben oder Hilfe brauchen.

Machen Sie sie jedoch darauf aufmerksam, dass sie durchaus auf Leute stoßen könnten, die das „große Geschäft" machen wollen (das Sponsern und Duplizieren). Weisen Sie sie an, diese Leute zu Ihnen zu bringen. Leute, die das große Geschäft aufbauen wollen, werden Hilfe mit Präsentationen,

Training, Beratung und anderen Dingen brauchen, die ihnen die Sponsoren, die nur das kleine Geschäft machen, nicht geben können. Wenn Sie einen Vertriebspartner, der das große Geschäft machen will, unter einem kleinen Vertriebspartner einschreiben, sollten Sie mit dem Großen genauso arbeiten, als befände er sich auf Ihrer ersten Ebene.

HINWEIS: Wenn das geschieht, wäre es klug, Ihrerseits zu empfehlen, dass der Sponsor, der nur das „kleine Geschäft" betreibt, es sich noch einmal überlegen solle, ob er nicht doch lieber das „große Geschäft" aufbauen will. Da der Sponsor, der das „kleine Geschäft" betreibt, sowieso schon die meisten Dinge tut, die erforderlich sind, könnte er durch das Hinzufügen einiger zusätzlicher Präsentationen ganz leicht auf das „große Geschäft" umsteigen und größere Vergütungen erhalten. Es ist geradezu unumgänglich, dass kleine Vertriebspartner Menschen über den Weg laufen, die das große Geschäft aufziehen wollen und sie lassen sich eine Menge Geld entgehen, wenn sie nicht rechtzeitig aufrüsten. Doch üben Sie keinen Druck auf sie aus. Wenn diese Leute mit ihrem kleinen Einzelhandel glücklich sind, seien Sie dankbar, dass Sie sie haben und befürworten Sie ihre Entscheidung.

Kapitel Sieben:

Effektives Rekrutieren

Heute ist es schon wieder passiert. Ich bekam eine Nachricht von einem Freund, von dem ich seit ein paar Jahren nichts mehr gehört hatte und der wieder Verbindung aufnehmen wollte. Also rief ich ihn zurück, und was denken Sie, was er wirklich wollte? Mich fragen, ob ich mit ihm in sein neues MLM-Programm einsteigen wolle. (Seufz.)

Man fragt sich wirklich...werden es die Leute denn jemals lernen?

Manchmal frage ich diese Leute, ob sie denn vergessen hätten, dass ich schon mit einem Network-Marketing-Unternehmen zusammenarbeite – mit demselben, bei dem sie sich eingeschrieben und für das sie nie auch nur einen Finger gerührt hatten. Zwangsläufig fragen sie dann, ob ich denn noch immer dabei sei.

„Hmm, ja," antworte ich dann. „Ich habe dort letzten Monat ca. $150.000 verdient, also bin ich mehr oder minder zufrieden damit."

Dann fragen sie meist verlegen, ob ich ihnen wohl die Namen und Telefonnummern meiner Freunde oder Verwandten geben würde, die ihre Produkte gebrauchen könnten. (Doppelseufz.)

Ganz ähnliche Anrufe bekomme ich in meinem Büro. Sie sagen Lornette, dass sie ein dringendes Beratungs- oder Trainings-Projekt laufen haben und sofort mit mir sprechen müssen. Ich rufe zurück, und was höre ich? „Hi, Randy, ich heiße so-und-so. Wir haben uns vor ein paar Jahren bei der MLMIA-Tagung kennen gelernt. (Ich war nie bei einer

MLMIA-Tagung.) Ich arbeite mit der XYZ-Gesellschaft und ich wollte nur eben mal wieder mit dir Verbindung aufnehmen und blah, blah, blah…"

Es ist immer das Selbe. Das „Beratungsprojekt" oder die „Unternehmung", die ich für sie auswerten soll, stellt sich im Endeffekt als ein Versuch heraus, mich als Vertriebspartner auf ihrer ersten Ebene einzuschreiben.

Andere behaupten, dass sie auf meinen Anruf hin zurückrufen oder dass sie meine alten Schulfreunde sind, (als ob ich welche hätte!) oder sie erzählen eine andere haarsträubende Lüge, um an Lornette vorbei zu kommen. Sie sind schlimmer als all die fürchterlichen Haustürverkäufer! Sie kapieren es einfach nicht.

Wenn Sie also Ihren explosiven Start planen, behalten Sie bitte einige Kleinigkeiten im Auge:

Die Leute, die regelmäßig $25.000 und mehr pro Monat mit Network Marketing verdienen, machen nie solche irritierenden Dinge wie mögliche Interessenten zu bedrängen oder irrezuführen. Sie bedienen sich keiner unehrlichen oder heuchlerischen Mittel, um an Leute heranzukommen. Sie spammen nicht im Internet und sie rufen nicht irgendwelche Idioten an, die sie nicht kennen, bloß weil sie sie auf einer Liste von Interessenten für Geschäftsangebote gefunden haben. Sie fressen nicht jeden, den sie kennen, gleich mit Haut und Haaren und sie pflücken auch nicht abseits des Weges Blümchen. Sie führen intensive Gespräche mit vorqualifizierten Kandidaten und geben erstklassige Präsentationen.

Sortieren, nicht verkaufen

Die meisten Leute glauben, beim Network Marketing ginge es um Verkaufen – und sie definieren Verkaufen als den Vorgang, dumme Menschen zu überreden, etwas zu kaufen, was sie nicht brauchen. Also verschreiben sie sich dem Studium der neurolinguistischen Programmierung (NLP), von Abschlusstechniken und anderen manipulativen Methoden, um andere Leute dazu zu bringen, Sachen zu kaufen, die sie nicht wollen oder nicht brauchen. Anthony Robbins und eine Legion von kleinen Möchtegern-Tonys haben eine wahre Hausindustrie geschaffen, um Leute zu lehren, wie man das tut. Viele MLM-ler haben sich in dieses Gefecht gestürzt und bringen solche Hochdruck-Verkaufstechniken ins Network Marketing ein.

Das sind dann diese Blödmänner, die Sie zur Abendessenszeit anrufen und das Gespräch mit einstudierten Zeilen eröffnen wie, „Hallo, Herr Soundso, Sie kennen mich nicht – und das hier ist nur ein Schuss ins Blaue – doch ich habe gehört, dass Sie ein kluger Kopf sind und ich glaube, Sie wären qualifiziert, um mein Geschäftspartner zu werden. Ich expandiere." (Schreck lass nach!)

Ein anderer Ansatz

Ich habe kein Interesse daran, Leuten etwas zu verkaufen, was sie nicht wollen und ich wette, Sie auch nicht. Richtig gehandhabt, basiert Network Marketing auf einer einfachen, jedoch tiefgründigen Philosophie:

Wir sind auf der Suche nach Leuten, die auf der Suche sind.

Konkret gesagt, Ihre Aufgabe besteht darin, qualifizierte Kandidaten zu identifizieren und ihnen unser Marketing-Angebot vorzustellen. Wir geben ihnen genügend Informationen, damit sie die Entscheidung treffen können, die für sie richtig ist. Wenn das heißt, dass sie Ihrem Team beitreten oder Ihr

Produkt kaufen, dann ist das prima. Wenn das heißt, dass sie es nicht tun, ist das auch prima. Es ist nicht Ihre Aufgabe, Ihre Geschäftsgelegenheit oder Ihre Produkte Leuten zu *verkaufen*, die sie nicht brauchen oder nicht haben wollen. Es geht darum, Leute zu finden, die möglicherweise *wollen*, was Sie haben und ihnen genug Informationen zu geben, damit sie entscheiden können, ob es ein fairer Austausch von Werten ist, wenn sie die Geschäftsgelegenheit von Ihnen annehmen.

Network Marketing ist weit mehr ein Sortier-Prozess als ein Verkaufs-Prozess. Es ist dieser fundamentale Unterschied in der Philosophie, wodurch ich mich von den Unmengen an Verkaufstrainern, Marketing-Gurus und anderen Buchautoren unterscheide. Es ist nicht notwendig die Leute mit Manipulation und Tricks dazu zu bewegen, etwas zu kaufen, was sie nicht wollen oder sich nicht leisten können. Das hat keine Integrität.

Eine der großen Herausforderungen, denen wir heute gegenüberstehen, ist, dass nur so wenige Mitarbeiter der Führungsebene von MLM-Unternehmen die wahre Natur unseres Geschäfts und den Unterschied zwischen Verkaufen und Marketing verstehen. Daher buchen sie für jede Tagung irgendeinen Redner, der NLP lehrt, die Drei-Fuß-Regel oder knallharte Abschlusstechniken. Ich habe in diesem Geschäft folgendes festgestellt:

Je mehr Sie jemanden zu einem Abschluss drängen – umso weniger wird er duplizieren.

Ich bin ein miserabler Verkäufer und habe kein Verlangen danach, ein besserer zu werden. Ich bin jedoch sehr stolz darauf, dass ich ein hervorragender Marketer bin.

Die Essenz unseres Berufs ist es, unsere

Marketing-Botschaft auf die bestmögliche, effektivste Weise zu präsentieren – und zwar qualifizierten Kandidaten gegenüber. Wir geben ihnen genug Informationen, damit sie die für sie beste Entscheidung treffen können.

Es kommt durchaus vor, dass Lehrer oder Hausfrauen im Network Marketing mehr Geld verdienen als Verkäufer und zwar deshalb, weil man sie viel leichter duplizieren kann als einen Verkäufer.

Nun denken Sie wahrscheinlich, „Moment mal, und wer verkauft dann das Zeug?"

Gute Frage. Bei rund 120 Milliarden US-Dollar Umsatz pro Jahr bei allen MLM- und Direktverkaufs-Unternehmen zusammengenommen wird eine Menge Produkte umgesetzt. Ein großer Teil davon wird jedoch ohne traditionelle Verkaufsmethoden vertrieben. Es geschieht durch Duplikation. Network Marketing ist ein Geschäft des Gesprächs- oder viralen Marketings unter Freunden und Bekannten.

Ein Verkaufstyp mag in der Lage sein, persönlich viele der Produkte zu vertreiben, aber oft kann er das nicht duplizieren. Das liegt daran, dass die Leute, die er anspricht und die keine Verkaufstypen sind, Angst vor dem Verkaufen haben und sich oft von den Verkaufstechniken abgestoßen fühlen, denen sie sich ausgesetzt sehen. Deshalb machen sie nicht mit. Doch in Wahrheit ist es so:

Die meisten Verkäufe im Network Marketing werden ohne Tür-zu-Tür-Verkauf oder Einzelhandelsverkauf getätigt. Normalerweise werden die Produkte im Gespräch an Freunde bzw. Familienmitglieder empfohlen und vom Empfehlenden persönlich verwendet. Dank der heutigen Computer-Technik und Logistik werden die meisten Network-Marketing-Gesellschaften die bestellte Ware an jede beliebige Adresse liefern. Es ist einfach nicht nötig, große Vorräte auf Lager zu haben und Produkte selbst durch die ganze Stadt zu fahren. Stattdessen nutzen Sie die Produkte persönlich und zeigen Sie einigen wenigen Freunden und Nachbarn, die sie dann direkt von der Hauptgeschäftsstelle des Unternehmens bestellen.

Verkäuferische Fähigkeiten, Techniken und Methoden sind toll für den Verkauf. Doch behalten Sie stets im Hinterkopf, dass Network Marketing wirklich nicht so sehr ein Verkaufsgeschäft ist, als vielmehr ein Geschäft des Lehrens und Trainierens – ein Geschäft der Duplikation. Verkaufstechniken zu nutzen – die sich bei Autohändlern sehr gut bewähren – werden im Network Marketing oft nach hinten losgehen.

Wenn sich Verkäufertypen Ihrem Programm anschließen und Sie ein System haben, dem sie folgen können, bewahrt es sie tatsächlich davor, dass ihre verkäuferischen Fähigkeiten sich gegen sie auswirken. Sie und Ihre Leute werden sich sicherer fühlen, wenn Sie einem System folgen und Sie werden eine viel bessere Chance auf ein passives Einkommen haben, das auch dann weiterfließt, wenn Sie dem Geschäft den Rücken kehren.

Manche Network-Marketer scheinen dank ihrer Beharrlichkeit, ihren verkäuferischen Fähigkeiten und ihren persönlichen Stärken erfolgreich zu sein. Sie verdienen viel Geld und sie sehen in den Augen ihrer Gruppe erfolgreich aus.

Wenn sie jedoch einen Monat Urlaub nehmen würden, würde ihr Einkommen sofort absinken, Wenn sie zwei Monate Urlaub nehmen würden, läge ihr Einkommen wahrscheinlich nur noch bei 30 Prozent. Würden sie drei oder vier Monate lang Urlaub nehmen, hätten sie kein Geschäft mehr, zu dem sie zurückkehren könnten.

Wenn Sie nach einem System arbeiten, können Sie – sobald sie eine Linie gesichert haben – weggehen und sie wird von selbst weiter wachsen. Sie setzen ein System in Bewegung und wenn es erst einmal in Bewegung ist, läuft es ohne Sie weiter. Es ist das vollendete Musterbeispiel für die Hebelwirkung im Network Marketing. Doch das funktioniert nur, wenn Sie folgende Formel befolgen:

Leiten Sie eine große Gruppe von Menschen dazu an – über einen längeren Zeitraum hinweg – konsistent einige einfache Tätigkeiten auszuführen.

Wenn diese Tätigkeiten mit Verkaufstechniken zu tun haben, werden die meisten Menschen dafür wahrscheinlich nicht qualifiziert sein, da nur 10 Prozent der Bevölkerung Verkäufertypen sind.

In Anbetracht all dessen sehen wir uns doch mal an, wie eine solide Kandidaten-Pipeline aussehen sollte, damit Sie die beste Duplikation in Ihrem Team erreichen.

Einer der größten Fehler, den Anfänger machen, ist zu denken, dass Sponsern ein einmaliges Alles-oder-Nichts-Ereignis ist. In Wahrheit ist es ein Prozess, der bei unterschiedlichen Leuten unterschiedlich lange dauert. Ihr Ziel sollte es nicht sein, jemandem etwas zu verkaufen oder ein Geschäft „abzuschliessen", sondern ihren Kandidaten genug Informationen zu geben, damit sie die für sie beste Entscheidung treffen können.

Anders als im Verkauf, wo einem oft beigebracht wird, wie man Leute manipuliert und Abschlüsse erreicht, suchen wir im Network Marketing nach Menschen, die motiviert genug sind, um ganz von selbst aktiv zu werden. Manche Menschen sind neuen Konzepten gegenüber aufgeschlossen, während sich andere von den Vorurteilen leiten lassen, die man ihnen eingetrichtert hat. Sie suchen die Aufgeschlossenen.

In seinem brillanten Buch *Eine kurze Geschichte der Zeit*

beginnt Professor Stephen Hawking das erste Kapitel mit der Geschichte eines namhaften Wissenschaftlers, der einen öffentlichen Vortrag über Astronomie hielt. Er schilderte, wie die Erde um die Sonne und die Sonne ihrerseits um den Mittelpunkt einer riesigen Ansammlung von Sternen kreist, die wir unsere Galaxis nennen. Als der Vortrag beendet war, stand hinten im Saal eine kleine alte Dame auf und erklärte: „Was Sie uns da erzählt haben, stimmt alles nicht. In Wirklichkeit ist die Welt eine flache Scheibe, die von einer Riesenschildkröte auf dem Rücken getragen wird."

Mit einem überlegenen Lächeln hielt der Wissenschaftler ihr entgegen: „Und worauf steht die Schildkröte?"

– „Sehr schlau, junger Mann", parierte die alte Dame. „Ich werd's Ihnen sagen: Da stehen lauter Schildkröten aufeinander."

Wir alle kennen Leute wie diese kleine alte Dame. Worauf ich hinaus will, ist: Warum sollten wir sie eines Besseren belehren? Wenn sie überzeugt davon sind, dass das Universum ein großer Stapel von Schildkröten ist – oder dass alle Geschäftsangebote im Network-Marketing illegale Pyramidensysteme sind – wird kein Gegenbeweis, den Sie vorlegen, ihre Überzeugung ändern.

Es geht nicht so sehr darum, Leute zu überzeugen oder ihre Einstellungen zu ändern, als vielmehr darum, Leute zu finden, die offen für das sind, was Sie anzubieten haben. Es ist ein stufenweises Sortier-Verfahren, bei dem der Kandidat jeweils zeigt, inwieweit er interessiert und einsatzbereit ist. Sie werden auf Leute treffen, die glauben, dass alle Network-Marketing-Angebote Pyramidensysteme sind. Warum sollten Sie ihre Zeit damit vergeuden, sie vom Gegenteil zu überzeugen, wo es doch Legionen von Menschen gibt, die für Ihr Angebot offen sind?

Der aktuelle Stand ist, dass der Widerstand gegen Network

Marketing immer mehr zerbröckelt, während der Berufsstand zunehmend Glaubwürdigkeit erlangt. Jedermann kennt mittlerweile jemanden, der in dieser Branche erfolgreich ist, die Massenmedien haben sich ausgiebig mit dem Thema beschäftigt und das alte Wirtschaftsmodell ist zusammengebrochen. Network Marketing wird heutzutage vielerorts mit großem Respekt betrachtet. Und genau so soll es sein. Also laden Sie einfach Menschen in die Pipeline ein, stellen Sie ihnen Ihre Gelegenheit vor und überlassen Sie es ihnen, was sie daraus machen.

Die Eskalationsleiter

Die Dynamik, die Sie in Gang bringen wollen, nenne ich gerne die „Eskalationsleiter". Wir haben das schon in Kapitel Vier angesprochen. Hier wollen wir auf die Einzelheiten eingehen. Es bedeutet, dass jedesmal, wenn Ihr Kandidat einen weiteren Schritt in der Pipeline vorankommt, es Ihre Aufgabe ist, den Prozess zu eskalieren – die Sache größer erscheinen zu lassen als sie beim vorherigen Schritt aussah. Hier ist ein Beispiel, wie man das machen kann. Es ist nur ein Leitfaden. Besprechen Sie die exakten Schritte für Ihr Programm mit Ihrer Sponsorenlinie.

Der erste Schritt wird von Ihrem Verhältnis zu dem potenziellen Kandidaten abhängen. Wenn es sich um eine enge Freundin handelt, werden Sie sicher anders mit ihr verfahren als mit jemandem, den Sie eben erst an der Kinokasse kennengelernt haben.

Wie zuvor erwähnt, ist für Ihre Bekannten, die in der Nähe wohnen, eine Einladung zu einer privaten Geschäftsvorstellung ein idealer Start. Leute, mit denen Sie ein gutes Verhältnis haben, werden viel eher einer solchen Einladung folgen. Bei Menschen dagegen, die Sie nicht besonders gut kennen, ist es besser, zuerst ein Rekrutierungs-Tool für den Massenmarkt einzusetzen.

Das Tool klärt, dass Sie in einer seriösen Branche tätig sind und wenn die Person ein brauchbarer Kandidat ist, dürfte sie nach Durchsehen dieses Materials für eine Präsentation im privaten Kreis offen sein.

Manche Leute werden sich gleich bei den privaten Präsentationen einschreiben, aber machen Sie sich keine Sorgen, wenn sie es nicht tun. Viele werden mehrere Kontakte mit dem Geschäft benötigen, bevor sie sich klar darüber werden, was sie tun wollen.

Zu Ende Ihrer privaten Geschäftspräsentation fragen Sie die Kandidaten etwas wie: „Habt ihr das verstanden?" Wenn sie „Ja" sagen, fragen Sie, ob sie bereit sind, gleich zu beginnen. Wenn nicht, eskalieren Sie sie auf der Leiter zur nächsten Stufe.

Schicken Sie sie mit dem Nachfass-Paket nach Hause und weisen Sie auf das nächste Meeting hin, das wahrscheinlich eine Geschäftspräsentation in einem Hotel sein dürfte.

Als Nächstes besucht der Kandidat ein größeres Meeting, an dem Hunderte von Menschen teilnehmen. Zu diesem Zeitpunkt wird der Kandidat innerhalb von 15 Sekunden, nachdem er den Raum betreten und abgeschätzt hat, wie viele Stühle vorbereitet sind, die unterbewusste Entscheidung treffen, sich einzuschreiben. Wenn nicht, wird er sich bestimmt spätestens dann einschreiben wollen, wenn der Redner seine Präsentation beendet hat.

Sie müssen folgendes verstehen: Ihr Kandidat sucht verzweifelt nach etwas, woran er glauben kann. Der Grund dafür ist folgender:

Wir haben vielfach unseren Gemeinschaftssinn verloren und sogar unseren Familiensinn. Den meisten Menschen fehlt das und sie sehnen sich nach einem Ersatz. Sie suchen nach etwas Wichtigem, wofür sie eintreten können, nach einer Bewegung, nach etwas, das größer ist als sie selbst und woran sie teilhaben können.

Hunderte von positiven, proaktiven Menschen in dem Ballsaal eines Hotels versammelt zu sehen – die ein Gemeinschaftserlebnis genießen und Spaß haben – ist für die meisten Menschen ein so berauschendes Erlebnis, dass sie es einfach nicht mehr abwarten können, dem Team beizutreten.

Doch wenn der Kandidat immer noch interessiert ist, doch nicht bereit ist, den Abzug zu drücken, eskalieren Sie den Prozess noch einmal. Dieses Mal könnten Sie den Kandidaten bei einer nationalen Telefonkonferenz oder einem weltweiten Webcast einbeziehen, bei dem tausende von Menschen eingeloggt sind. Wenn das nicht funktioniert, können Sie ihn zu einem größeren Event einladen, wie etwa dem nächsten Training in der Region oder gar zu einer Tagung.

Die andere Dynamik, die sich dadurch ergibt, würden Psychologen den „sozialen Beweis" nennen. Jedes Mal, wenn der Kandidat eine Präsentation sieht, sind mehr Menschen daran beteiligt, was in ihm unbewusst den Eindruck erweckt, dass die Geschäftsgelegenheit Dampf zulegt und die meisten Menschen haben Angst, zurückgelassen zu werden. Und jedes Mal, wenn die Gruppe größer wird, scheint es eine sicherere Sache zu sein, da ja so viele andere Menschen auch diese Entscheidung getroffen haben.

Normalerweise werden die meisten Menschen entweder beim zweiten oder dritten Anschauen dem Programm beitreten oder sich ganz zurückziehen. Wenn Ihr Kandidat allerdings schon in den früheren Stadien beigetreten ist, sollten Sie ihn trotzdem auch durch diesen Prozess hindurchführen, damit er auch die größeren Meetings miterlebt. Dies dient dazu, das neue Team-Mitglied darin zu bestätigen, dass es eine wirklich gute Entscheidung getroffen hat und es verstärkt seine bereits vorhandene Begeisterung.

Das ist eine äußerst wirksame Methode zum Geschäftsaufbau. Das Rekrutierungs-Tool für den Massenmarkt füllt die Treffen in Privatwohnungen, welche die Meetings in den Hotels füllen, welche die Telefonkonferenzen, Webcasts und Großveranstaltungen füllen. Jedes Mal, wenn Ihr Kandidat die Geschäftsmöglichkeit wieder sieht, ist es eine größere Sache als beim letzten Mal.

Es ist sehr wichtig, dass Sie die privaten Treffen zu einem festen Bestandteil des Prozesses machen. Wenn Sie das nicht tun, werden Sie feststellen, dass die großen Meetings in den Hotels an Kraft verlieren und die Teilnehmerzahlen sinken werden. Wenn Vertriebspartner keine privaten Treffen organisieren, heißt es, dass sie keinen stetigen Strom von Kandidaten haben, der durch die Pipeline fließt und dann sind sie auch nicht motiviert genug, um selbst zu den Meetings zu kommen. Es kommen weniger Leute, die Meetings werden kleiner, weniger Kandidaten schreiben sich ein und es geht immer weiter abwärts.

Am Ende jedes Schrittes in dem Prozess kündigen Sie immer das nächste Meeting an. Jedes Mal, wenn der Kandidat eine Präsentation sieht, sorgen Sie dafür, dass es eine größere Veranstaltung ist als beim letzten Mal. Wenn Sie Ihrem Rekrutierungs-Prozess diese Struktur geben, erzielen Sie die bestmöglichen Ergebnisse. Ihr Kandidat erhält Informationen in leicht verdaulichen Portionen. Es entsteht ein Momentum und diejenigen, die echte Anwärter für das Geschäft sind, entwickeln einen Sinn für die Dringlichkeit.

Wer braucht wen

Einer der größten Fehler, den die Leute machen, wenn sie in dieses Geschäft einsteigen, ist, dass sie sich fragen, *„Wem kann ich dieses Zeug verkaufen?"* Das ist vollkommen falsch – das ist das Gegenteil dessen, was ein erfolgreicher Vertriebspartner denken sollte. Die Realität sieht doch so aus:

Jeden Morgen um 6.00, 6.30 oder 7.00 Uhr klingeln auf der ganzen Welt die Wecker. Leute drücken verschlafen auf die Schlummertasten, weil sie fünf Minuten länger schlafen wollen. Sie kriechen in der letztmöglichen Sekunde aus dem Bett, gehen ins Bad, stecken ihr Frühstück in die Mikrowelle oder lassen es ganz ausfallen oder kaufen sich irgendeinen Mist durch ein Drive-in-Fenster auf dem Weg zur Arbeit.

Wir wissen, dass 80 Prozent der Menschen ihre Arbeit nicht mögen oder sogar hassen und 99,9 Prozent von ihnen finden, sie sollten mehr Geld verdienen. Die meisten von ihnen werden sich in einem komaartigen Zustand durch den Tag quälen. Auf dem Heimweg werden sie sich wieder durch irgendein Drive-in-Fenster ihr Abendessen reichen lassen. Dann werden sie sich in ein Sofa flätzen, sich eine Glatze an der Lehne schubbern, ekliges Dosenbier trinken und sich hirnlose Seifenopern hereinziehen, bis sie reif fürs Bett sind.

Am Dienstagmorgen beginnt das Ganze von Neuem…

Und Mittwoch wieder… „Gott sei Dank, wir sind schon halb durch!"

Dann nochmals dasselbe am Donnerstag…

Bis man frohlocken kann: „Hurra, es ist Freitag!"

Und das heißt – es ist Zahltag! (In Amerika werden in vielen Branchen wöchentlich Gehaltsschecks ausgegeben! Anm. des Verlages) Um 17 Uhr, wenn der Boss sie mit der Pfeife zu sich ruft, damit sie sich ihren mageren Lohn holen, haben sie

– wenn auch nur für einige kurze Augenblicke – das Gefühl, das Geld gehöre tatsächlich ihnen.

Natürlich ist der Lohn schon längst ausgegeben, denn sie haben jede Menge Kreditkartenschulden abzuzahlen. Doch in jenen wunderbaren Momenten haben sie das Gefühl, das Geld gehöre ihnen. Das muss gefeiert werden. Heute abend werden sie auswärts essen! Zumindest hier in Amerika ist damit meist ein Abendessen bei Pizza-Hut gemeint und die Auswahl besteht aus Pizza mit käsegefülltem Rand, Meat Lover's, Doppel-Käse-, Doppel-Fleisch-Pizza und Pizza aus der Pfanne, die sie natürlich mit Diät-Cola herunterspülen werden, denn sie müssen ja „auf ihr Gewicht achten".

Nach dem Abendessen geht es zur benachbarten Videothek, wo sie sich sechs bis acht Videofilme ausleihen – gerade genug, damit sie das ganze Wochenende vom Nachdenken über ihr Leben der stillen Verzweiflung abgehalten werden. Bis zum Montag, wo das Ganze wieder von vorne beginnt...

Wollen Sie die Wahrheit wissen? Sie brauchen diese Leute nicht. Es ist genau umgekehrt: Es sind diese Leute, die verzweifelt brauchen, was Sie zu bieten haben. Also hören Sie auf zu überlegen, „*Wen kann ich dazu bringen, das hier zu tun?*" und beginnen Sie zu überlegen, „*Wem würde ich diese Gelegenheit gerne vorstellen?*"

Sie mögen denken, die Produkte seien Vitamine oder Hautpflegemittel oder verbilligte Ferngespräche, doch das ist nicht das, worum es wirklich geht. Was Sie wirklich verkaufen, ist *Freiheit*. Verlieren Sie nie den Blick dafür.

Sie bieten Menschen die Gelegenheit, ihr eigener Boss zu werden und ihr Schicksal selbst in die Hand zu nehmen. Für die meisten von ihnen wird es die erste Gelegenheit mit unbegrenztem Einkommenspotenzial sein, von der sie jemals hören. Es ist auch das erste Mal, dass sie die Chance bekommen, erfolgreich zu werden, indem sie anderen helfen und sie in ihrem Tun bestärken. Daran sollte doch eigentlich jeder interessiert sein, nicht wahr?

Nein. Tatsächlich sind viele nicht daran interessiert. Warum? Weil es bedeutet, dass sie ihre Komfortzone verlassen müssen. Weil es erfordert, dass man an sich selbst glaubt, was sie nicht tun.

Einige von ihnen wollen erfolgreich sein, doch nur, wenn sie dafür nicht arbeiten müssen. Sie hoffen auf das Glück, dass irgendein reicher Verwandter sterben wird oder dass sie einen Sechser im Lotto machen werden. Viele weitere behaupten zwar, dass sie erfolgreich sein wollen – doch sie tun alles Mögliche, um es zu verhindern, da sie an „Mangel"-Bewusstsein leiden und es nicht einmal wissen.

Und obwohl die Welt voller Menschen ist, die brauchen, was Sie haben, wird die Gruppe derjenigen, die diese Gelegenheit ergreifen, viel kleiner sein. Sie müssen die Menschen finden, die einen Traum haben und willens sind, etwas dafür zu tun (die Kandidaten) und diejenigen aussieben, die darauf warten, im Lotto zu gewinnen.

Am Natürlichsten ist es, wenn man bei Freunden, Nachbarn und Verwandten beginnt. Das ist auch am Sinnvollsten, da Sie keine Kaltakquise machen und mit fremden Menschen sprechen müssen. Bei Menschen, die Sie kennen, haben Sie einen Vertrauensbonus und diese werden sich normalerweise wenigstens Ihr Informationspaket ansehen oder an Ihrer privaten Geschäftsvorstellung teilnehmen.

Ich finde es immer traurig, wenn neue Leute sagen, dass sie nicht ihren warmen Markt ansprechen wollen. Normalerweise weist dies auf einen der folgenden Gründe hin.

Entweder, sie glauben einfach nicht daran, dass das Geschäft funktionieren wird. Sie sagen Dinge wie: „Ich will jetzt noch mit niemandem sprechen, den ich kenne. Ich will lieber Inserate aufgeben und mit fremden Menschen sprechen. Später, wenn ich erfolgreich bin und viel Geld verdiene, werde ich das Geschäft meinen Freunden zeigen."

Das ist natürlich Unsinn. Wenn Sie wirklich überzeugt wären, Sie hätten eine Möglichkeit gefunden, die Ihnen Wohlstand, Glück und Erfüllung bringen kann, würden Sie nicht alle Telefonleitungen heiß laufen lassen, um Ihren Freunden und Verwandten davon zu erzählen?

Oder sie zögern, mit ihren Bekannten zu sprechen, weil sie das Syndrom des *Propheten im eigenen Land* befürchten. Da ist etwas Wahres dran. Wenn Sie seit zehn Jahren Seite an Seite mit Joe arbeiten und nun mit einem Angebot daherkommen, das Sie beide reich machen wird, wird Joe höchstwahrscheinlich ein wenig skeptisch sein. Doch das bedeutet nicht, dass Sie diese Menschen nicht ansprechen sollten. Sie sollen es auf jeden Fall tun. Gerade hier ist die Nutzung der Tools von dritten Parteien besonders wichtig.

Mit diesen neuen Leuten müssen Sie den Sponsoringprozess im Prinzip wieder von vorne beginnen, damit sie das Geschäft wirklich verstehen lernen und daran glauben. Diese Leute brauchen einen Sponsor, der liebevolle Strenge walten lässt und sie sozusagen anschubst, das zu tun, was in ihrem besten Interesse ist, nämlich das Geschäft mit den Menschen zu beginnen, die sie kennen.

Heute verschwende ich meine Zeit nicht mehr mit Menschen, die nicht bereit sind, ihren warmen Markt anzusprechen. Wenn mir jemand sagt, dass er nicht bereit ist, seine Bekannten anzusprechen, gebe ich ihm sein Geld zurück und schlage ihm vor, er soll sich einen neuen Sponsor suchen.

Der dritte mögliche Grund könnte sein, dass Ihr neuer Vertriebspartner ein „MLM-Junkie" ist und dass er seinen warmen Markt schon 20-mal angegangen ist. Es ist ihm einfach zu peinlich, es noch einmal zu tun. Das kann ich nachvollziehen, da es mir persönlich ebenso ergangen ist.

Ich habe jedoch eine Lösung für dieses Dilemma gefunden!

Immer, wenn ich vor einem Problem stehe und es keine Lösung dafür zu geben scheint, tue ich etwas, was viel zu wenige Leute tun. Die meisten Leute glauben sogar, dass es schon ziemlich radikal sei, auch nur daran zu denken. Ich sage die Wahrheit. Stellen Sie sich dieses Telefongespräch vor:

„Rod, hier ist Randy. Du wirst es mir nicht glauben – und du hast jedes Recht der Welt, einfach den Hörer aufzulegen – aber ich muss dir etwas sagen. Ich weiß, wir haben geglaubt, wir könnten mit dem Vitaminding Geld machen und das Ding mit den Bienenpollen hat dann auch nicht geklappt und der Deal mit der Strumpfhose, die keine Laufmaschen bekommt, ist auch abgestürzt und ich weiß auch noch, dass du noch immer die Wasserfilter rumstehen hast, die ich dir verkauft habe – also, wie ich gesagt habe, du hast jedes Recht der Welt, einfach den Hörer aufzulegen – aber ich habe jetzt etwas gefunden, was wirklich ganz anders ist. Und zwar deshalb…"

Was, wenn Rod wirklich auflegt? Dann ist er kein Kandidat. Bedenken Sie, das Schlimmste, was passieren könnte, ist schon passiert – Rod ist nicht in Ihrem Geschäft! Wenn Sie ihn wenigstens mal anrufen, haben Sie eine Chance, das zu ändern.

Heute bin ich Multi-Millionär. Wenn ich jedoch Angst gehabt hätte, meinen warmen Markt noch einmal anzusprechen, würde ich immer noch Pizzas belegen.

Um die Wahrheit zu sagen, es ist unwahrscheinlich, dass Ihr Kandidat auflegen wird. Wenn Sie einfach nur die Wahrheit sagen, werden die meisten Leute ihnen zuhören. Und es wird Dutzende von Menschen auf Ihrer Liste geben, die noch nie an einem der anderen Programme mitgearbeitet haben, an denen Sie beteiligt waren. Und Sie lernen laufend neue Leute kennen. Sie haben allein in dieser Woche mindestens drei bis fünf neue Leute kennengelernt. Daher wäre es ein Fehler, alle Menschen aus Ihrem warmen Markt einfach zu eliminieren, ohne es zumindest zu versuchen.

Neue Leute kennenlernen

Der Grund, warum es die meisten Menschen im Network Marketing nie bis zu einer Führungsebene schaffen, ist, weil sie nicht wissen, wie man neue Leute außerhalb seines Einflussbereichs kennenlernt.

Sie haben eine kurze Liste, daher brauchen sie jedes Mal die perfekte Einladung, ansonsten gehen ihnen die Leute aus. Wenn sie nur noch wenige Leute auf ihrer Liste übrig haben, kommt natürlich eine unbewusste Tendenz auf, sich diese Namen für später aufzusparen, denn würden sie sie alle anrufen, bliebe ihnen niemand mehr übrig, mit dem sie noch sprechen könnten.

Dies ist eine selbsterfüllende Prophezeiung, die man tunlichst vermeiden sollte. Sprechen wir also darüber, wie Sie kontinuierlich neue Leute kennen lernen können.

Legen Sie sich dieses Mantra zu:
„Jeden Tag zwei macht mich glücklich und frei."

Denken Sie es und sprechen Sie es jeden Morgen aus. Schreiben sie es auf einen Zettel und kleben Sie ihn auf Ihren Spiegel. Gehen Sie durch den Alltag mit der freudigen Erwartung, jeden Tag neue Freunde kennen zu lernen.

Beginnen Sie den Tag mit zwei Silbermünzen in Ihrer linken Hosentasche. Wenn Sie jemanden kennen lernen, nehmen

Sie eine Münze heraus und geben Sie sie in Ihre rechte Hosentasche. Wenn Sie auf die zweite Person treffen, tun Sie dasselbe mit der zweiten Münze. Sie werden, wie fast jeder andere auch, wahrscheinlich feststellen, dass Sie sowieso schon jeden Tag auf neue Leute treffen. Sie waren sich dessen nur nicht bewusst, da Sie in dem Moment nicht darauf geachtet haben.

Gewöhnen Sie sich nun folgendes an: Statt diese neuen Leute einfach nur zur Kenntnis zu nehmen und dann weiterzuziehen, praktizieren Sie die Kunst der Konversation. Versuchen Sie nicht, den Leuten irgend etwas zu verkaufen. Sprechen Sie sie nicht auf Ihr Geschäft an. Plaudern Sie einfach nur. Seien Sie freundlich zu ihnen und lernen Sie sie näher kennen. Hier sind einige meiner liebsten Fragen:

„Stammen Sie hier aus der Gegend?" (Heutzutage stammt so gut wie niemand von „hier".)

„Wie sind Sie denn von _____ hierher gekommen?"

„Was machen Sie beruflich?"

„Ist das eine schwere Arbeit?"

„Was finden Sie daran am Schwersten?"

„Sind Sie verheiratet?"

„Haben Sie Familie?"

„Was kann man hier denn so machen, wenn man Spaß haben will?"

Diese Fragen bringen die Leute dazu, über ihr liebstes Thema zu sprechen – nämlich über sich selbst. Die Frage, ob sie von hier sind, ist meist ein guter Startpunkt. Fast jeder, mit dem Sie sprechen, kommt von anderswo. Wenn Sie dann fragen, was sie denn „hierher" gebracht hat, werden sie Ihnen vermutlich erzählen, dass es wegen der Arbeit war oder um näher bei ihrer Familie zu leben. Egal was es war, es führt nahtlos zu einem Gespräch über ihre Familie oder womit sie ihren Lebensunterhalt verdienen – beides faszinierende Gesprächsthemen!

Klar, wenn ich frage, ob ihr Geschäft oder Job schwer ist, werden das 98 Prozent aller Leute bejahen. Wenn ich frage, was denn das Schwerste daran ist, werden mir ihre Antworten in den meisten Fällen jede Menge guter Gründe nennen, warum sie Network Marketing machen sollten.

Der Kernpunkt ist – sprechen Sie in keinster Weise über das Geschäft. Es ist der Situation nicht angemessen und es wäre sowieso nicht effektiv. Zu diesem Zeitpunkt wollen Sie nichts weiter, als neue Freundschaften schließen – jeden Tag zwei. Das bringt Ihnen in einem Jahr mehr als 700 neue Freunde ein! Wenn Sie 700 Leute pro Jahr kennenlernen, ist es da wohl möglich, dass Sie einige wenige darunter finden, die gerade auf der Suche nach einer Geschäftsgelegenheit sind?

Natürlich werden Sie sie finden. Sie werden sie anhand der Konversation erkennen, die Sie mit ihnen führen. Diejenigen, die klug und ehrgeizig wirken und sagen, dass sie mit ihrem Job oder Geschäft nicht zufrieden sind, das sind Ihre besten Kandidaten – diese sollten Sie zu einem späteren Zeitpunkt ansprechen.

Sie fragen sich vielleicht, wie Sie an die Telefonnummern der guten Kandidaten herankommen. Ich habe da eine Technik, die das geradezu unglaublich einfach macht. Das Wichtigste ist: Fragen Sie nie nach der Telefonnummer. Die meisten Kandidaten werden bei dieser Frage nervös und wollen die Nummer dann nicht preisgeben. Stellen Sie stattdessen die „magische" Millionen-Dollar-Frage, die niemals fehlschlägt.

Fragen Sie einfach: „Haben Sie eine Karte?"

Instinktiv werden sie nach einer Karte greifen und sie Ihnen geben. Und Sie werden überrascht sein: Die meisten Leute werden sogar noch ihre Privatnummer auf die Karte schreiben. Diejenigen, die keine Visitenkarten besitzen, werden Ihnen ohne Ausnahme sagen, dass sie keine haben – doch sie werden Ihr Handy aus der Tasche ziehen, um Ihre Telefonnummer einzuspeichern und Ihnen dann ihre eigene anbieten. Wenn Sie wirklich freundlich zu ihnen sind und sie einfach nur näher kennenlernen wollen, ohne ihnen etwas verkaufen zu wollen, passiert das sehr oft.

Die Hauptsache ist, dass Sie nicht auf die Suche nach Leuten gehen, die Sie einschreiben könnten. Gehen Sie nur los, um Freunde zu finden. Und denken Sie stets an Ihr Mantra: Jeden Tag zwei macht mich glücklich und frei.

Gut, nun gehen Sie jeden Tag mit der Absicht aus dem Haus, neue Freunde zu finden. Im Zuge dessen sammeln Sie Visitenkarten und Telefonnummern. Jeden Tag, wenn Sie nach Hause kommen, fügen Sie diese Leute zu Ihrer Kandidatenliste hinzu. Wenn die Linien, die Sie schon haben, bereits gut in die Tiefe gehen, können Sie einige neue Linien beginnen. Schauen Sie sich also Ihre Kandidatenliste an und bestimmen Sie, wer die Besten unter diesen Kandidaten sind. Soweit es sich um diese flüchtigen Bekannten handelt, empfehle ich, dass Sie sie anrufen. Das gestattet Ihnen, sich kurz zu fassen, gleich auf den Punkt zu kommen und die Situation besser zu kontrollieren. Der Anruf sollte ungefähr so vonstatten gehen:

„Hallo Ray, hier ist Linda. Sie erinnern sich wahrscheinlich an mich; wir haben uns im Einkaufszentrum kennen gelernt, als Sie sich ein Handy gekauft haben. Sie machten auf mich den Eindruck, dass Sie ein kluger Mensch sind und aus unserem Gespräch entnahm ich, dass Sie aufgeschlossen sein könnten, sich eine geschäftliche Gelegenheit anzusehen."

An diesem Punkt wird die Person normalerweise fragen, worum es sich handelt. Antworten Sie mit etwas in dieser Art: „Ich betreibe ein Marketing-Geschäft und wir expandieren hier in der Gegend. Ich kann Ihnen nichts versprechen, aber ich suche einige Schlüsselpersonen. Wenn Sie interessiert sind, würde ich Ihnen gern ein Informationspaket vorbeibringen. Dann werden Sie sehen, ob das etwas ist, womit Sie sich näher beschäftigen möchten."

Die Schlüsselwörter in dieser Situation sind: darauf hinzuweisen, dass er sich wahrscheinlich an Sie erinnern wird und ihm sagen, dass Sie nichts versprechen können.

Weil er sich an Sie erinnert und daran, dass Sie freundlich waren und weil es ein risikoloser Vorgang ist, wird er sich, wie die meisten Leute, sehr gerne Ihr Paket ansehen. Und da Sie jeden Tag draußen sind, um jeden Tag zwei Leute kennen zu lernen, werden Ihnen die qualifizierten Kandidaten nie ausgehen.

Wenn Sie immer noch glauben, es sei Ihnen nicht möglich, jeden Tag zwei neue Menschen kennen zu lernen, dann sehen wir uns doch ein paar Orte an, wo Sie gute Kandidaten treffen können.

Schließen wir zuerst die Orte aus, wo Sie sie nicht kennen lernen werden. Sie werden sie nicht in Nachtclubs und Bars antreffen. Diese Orte sind für Alkoholiker da. Gehen Sie an Orte, wo Menschen einer höheren Bewusstseinstufe zusammenkommen.

Finden Sie eine spirituell orientierte Gemeinschaft, die viele Kurse anbietet. Wählen Sie einige Kurse aus, die Ihnen zusagen und melden Sie sich dazu an. Leute, die Kurse über Wohlstandsaufbau, Tai-Chi, Meditation und Yoga belegen, sind normalerweise Menschen, die nach etwas Größerem suchen und sind demnach ausgezeichnete Kandidaten für Ihr Geschäft.

Sehen Sie sich auch öffentlich angebotene Seminare an. Es ist keine Frage, dass Leute, die dafür bezahlen, an einem Seminar mit Wayne Dyer, Deepak Chopra oder John Gray teilzunehmen, in ihrem Leben mehr erreichen wollen. Seien Sie dort einfach Sie selbst, üben Sie sich in der Kunst der Konversation und schließen Sie neue Freundschaften.

Und dann gibt es noch meine „Geheimwaffe", die sich jedesmal bestens bewährt. Nummer Eins unter den besten Orten, wo man tolle Leute kennen lernt – und zwar immer: die Autowaschanlage. Allerdings nicht die Steck-paar-Münzen-rein-damit-wir-deine-Antenne-brechen-können-Autowasch-maschine. Nein, ich spreche über die Handwaschanlage.

Wissen Sie, wer dort hingeht? Leute mit schönen Autos. Bentleys, Vipers und Aston Martins und natürlich noch ein paar andere. Leute, die schöne Autos haben, wissen schon einiges über Erfolg. Und die Tatsache, dass sie ihre Autos pflegen, sagt viel über sie aus. In der Handwaschanlage, wo ich hingehe, habe ich zahlreiche Führungskräfte großer Firmen angetroffen (einer davon besitzt 47 Ferraris, zwei Rolls Royce und einige andere Autos), einen Songwriter, der mit einem Grammy ausgezeichnet wurde, zwei Spitzenspieler der nationalen Basketball-Mannschaft, einen Pfarrer, der jeden Sonntag vor dreitausenden Gläubigen predigt und eine Unzahl anderer ernst zu nehmender Menschen.

Das Geheimnis der Mitarbeiterwerbung ist es, eine lange, nie zu Ende gehende Liste zu haben. Wenn Sie die Strategien befolgen, über die wir eben gesprochen haben, werden Sie genau das haben. Mit einer großen Liste ist die Schlacht schon halb gewonnen. Die zweite Hälfte hängt davon ab, wie Sie die Menschen auf Ihrer Liste ansprechen – Ihre „Einladung".

Einladen

Die Unfähigkeit, Leute richtig einzuladen, kann für Sie € 200.000,- jährlich an entgangenem Einkommen bedeuten. Und doch ist es eines der am wenigsten gelehrten Themen in diesem Geschäft. Die meisten Leute konzentrieren sich darauf, eine gute Präsentation zu erlernen, oder sie verlassen sich darauf, dass sie ihren Kandidaten jederzeit zu einer Präsentation bringen können, die jemand anderer hält. Dabei wird jedoch oft vergessen, dass ohne eine gute Einladung ihr Kandidat niemals eine Präsentation sehen wird.

Dies ist auch einer der häufigsten Gründe fürs Aussteigen. Weil neue Vertriebspartner nicht in Einladungstechniken unterrichtet werden, vermasseln sie sich einige ihrer besten Kandidaten. Nicht einmal in der Lage, ihre Kandidaten vor das Tool einer dritten Partei zu bringen, enden diese neuen Vertriebspartner frustriert und viele steigen aus, bevor sie überhaupt richtig begonnen haben. Das ist schade, denn mit dem richtigen Training ist das Aussprechen von Einladungen einfach, mühelos und macht sogar Spaß.

Dieses Einladen ist der wichtigste Bestandteil Ihres explosiven Schnellstarts. Ob Sie jemanden einladen, sich etwas durchzulesen, zu einer privaten Geschäftsvorstellung zu kommen, an einer größeren Geschäftspräsentation teilzunehmen oder sich in eine Telefonkonferenz oder einen Webcast einzuklinken, die benötigten Fähigkeiten sind immer dieselben. Hier sind einige allgemeine Richtlinien, die Ihnen helfen werden.

Verbinden Sie Ihre Einladung immer mit der Quelle der dritten Partei, niemals mit sich selbst. So bestärken Sie die Quelle:

Sagen Sie etwas in dieser Art: „Die Informationen auf dieser CD sind so wichtig…", „Der Mann, der diese Präsentation gibt, setzt Millionen um…" oder „Die Leute, die du bei dieser

Telefonkonferenz hörst, haben Millionen von Dollar verdient. Sie werden ganz genau erklären, wie sie ihr Geschäft aufgebaut haben." Es macht überhaupt keinen Unterschied, ob Sie neu dabei sind, bisher noch kein rechtes Geld verdient oder noch keinen Rang erreicht haben.

Wenn es ums Einladen geht, ist Ihr Auftreten ausschlaggebend. Sie sollten entschieden, überzeugend und schnell handeln. Lassen Sie sich nicht in Fragen verwickeln. Verweisen Sie stattdessen auf das Ergebnis, das Sie sich erwarten und versichern Sie den Leuten, dass ihre Fragen dort beantwortet werden.

Außerdem ist es wichtig, dass Sie immer einige Ihrer Rekrutierungs-Tools für den Massenmarkt zur Hand haben, wenn Sie in die Welt hinausgehen. Dort werden Sie oft Menschen hoher Qualität kennenlernen und Sie werden oft nur eine einzige Chance haben, sie anzusprechen. Wenn Sie ein Tool dabei haben, können Sie die Chance nutzen. Wenn nicht, verlieren Sie sie.

Wenn Sie Leute zu Ihren privaten Geschäftsvorstellungen einladen, gibt es einige Dinge, die ausgezeichnet ankommen. Zunächst ist es das Konzept der „großen Geschäftseröffnung". Bei Ihren ersten privaten Geschäftsvorstellungen, wenn Sie Ihren „explosiven Start" beginnen, lassen Sie die Leute wissen, dass Sie die Eröffnung Ihres Geschäfts feiern und dass Sie sie zur Unterstützung dabei haben wollen.

Stellen Sie sich vor, Sie würden ein Restaurant oder einen Nachtclub eröffnen. Würden dann nicht alle Ihre Freunde und Verwandten dort sein und Ihnen zujubeln? Warum sollte man das bei diesem Geschäft anders machen? Selbst wenn sie sagen, sie hätten kein Interesse an einem Geschäft, sagen Sie ihnen, dass Sie sie zu Ihrer Unterstützung dabei haben wollen. Und wenn Sie wirklich die ganz schwere Artillerie auffahren wollen, nutzen Sie die zweite Sache – eine Geheimwaffe, die ich von meinem Sponsor Eric Worre gelernt habe. Sagen Sie ihnen, „Wenn du mich gern hast, kommst du hin!"

Zusammengefasst besteht effektives Rekrutieren aus einem überzeugenden Auftreten, dem Hinweisen des Kandidaten auf Tools von dritten Parteien und aus der Nutzung der Eskalationsleiter. Lassen Sie den Prozess wirken und am Ende werden einige Leute herauskommen, die ernsthaft das Geschäft aufbauen wollen.

Kapitel Acht:

Aufbau eines Kundenstammes

Unter allen Marketing-Strategien, die ich lehre, scheint die Art, wie man Einzelhandelskunden gewinnt, am schwersten verständlich zu sein. Wahrscheinlich deshalb, weil ich das genaue Gegenteil dessen sage, was die meisten Anderen lehren. Es mag ironisch klingen, aber ich möchte, dass Sie sich Ihre Einzelhandelskunden nur unter den Leuten suchen, die sich entschieden haben, das Geschäft nicht zu machen.

Die meisten Leute lehren, anfangs Produkte an Kunden zu verkaufen und danach zu versuchen, sie auch für das Geschäft zu begeistern. Ich bin aus zwei Gründen entschieden gegen dieses Vorgehen.

Der erste Grund ist, dass es viel zu lange dauert.

Bei einigen Produkten, die wir in der Branche vertreiben, kann es drei oder vier Monate dauern, bis man eine „Produkterfahrung" hat und eine Geschichte über die tollen Resultate erzählen kann, die man mit den Produkten erzielt hat. Mit diesem Vorgehen kann es ein Jahr dauern, bis man auch nur vier Ebenen aufbaut. Wenn man dagegen den Geschäftsaufbau forciert, ist es ganz normal, wenn man die vier Ebenen schon im ersten Monat hat.

Der zweite Grund ist, dass Sie dadurch einige Ihrer allerbesten Kandidaten verschrecken.

Einer der Hauptgründe, warum Leute bei dem Geschäft nicht mitmachen, ist, weil sie denken, dass sie von Tür zu Tür gehen und mit Produkten hausieren müssen. Das ist offenbar nicht nötig, aber die Leute wissen das nicht.

Was passiert, ist folgendes:

Sagen wir mal, Sie haben einen Kollegen namens Phil. Eines Tages beschwert sich Phil darüber, wie müde er jeden Nachmittag ist. Ihre Augen leuchten auf und Sie beginnen, ihn über Ernährung, Vitamine, Mineralien und Kräuter aufzuklären. Nach einer 30-Minuten-Predigt über gesunde Nahrungsergänzungen stellen Sie ihm den MEGA-POWER-ENERGIE-BOOSTER vor, die spezielle Kräutermischung Ihres Network-Marketing-Unternehmens.

Phil erklärt sich bereit, eine Flasche zu probieren, also geben Sie ihm eine und stecken € 40,- ein. Über die nächsten Tage oder Wochen hinweg reden Sie dauernd über das Produkt und erklären ihm die richtige Anwendung und Sie beobachten seine Fortschritte. Er findet, dass sich sein Zustand tatsächlich bessert, also holt er sich noch eine Flasche von Ihnen, sobald die erste aufgebraucht ist. Natürlich kassieren Sie wieder € 40,- von ihm.

Einige Tage später kommt Phil auf Sie zu. „Heureka!", ruft er. „Dieses Zeug wirkt wirklich. Ich platze jetzt jeden Nachmittag vor lauter Energie. Meine Kopfschmerzen haben aufgehört und meine Haare jucken nicht mehr!"

Jetzt glauben Sie, Sie haben ihn. Er hatte seine *Produkterfahrung*, also haben Sie eine sichere Grundlage, um das Thema Geschäft anzuschneiden.

„Nun halt dich mal fest!" rufen Sie begeistert. „Wusstest du, dass du diese Produkte ganz umsonst bekommen kannst? Und dass du sogar (Stell dir das bloß vor!!!) Geld damit verdienen kannst?"

„Echt?", sagt Phil. „Wie macht man das?"

„Es ist ganz einfach," antworten Sie. „Werde Vertriebspartner."

„Das klingt *sehr interessant,*" antwortet Phil. „Aber ich denke, ich hole sie mir lieber von dir, denn ich kann wirklich nicht verkaufen."

Sie können das nicht glauben. *„Verkaufen!* Wieso denkst du, du müsstest etwas *verkaufen?* Wir VERKAUFEN niemals, wir INFORMIEREN nur."

Tja, Sie können nun den ganzen Tag lang über INFOR-MIEREN reden, aber Tatsache ist, dass Sie Phil eine Flasche Ihres MEGA-POWER-ENERGIE-BOOSTERs für €40,- verkauft haben. Dann haben Sie ihm noch eine Flasche verkauft und haben ihm wieder €40,- abgenommen. Sie haben Phil gegenüber unmissverständlich und zweifellos bewiesen, dass es bei diesem Geschäft ums Verkaufen geht. Wenn er also zu den 90 Prozent der Bevölkerung gehört, die keine Verkaufstypen sind, wird er an dem Geschäft nicht interessiert sein.

Wenn Sie das Produkt voranstellen, schrecken Sie all die Leute ab, die keine Verkaufstypen sind—obwohl viele von ihnen für dieses Geschäft hervorragend geeignet wären.

Damit will ich nicht sagen, dass die Praxis, zuerst Produkte zu verkaufen – und dann zu versuchen die Kunden für das Geschäft zu begeistern – nicht funktioniert. Bis zu einem gewissen Grad kann das klappen, vor allem, wenn Sie mit einer der Direktverkaufs-Gesellschaften zusammenarbeiten. Doch in diesem Buch beschäftigen wir uns mit Duplikation und wie man mehr Menschen dazu verhilft, in diesem Geschäft erfolgreich zu sein.

Die 10 Prozent der Bevölkerung, die Verkaufstypen sind, werden enthusiastisch in die Welt hinausströmen und die Produkte vermarkten. Auch unter denen, die keine Verkaufstypen sind, wird ein bestimmter Prozentsatz von Leuten sein, die so sehr von der Produktwirkung beeindruckt sind, dass sie ihre anfängliche Angst und Abneigung überwinden und die

Produkte vermarkten werden. Die meisten werden es jedoch nicht tun. Und bei denen, die es tun, wird sich das als ein sehr langatmiger, zögerlicher Prozess darstellen.

Sie müssen die Produkte zuerst ausprobieren, irgendeine Art von „Wunderwirkung" spüren und dann Schritt für Schritt lernen, wie man die Produkte an andere Leute vermarktet. Dieser Prozess kann Monate oder sogar Jahre dauern. Meine Erfahrung zeigt, dass Leute, die bei ihrem Geschäftsaufbau mit den Produkten führen – also in erster Linie Einzelhandel betreiben – fünf bis zehn Jahre brauchen, um ihr Geschäft soweit auszubauen, dass sie davon gut leben können (sofern sie so lange dabei bleiben). Im Vergleich dazu benötigen Vertriebspartner, die andere Menschen zuerst auf die Geschäftsgelegenheit ansprechen und einem System folgen, wie es in diesem Buch beschrieben ist, nur etwa zwei bis vier Jahre.

Leider sind die Leute heutzutage nicht mehr so geduldig und ausdauernd wie früher. Wenn Sie einen Fünf- bis Zehn-Jahres-Plan verfolgen, werden Sie feststellen, dass die meisten vielversprechenden Leute aussteigen, bevor sie irgendeinen Erfolg erzielen.

Es gibt etliche gute Gründe dafür, warum Sie einen großen Kundenstamm haben sollten. Zuerst kommen natürlich die rechtlichen Gründe. Einzelkunden zu haben ist das, was das Programm davor bewahrt, als ein illegales, geschlossenes System angesehen zu werden. Kunden sind einer der Faktoren, durch die sich legitimes Network Marketing von Pyramidensystemen unterscheidet.

Ein anderer guter Grund ist das zusätzliche Einkommen, das Sie sich dadurch schaffen. Ein großer Teil der Bevölkerung eignet sich nicht dazu, ein Geschäft aufzubauen. Je nach Produkt dürfte ein viel größerer Prozentsatz der Leute aus Kunden-Kandidaten bestehen. Nun, dann werden Sie die Produkte eben zu Großhandelspreisen einkaufen und sie zu Einzelhandelspreisen an Ihre Kunden weiterverkaufen! Die Differenz stellt Ihren Einzelhandelsgewinn dar. Dieser Gewinn wird Ihnen besonders in den ersten Monaten angenehm sein, wenn Sie Ihr Geschäft starten.

Ein anderer Vorteil besteht darin, dass Einzelhandelskunden Ihnen oft Leute zuführen werden, die das Geschäft aufnehmen. Je mehr zufriedene Kunden Sie haben, umso mehr Weiterempfehlungen werden Sie bekommen.

Zuguterletzt sichern Ihre Einzelhandelskunden ab, dass Sie jederzeit die Anforderungen an Ihr persönliches Volumen bzw. Gruppenvolumen erfüllen, damit Sie für den Erhalt aller Zahlungen qualifiziert sind, die Ihnen gemäß dem Vergütungsplan zustehen.

Es gibt also jede Menge guter Gründe, einen Kundenstamm zu haben. Also sprechen wir darüber, wie man ihn aufbaut und aufrecht erhält.

Gehen wir zu unserem Anfangsgespräch zurück. Stellen Sie sich vor, Sie stellen den Leuten die qualifizierenden Fragen: „Haben Sie jemals daran gedacht, ein eigenes Unternehmen aufzubauen? Suchen Sie nach Möglichkeiten, wie Sie Ihr Jahreseinkommen steigern könnten?" Nehmen wir an, die Angesprochenen verneinen das. Sie behaupten, dass sie mit ihrer Arbeit glücklich sind und dass sie genau das verdienen, was ihrem wahren Wert entspricht. (Es gibt übrigens tatsächlich einige dieser seltenen Wesen.)

In diesem Fall wäre dann die Frage angebracht, die ich als „Umkehr"-Frage bezeichne.

Das ist die Frage, die ein Gespräch vom Geschäft zum Produkt lenkt. Wenn Sie an einem Geschäft mit Nahrungsergänzungen beteiligt wären, könnten Sie beispielsweise sagen: „Ich frage, weil mein Geschäft Menschen hilft, gesund zu werden [Gewicht zu verlieren]. Wären Sie interessiert daran, gesünder zu werden [überschüssiges Fett zu verbrennen]?" Oder nehmen wir an, Ihr Geschäft bietet verbilligte Ferngespräche an. Ihre Umkehrfrage könnte dann lauten: „Ich frage, weil mein Geschäft Leuten hilft, ihre Telefonrechnungen für Ferngespräche zu senken. Wären Sie interessiert, Ihre Telefonrechnung um 40 Prozent zu verringern?"

Wenn der potenzielle Kandidat sowohl auf Ihre Frage bezüglich des Geschäfts als auch auf Ihre Umkehrfrage negativ antwortet, dann ist er einfach kein Kandidat für Sie. Wenn er dagegen auf die Umkehrfrage positiv antwortet, dann ist der richtige Zeitpunkt gekommen, um Informationen über Ihr Produkt zu präsentieren (oder um einen möglichst baldigen Termin dafür zu vereinbaren). Zu diesem Zeitpunkt geben Sie dem potenziellen Kandidaten natürlich auch die entsprechenden Kataloge, Produkt-Broschüren, Videos oder Audios. Mit diesem Verfahren dürften Sie eine ganze Reihe von Einzelhandelskunden aus den Reihen derer gewinnen, die nicht am Aufbau eines Geschäfts interessiert sind.

Sie können sich Ihre Kunden auch aus den Reihen derer herauspicken, die bei einer Präsentation und deren Folgeschritten dabei sind, sich jedoch gegen die Teilnahme am Geschäft entscheiden. Sie können Ihre Erfolgschancen dafür erhöhen, wenn Sie bei der ersten Präsentation einfach eine bestimmte Aussage von sich geben. Diese könnte ungefähr so lauten: „Und wenn Sie sich entscheiden, das hier nicht zu tun, dann würden wir uns freuen, Sie als Kunden zu gewinnen." Dadurch, dass Sie diesen Samen früh pflanzen, werden viele Ihrer potenziellen Kandidaten, die sich gegen die Teilnahme am Geschäft entscheiden, die Option wählen, Einzelhandelskunden zu werden. Im Kapitel über Präsentationen werden wir uns ansehen, wie man diese Entscheidung noch weiter fördern kann.

146

Das Managen Ihrer Verbrauchergruppe

Ihre Ziele sind: Ihre Kunden durch überragenden Service zufrieden zu stellen, ihren Verbrauch durch Weiterbildung zu erhöhen und dies zu tun, ohne dass es Ihnen die Zeit stiehlt, die Sie für die Arbeit mit Ihren Geschäftspartnern benötigen. Im Idealfall werden Sie 95 Prozent Ihrer Mühe auf Ihre Geschäftspartner verwenden und Ihre Verbrauchergruppe mit den restlichen 5 Prozent managen. Sprechen wir über die Einzelheiten.

Einer der einzigartigen Vorteile, die Sie Ihren Kunden bieten können, ist vorbildlicher Kundendienst. Fast überall sonst, wohin sie gehen, um ihr Geld auszugeben, werden sie mit gelangweilten Bestellungs-Annehmern, geistesabwesenden oder gleichgültigen Verkäufern, ungeschulten Service-Mitarbeitern oder schlichtweg unhöflichen Angestellten konfrontiert. Zeigen Sie Ihren Kunden, dass sie Ihnen tatsächlich am Herzen liegen. Tun Sie einige nette kleine Dinge, um ihnen Freude zu machen und sie werden wahrscheinlich lebenslang Ihre Kunden bleiben.

Ein schriftliches Dankeschön zu schicken, nachdem Sie die erste Bestellung eines Kunden erhalten haben, wäre ein netter Anfang. Wenn Sie die Produkte selbst liefern, öffnen Sie jede Kiste oder Flasche und sorgen Sie dafür, dass der Kunde die Produkte sofort ausprobiert. Gehen Sie die Gebrauchsanweisung komplett durch und stellen Sie sicher, dass der Kunde sie in vollem Umfang versteht. Gehen Sie nicht weg, bevor Sie sicher sind, dass alle Fragen, die er haben könnte, beantwortet wurden. Wenn die Produkte direkt von Ihrem Network-Marketing-Unternehmen zum Kunden geschickt werden, schauen Sie möglichst bald nach der Lieferung beim Kunden vorbei. Wenn Sie nicht persönlich vorbeischauen können, rufen Sie auf jeden Fall wenigstens an.

Es ließe sich noch viel mehr darüber sagen, warum es wichtig ist, den Kunden aufzusuchen, die Pakete zu öffnen und mit dem Kunden die Gebrauchsanleitungen durchzugehen. Wenn Sie das nicht tun, werden Sie feststellen, dass Sie eine viel höhere Quote von Retouren haben werden. Wenn Sie dann hinfahren, um die Produkte abzuholen, werden Sie feststellen, dass viele Leute das Paket nicht einmal geöffnet haben!

Ganz gewiss lässt die Begeisterung etwas nach oder es setzt sogar eine gewisse Kaufreue ein, wenn es eine Wartezeit zwischen der Bestellung eines potenziellen Kunden und dem Erhalt seiner Ware gibt. Wenn Sie im Haus des Kunden sind und die Vorteile noch einmal bestätigen, dem Kunden zeigen, dass er Ihnen am Herzen liegt und ihm erklären, wie er die besten Ergebnisse mit dem Produkt erzielt, werden Sie die Retouren auf einem Minimum halten.

Bleiben Sie nach dem Abschluss der Erstbestellung mit Ihren Kunden in Verbindung. Führen Sie ordentliche Aufzeichnungen über die Geschäfte, die Sie mit Ihren Kunden tätigen. Wenn Ihr Network-Marketing-Unternehmen die Möglichkeit einer Autoship-Bestellung bietet, sorgen Sie dafür, dass so viele Ihrer Kunden wie nur möglich diese wahrnehmen. Das gewährleistet eine kontinuierliche Versorgung mit den Produkten, die sie mögen, einen prompten Service und dass ihnen die Produkte nie ausgehen.

Wenn Ihr Network-Marketing-Unternehmen kein Autoship-Programm hat, dann ist es Ihre Pflicht, die Kunden anzurufen und um ihre Bestellungen zu bitten. Erwarten Sie nicht von Ihren Kunden, dass sie Sie anrufen werden, wenn ihnen die Produkte ausgehen. Die meisten werden es nicht tun. Denn, sobald sie Ihre Produkte nicht mehr verwenden, werden ihre Resultate in Vergessenheit geraten und Sie werden diese

Kunden womöglich verlieren. Wenn Sie gut buchhalten, werden Sie wissen, wann Sie wieder anrufen sollten, damit Sie für die Lieferung der Produkte sorgen können, bevor sie Ihren Kunden ausgehen.

Informieren Sie Ihre Kunden über alle Sonderangebote und Produkt-Neuheiten. Empfehlen Sie alternative oder ergänzende Produkte, wenn immer es sich anbietet. Wenn es irgendwelche Reklamationen gibt, bearbeiten Sie sie unverzüglich und zuvorkommend. Wenn Rückzahlungen oder Ersatzlieferungen nötig sind, organisieren Sie sie sofort.

Auch Kunden, die ein Autoship-Programm laufen haben, sollten gelegentlich einen Anruf von Ihnen bekommen, womit Sie sich versichern, dass alles in Ordnung ist. Wenn Sie Zeitungsartikel oder Angebote sehen, die Ihrer Meinung nach für Ihre Kunden interessant sind, schicken Sie ihnen eine Kopie. Wenn Ihre Network-Marketing-Gesellschaft oder Ihre Sponsorenlinie einen Newsletter für Kunden herausgibt, senden Sie diesen an Ihre Kunden weiter, zusammen mit allen Materialien über neue Produkte, die herauskommen.

Wenn Ihr Network-Marketing-Unternehmen neue Produkte auf den Markt bringt, informieren Sie Ihre Kunden darüber! In manchen Fällen könnte es angemessen sein, den Kunden ein Muster zu schicken. Besprechen Sie das mit Ihrer Sponsorenlinie.

Reden wir über die Frage des Inventars. Heutzutage haben viele moderne MLM-Unternehmen Programme mit Direktversand der Produkte an den Kunden und in manchen Fällen ist es sogar möglich, dass die Kunden über eine gebührenfreie Telefonnummer oder eine Webseite selbst direkt bestellen. Das hat die Notwendigkeit, ein großes Inventar zu führen, stark verringert. Sie werden es jedoch nützlich finden, trotzdem einen mäßigen Vorrat zu haben. Das gewährleistet, dass

Sie in Fällen von gelegentlichen Lieferrückständen einspringen und neue Kunden und Vertriebspartner gleich mit den Produkten vertraut machen können.

Guter Kundendienst führt zum nächsten Ziel – den Verbrauch Ihrer Kunden durch Weiterbildung zu erhöhen. Sie werden feststellen, dass Ihre Kunden umso mehr Produkte oder Dienstleistungen nutzen werden, je besser sie über diese informiert sind. Da kommt das Aussenden von Mustern, Katalogen, Newslettern oder neuen Marketing-Materialien ins Spiel.

Es könnte sich als sinnvoll erweisen, ab und zu ein Produktseminar in Ihrer Gegend durchzuführen oder einen Tag der offenen Tür zu haben. Ein Vertriebspartner mit einem höheren Rang aus Ihrer Upline sollte diese Veranstaltungen koordinieren. Besprechen Sie das mit Ihrer Sponsorenlinie.

HINWEIS: Zu diesen Produkt-Workshops sollten nur Kunden und Vertriebspartner Zutritt haben. Bringen Sie keine brandneuen potenziellen Kandidaten ein, die noch an keiner Geschäftspräsentation teilgenommen haben. Das würde heißen, dass Sie mit den Produkten führen würden, was viele Probleme mit sich bringt, die wir bereits besprochen haben.

Gelegentlich werden Ihre Einzelhandelskunden Ihnen andere Leute vorstellen, die auch an Ihren Produkten oder Dienstleistungen interessiert sind. Sie sollten diesen Menschen einige qualifizierende Fragen stellen, um zu klären, ob Sie nicht auch an der Geschäftsgelegenheit interessiert sind. Das ist deshalb wichtig, weil ihnen der empfehlende Kunde wahrscheinlich nicht einmal gesagt hat, dass damit eine Geschäftsmöglichkeit verbunden ist. Außerdem gibt es zwei

Dinge, die Sie mit Ihrem ursprünglichen Kunden tun sollten, der die Empfehlung ausgesprochen hat:

1) Danken Sie ihm auf jeden Fall für sein Zuvorkommen und

2) empfehlen Sie ihm noch einmal, selbst Vertriebspartner zu werden. Prüfen Sie, ob er verstanden hat, dass es gewisse Differenzboni gibt und dass er diese anderen überlässt, wenn er nicht selbst Vertriebspartner ist. Üben Sie jedoch keinen Druck aus. Es könnte sein, dass er dennoch nicht am Geschäft interessiert ist. Erinnern Sie ihn nur daran, dass die Möglichkeit nach wie vor besteht.

HINWEIS: Behalten Sie im Hinterkopf, dass dieser Prozess, den wir hier behandeln, für diejenigen gedacht ist, die das große Geschäft oder Duplikationsmodell gewählt haben, nicht für die Leute, die das kleine Geschäft oder Einzelhandelsmodell bevorzugen. Die kleinen Einzelhändler führen mit dem Produkt. Ich will diese Leute auf keinen Fall schlecht machen. Sie müssen jeden Menschen in Ihrem Netzwerk wertschätzen, egal, wie groß oder klein sein Geschäft ist. Es ist jedoch weder die Absicht noch das Ziel dieses Buches, den Aufbau eines Einkommens von einigen hundert Dollar pro Monat durch den Einzelhandel mit Produkten zu erklären. Ich schreibe spezifisch über die Strategien, die zum Aufbau eines großen Netzwerks führen. Machen Sie hier keinen Fehler. Ich will durchaus, dass Sie Einzelhandelskunden haben, sogar viele davon! Ich will jedoch, dass Sie sie aus den Reihen derjenigen Menschen bekommen, die keine Vertriebspartner werden wollen.

Wenn Sie sich an die Verfahren halten, die in diesem Kapitel beschrieben wurden, sichern Sie sich einen steten Zustrom von Kunden und eine stabile Kundenbasis. Machen Sie es sich zum Ziel, so schnell wie möglich mindestens zehn Einzelkunden zu gewinnen. Doch verwechseln Sie sie nicht mit Vertriebspartnern. Fünf Leute zu sponsern, die Kunden sein wollen, wird Ihnen kein großes Netzwerk schaffen – das wird nur entstehen, wenn Sie Leute sponsern, die das Geschäft aufbauen wollen. Sie brauchen Leute, die das Geschäft aufbauen wollen und Sie brauchen Kunden. Seien Sie für beide dankbar!

Kapitel Neun:

Überzeugende Präsentationen

Mittlerweile wissen Sie, dass Network Marketing eine tolle Möglichkeit ist, wundervolle Einnahmen zu erzielen, Menschen zu helfen, die Ihnen am Herzen liegen und sich die Sicherheit eines passiven Einkommens zu schaffen. Doch all das hat keine Bedeutung, wenn Sie nicht in der Lage sind, das auch Ihren Kandidaten klarzumachen. Sie sind nur an Einem interessiert: Wie Network Marketing Ihnen Vorteile bringen kann. Klären Sie das ab und Sie werden Kandidaten in Vertriebspartner verwandeln.

Sie können den ganzen Tag lang über Produkt-Forschung, die Stabilität des Unternehmens und die Millionenumsätze reden, doch wenn Sie diese Angaben nicht mit den Vorteilen für Ihren Kandidaten in Verbindung bringen, wird er nicht daran interessiert sein.

Sie müssen mit den *Vorteilen* führen und ihnen dann mit den *Merkmalen* Substanz verleihen.

Das klingt so einfach, dass Sie wahrscheinlich glauben, Sie täten es bereits. Höchstwahrscheinlich tun Sie es nicht. Wenn Sie so sind wie die meisten anderen Vertriebspartner, sprechen Sie einzig und allein über die Merkmale.

Das heißt, Sie erzählen den Leuten Folgendes:

Wir sind ein schuldenfreies, zehn Jahre altes Unternehmen.
Unsere Produkte sind die Besten.
Ich habe € 2.000,- in meinem ersten Monat verdient.

153

Wir haben die strengste Qualitätskontrolle.
Mein Sponsor ist darin ein Experte.

Wenn Sie darüber nachdenken, wird Ihnen auffallen, dass alle diese Phrasen über *Sie, Ihre Produkte* oder *Ihr Unternehmen* sind. Das heißt, es sind *Merkmale*. Wissen Sie noch? Wir wollten über *Vorteile* sprechen und Vorteile drehen sich immer um den Kandidaten.

Fünf Elemente erfolgreicher Präsentationen

Meiner Meinung nach gibt es fünf kritische Bereiche, die in jeder Präsentation angesprochen werden müssen:

1) **Vorteile für den Kandidaten** (An dieser Stelle sprechen Sie über seine Träume.)
2) **Wie Geld verdient wird** (Wie Network Marketing funktioniert und warum es glaubwürdig ist.)
3) **Das Unternehmen** (Warum Ihr Unternehmen für den Kandidaten das Beste ist.)
4) **Das Produkt** (Warum Ihre Produkte gut sind und was ihr Marktpotenzial ist.)
5) **Die Unterstützungs-Struktur** (Die Systeme, das Training und die Hilfe, die Sie dem Kandidaten geben werden.)

Schauen wir uns jeden dieser Punkte gesondert an:

Es gibt einige entscheidende Vorteile, die Sie in jeder Präsentation erwähnen sollten. Diese sind:

- Unbegrenztes Einkommenspotenzial
- Großartige Steuervorteile
- Reisemöglichkeiten

- Sie wählen selbst die Leute, mit denen Sie zusammenarbeiten wollen.
- Minimale Startkosten und
- die Gelegenheit, erfolgreich zu werden, während man anderen Menschen hilft.

Dieses Ansprechen von Träumen und Wünschen ist der wichtigste Teil jeder Präsentation. Um das richtig zu verstehen, ist es eine gute Idee sich anzusehen, welche Faktoren bei Menschen zu Kaufentscheidungen führen.

Die meisten Menschen machen ihre Kaufentscheidungen aufgrund von *Emotionen* und rechtfertigen sie dann mit *Logik*. Ein Beispiel: Nachdem ich meine erste Dodge Viper bekommen hatte, war ich von ihrem Styling, ihrer starken Leistung und dem Hochgefühl hingerissen, das ich jedesmal erlebte, wenn ich sie fuhr. Da sie ein offener RT/10 Roadster war, beschloss ich, für die Regentage eine Version mit Dach dazu zu kaufen. Dann sah ich eine gelbe RT/10 und die wollte ich auch haben. Also kaufte ich sie. Seither habe ich mir einige weitere Vipers, einen NSX, eine Corvette, einen Bentley Continental, einen Aston Martin und viele andere Autos gekauft – mehr als ich aufzählen könnte.

Jedes Mal sagte ich mir, dass all diese Sportwagen gute Investitionen seien, weil sie lange ihren Wert behielten. Das *sagte ich mir* natürlich bloß. In Wirklichkeit wollte ich sie aus rein emotionalen Gründen haben. Ich rechtfertigte ihren Kauf mit logischen Gründen, doch die Logik war nicht der wahre Grund, warum ich mir die Autos kaufte.

Genau das Selbe ist bei Leuten der Fall, die einen politischen Kandidaten wählen, weil er „nett aussieht", oder die ein Auto von einem Händler kaufen, den sie mögen. Die Frau, die einen Heiratsantrag annimmt, mag zwar denken, sie täte es, weil sie glaubte, ihr zukünftiger Ehemann würde ein guter Ernährer und Vater usw. sein, doch sie wird ihre Entscheidung sicher nicht aus diesen Gründen treffen. Sie wird vielmehr von der Leidenschaft, Liebe und Begeisterung bestimmt, die sie für ihn empfindet.

Nun wenden Sie das auf Network Marketing an. Die meisten Menschen, die sich anschließen, tun es nicht, weil es wie ein vernünftiger, logischer Weg zum Aufbau von finanzieller Sicherheit für ihre Zukunft aussieht. Sie schließen sich an, weil sie mit Freunden reisen wollen, ein großes Haus kaufen wollen, neue Autos bekommen wollen, Anerkennung von ihren Kollegen haben wollen und bei all dem auch noch viel Spaß haben wollen. Bei den meisten Menschen handelt es sich dabei nicht um neue Konzepte, sondern um Dinge, von denen sie schon geträumt haben, als sie noch jünger waren.

Die meisten Menschen, die Sie ansprechen werden, haben ihre Träume vergessen oder aufgegeben. Um sie für das Geschäft zu begeistern, müssen Sie diese Träume wieder auferwecken. Kein anderer Punkt der Präsentation ist wichtiger als dieses Sprechen über Wünsche und Träume. Für viele Kandidaten wird es das erste Mal seit Jahren sein, dass sie über ihre Träume nachdenken. Sobald Sie diesen Funken erst einmal entfacht haben, werden Sie oft feststellen, das er sich zu einem Buschfeuer ausbreitet. Und da Ihre Kandidaten zur selben Zeit von Ihrer Geschäftsgelegenheit hören, bei der sie ernsthaft daran denken, ihre Träume wieder auszugraben, werden sie motiviert sein, zur Handlung zu schreiten.

Hier ist eine sehr wirksame kleine Aktivität, die ich in der Vergangenheit in meine Präsentationen eingebaut habe. Ziemlich am Anfang Ihrer Präsentation bitten Sie Ihre Kandidaten, an fünf Dinge zu denken, die sie gerne *tun, haben* oder *sein* würden, wenn Geld keine Rolle spielen würde. Nachdem Sie

die Kreise aufgemalt haben – oder wie auch immer Sie das
Einkommenspotenzial dargestellt haben – fragen Sie sie, ob
es auf Ihrer Liste irgendetwas gibt, das Sie sich mit dem Einkommen erfüllen könnten, das Sie ihnen eben gezeigt haben.
Da gibt es garantiert etwas.

Diese Übung hilft den Zuhörern, eine direkte emotionale
Verbindung zwischen den Dingen, die sie haben wollen und
Ihrem Geschäft, das ihnen diese Dinge geben kann, herzustel-
len. Richtig angewandt kann dies ein kraftvolles Tool innerhalb des Traum-Segments Ihrer Präsentation sein.

Die andere Sache, die Sie bei diesem ersten Schritt tun müssen, ist, Ihrem Kandidaten klar zu machen, dass das gegenwärtige Wirtschaftsmodell, mit dem wir leben, zusammengebrochen ist. Es funktioniert nicht mehr und jeder, der dies nicht
glaubt und sich darauf verlässt, wird in Armut und Abhängig-
keit enden. Einige der Punkte, auf die ich hinweise, sind:

- Das Vertriebssystem von Aufkäufern, Großhändlern,
  Mittelsmännern, Zwischen- und Einzellhändlern und
  anderen Parasiten ist unwirtschaftlich und dient nicht
  dem Verbraucher.
- Großunternehmen entlassen Hunderttausende von Angestellten.
- Das Geheimnis finanzieller Unabhängigkeit ist es,
  sein eigener Boss zu sein.
- Mindestens eine Million Arbeitsplätze pro Jahr werden durch moderne Technik überflüssig gemacht und
  sie werden nicht durch neue Arbeitsplätze ersetzt.
- Die meisten Jobs sind so gestaltet, dass man mehr
  Stunden arbeiten muss, wenn man mehr verdienen
  will – man ist gefangen, seine Zeit für Geld zu tauschen.

Schaffen Sie einen klaren Kontrast zwischen der Sinnlosigkeit des Arbeitens innerhalb eines kaputten Wirtschaftssystems und den überzeugenden Vorteilen dieses Geschäfts. Dies hier ist der wichtigste Teil:

Greifen Sie niemals die persönliche Situation Ihres Kandidaten an. Dadurch würde er sich verschließen und in Verteidigungsstellung gehen.

Nehmen wir an, Sie treffen Jimmy auf einer Party und fragen ihn, womit er seinen Lebensunterhalt verdient. Er antwortet, dass er für die ABC-Gesellschaft arbeitet. Sie sagen: „Au weia, das ist sicher nicht einfach. Ich habe gehört, die entlassen jede Menge Leute, die Umsätze sind runter…"

Er geht in Verteidigungsstellung, obwohl er seinen Job hasst. Er wird antworten: „Nun, ich bin nicht entlassen worden; mein Boss liebt mich. Ich bin ein fleißiger Arbeiter; die Firma schätzt mich…"

Nehmen wir nun an, Sie sagen genau das Gegenteil, etwas wie: „Oh, die ABC-Gesellschaft! Das muss ein toller Arbeitgeber sein."

Er wird nun wahrscheinlich antworten: „Ein toller Arbeitgeber! Machen Sie Witze? Die haben gerade erst 500 Leute entlassen, streichen alle möglichen Vergünstigungen und ich weiß nie, ob ich morgen noch einen Job haben werde oder nicht!"

Lassen Sie Ihren Kandidaten zu seiner eigenen Schlussfolgerung kommen, dass sein gegenwärtiger Job ihm nicht das geben wird, was er sich wünscht und dass Network Marketing seine beste Alternative ist. Das muss nicht unbedingt gleich beim ersten Blick auf Ihr Programm erfolgen. Es könnte sogar besser sein, wenn es ihm allmählich klar wird, während er die Präsentation mehrmals miterlebt. (Deshalb funktioniert die Eskalationsleiter so gut.)

Wir wollen ihm zeigen, dass es einen besseren Weg gibt und es ihm selbst überlassen, Rückschlüsse auf seine gegenwärtige Lage der stillen Verzweiflung zu schließen. Wenn es etwas Negatives zu sagen gibt, beziehen Sie es auf sich selbst, zum Beispiel: „Nach 15 Jahren treuer Mitarbeit hat mich die XYZ-Gesellschaft einfach vor die Tür gesetzt."

Wenn etwas positiv ist, nutzen Sie den Kandidaten als Beispiel: „Wenn Sie den Gold-Rang erreichen, bekommen Sie ein neues Auto geschenkt."

An dieser Stelle erzählen Sie normalerweise Ihre eigene Geschichte – warum Sie eingestiegen sind. Was Sie damit bezwecken, ist, auf überzeugende Weise die Gründe darzulegen, die Sie dazu bewegt haben, Ihr eigenes Network-Marketing-Geschäft zu beginnen. Ich spreche an dieser Stelle immer über mein Leben in der Gastronomie-Branche, wo ich 12 bis 14 Stunden am Tag gearbeitet hatte, an sechs oder sieben Tagen pro Woche. Egal, in welcher Branche man arbeitet, man kann in der Regel Parallelen zu Geschichten ziehen, die einen Lebensstil beschreiben, der vom Einkommen bestimmt ist, wobei das Einkommen von der Zahl der Arbeitsstunden bestimmt ist.

Die meisten Menschen beginnen ihre Karrieren ganz unten auf der Lohnskala und zahlen ihren Tribut dafür, damit sie im Alter von 35 oder 40 Jahren Lohnerhöhungen erhalten. Ungefähr zu diesem Zeitpunkt erreichen sie meist den Höhepunkt ihrer Karrieren und höher geht es dann nicht mehr. Doch zu diesem Zeitpunkt zahlen sie wahrscheinlich noch immer Schulden ab und der Lebenspartner arbeitet wahrscheinlich auch. Sie bezahlen andere Leute, damit sie ihre Kinder erziehen und sie mögen ihre Arbeit meist nicht besonders. Wenn sie ihr eigenes Unternehmen nach traditionellem Muster haben, ist es höchstwahrscheinlich so, dass sie sich als Sklaven des eigenen Unternehmens betrachten.

Soweit Ihre Geschichte diesen Zustand widerspiegelt, erzählen Sie bei der Präsentation von Ihren Erfahrungen. Anhand Ihrer Geschichte werden sich viele Kandidaten mit ihrer Lage identifizieren können. Das hilft ihnen, den Übergang zum nächsten Teil Ihrer Präsentation nachzuvollziehen.

Wie man Geld verdient

Nun kommt die Stelle, wo Sie Kreise malen, eine Zahlenreihe von 5 x 5 darstellen oder eine vereinfachte Version Ihres Marketingplans erklären. Bitte, nehmen Sie zur Kenntnis, dass ich „vereinfachte Version" gesagt habe. Damit meine ich eine SEHR vereinfachte Übersicht und keinen zweistündigen Vortrag über Prozente, Ränge und Breakaway-Ebenen.

Bei diesem Schritt haben Sie nur zwei Zielsetzungen. Erstens wollen Sie demonstrieren, wie sich exponentielles Wachstum entwickelt. Ihr Kandidat muss verstehen lernen, wie das allgemeine Geschäftskonzept funktioniert. Er muss nicht alle spezifischen Einzelheiten Ihres Vergütungsplans kennenlernen.

Zweitens wollen Sie aufzeigen, dass Network Marketing das Mittel ist, durch das Ihr Kandidat den Lebensstil und die Vorteile erlangen kann, über die Sie gesprochen haben, als es um Träume und Wünsche ging. Während Sie erklären, wie das Geld in diesem Geschäft fließt, können Sie es jeweils mit den Vorteilen verbinden, die er erhalten wird.

Ich neige sehr stark zum „Kreise malen". Das heißt, ich zeichne tatsächlich ein Diagramm mit einem Kreis ganz oben und anderen Kreisen, die sich nach unten hin über vier oder fünf Ebenen verzweigen. Ich habe bisher keine überzeugendere visuelle Darstellungsweise gefunden, die dem Kandidaten das Wesen des exponentiellen Wachstums besser erklärt.

Um das Ganze effektiver zu gestalten, schreiben Sie das Wort „DU" oder „SIE" in den obersten Kreis, um den Kandidaten zu kennzeichnen. Dann setzen Sie natürlich den Prozess weiter fort und duplizieren das Ganze einige Ebenen weiter nach unten. Schreiben Sie zu jedem Kreis einen ungefähren Umsatz dazu (eine konservative Schätzung des Umsatzes, den ein Vertriebspartner tatsächlich leicht schaffen kann) und zeigen Sie dem Kandidaten, wie die Zahlen exponentiell anwachsen. Dann rechnen Sie dem Kandidaten auf jeder Ebene vor, welche Geldbeträge er verdienen kann, wenn er eine solche Organisation mit solchen Umsätzen hat.

Eine gut nutzbare Präsentation zu entwerfen ist eine Wissenschaft für sich. (Es gibt Dutzende von Möglichkeiten im Sinne von „Du findest sechs, die alle auch je sechs finden, von denen jeder drei findet" versus „Du findest sechs, die je vier finden, von denen jeder drei findet" usw.)

Für die meisten, die dieses Buch lesen, hat die Sponsorenlinie diese Vorarbeit schon erledigt. Den Wenigen, die selbst eine Präsentation entwerfen müssen, sage ich hier, was sie wissen müssen:

Sie müssen wahrscheinlich Berechnungen von unzähligen Variablen durchgehen, um die richtige zu finden, also seien Sie geduldig. Worauf Sie aus sind, ist eine Folgereihe, bei der Ihr Kandidat im „DU/SIE"-Kreis jedesmal einen höheren Rang erwirbt, wenn Sie eine weitere Ebene hinzufügen und bei der er auch immer mindestens einen Rang Vorsprung vor den Vertriebspartnern auf seiner ersten Ebene behält.

Ich baue die Präsentation gerne so auf, dass sie den Kandidaten zu einem Jahreseinkommen von ca. €100.000,- oder €200.000,- führt, plus einigen Extras (etwa einem kostenlosen Auto oder Haus oder Reisen, soweit Ihr

Network-Marketing-Unternehmen solche Boni anbietet). Ich finde das aus den folgenden Gründen am wirksamsten:

Wenn Sie massive Einkommen wie etwa €50.000,- oder €100.000,- pro Monat zeigen, werden zwei Dinge geschehen. Erstens bekommen Sie jede Menge Ärger mit den Behörden. Zweitens wird eine große Anzahl von Kandidaten den Glauben daran verlieren, dass das etwas ist, das auch sie tun könnten. Otto Normalverbraucher, der über das letzte Jahrzehnt hinweg €400,- pro Woche oder weniger verdient hat, kann sich in seinen wildesten Träumen nicht vorstellen, dass er je einen monatlichen Scheck über €50.000,- an Land ziehen könnte. Er wird schlichtweg annehmen, Ihr Programm sei nur für die „Anderen" da und wird für den Rest Ihrer Präsentation abschalten.

Wenn Sie auf ein Jahreseinkommen von €100.000,- bis €200.000,- durch eine Teilzeit-Tätigkeit hinarbeiten, ist es für Otto-Normalverbraucher-Typen verlockend, denn es ist glaubwürdig genug für sie und sie können sich selbst in jenes Bild versetzen. Im Zuge dessen wird auch das Interesse der anspruchsvolleren professionellen Typen geweckt...

Sie sind smart genug, um in Gedanken den Duplikationsprozess weiter zu führen und sich die Möglichkeiten vorzustellen. Auch wenn sie schon €250.000,- im Jahr verdienen mögen, ist ihnen doch schmerzhaft bewusst, wieviel Zeit sie für dieses Geld opfern müssen. Sie erkennen schnell, dass sie dasselbe Einkommen im Network Marketing mit wesentlich weniger Zeitaufwand erzielen könnten. Noch wichtiger ist, dass sie die Möglichkeiten des passiven Einkommens äußerst interessant finden werden.

Beachten Sie bei der Vorbereitung der Präsentation, insbesondere der Zahlen, diese Formel:

Ihre Präsentation muss einfach genug sein,

damit Ihre Zuhörer das Konzept verstehen –
doch sie muss kompliziert genug sein, damit sie
es nicht anzugreifen wagen.

Richten Sie sich danach und Sie werden wahrscheinlich eine gute Präsentation haben. Kehren wir nun zurück zur Abfolge der Themen während Ihrer Präsentationen. Sie werden feststellen, dass ich kein Segment eingefügt habe, bei dem ich Network Marketing verteidige und erkläre, warum es kein Pyramidensystem ist. Das ist der Fall, weil ich festgestellt habe, dass solche Erklärungen nicht mehr notwendig sind. MLM hat in den letzten Jahren solche Glaubwürdigkeit erlangt und so viel positive Publizität bekommen – und es ist dem alten, kaputten Wirtschaftsmodell so sehr überlegen – dass ich mich nicht mehr um dieses Thema kümmere.

Ihr Unternehmen

Es gibt Dutzende von Network-Marketing-Unternehmen auf dem Markt. Ihr Kandidat wird wissen wollen, warum Ihr Unternehmen für ihn das Beste ist. Hat Ihr Unternehmen ein Auto-Bonus-Programm, bietet es Gewinnbeteiligungen, Incentivereisen in exotische Länder oder etwas ähnliches? Zeigen Sie mit diese Arten von Vorteilen auf.

Nutzen Sie visuelle Hilfsmittel Ihres Unternehmens wie Broschüren, Zeitschriften usw. Betonen Sie nicht die Merkmale Ihres Unternehmens – betonen Sie die Vorteile für Ihre Kandidaten. Statt zu sagen, *„Wir haben seit acht Jahren ein kontinuierliches, stabiles Wachstum,"* drehen Sie die Information in einen Vorteil um: *„Sie bauen ein sicheres Geschäft auf. Unsere achtjährige Erfolgsgeschichte..."* Sagen Sie nicht, *„Wir geben tausende von Euro für Vollfarb-Broschüren aus"*

Sagen Sie ihnen, *„Sie werden mit unserem Unternehmen Ihr Geschäft schneller und mit Stolz aufbauen können, denn Sie werden erstklassige, professionell gestaltete Arbeitsmaterialien zur Verfügung haben. "*

Bei jeder Art von Präsentation ist es wichtig, dass Sie alle Merkmale der Zusammenarbeit mit Ihrem Unternehmen in Vorteile für den Kandidaten umwandeln. Sprechen Sie über Tagungen, Newsletter, Telefonkonferenzen, regionale Schulungen und andere Aspekte der unterstützenden Leistungen Ihres Unternehmens für die Vertriebspartner in dem Sinne, wie diese Ihrem Kandidaten helfen können, sein eigenes Geschäft aufzubauen.

Die Produkte

Als Nächstes sollten Sie den Wert Ihrer Produkte veranschaulichen. Sie sind es vielleicht gewohnt, am Anfang Ihrer Präsentation gleich mit den Produkten zu beginnen. Ich glaube, es ist besser, wenn Sie sie erst ansprechen, nachdem Sie die Vorteile des Geschäfts erläutert haben.

Ihre Präsentation sollte das ganze Bild zeigen: die Produkte, den Lebensstil und die Geschäftsgelegenheit. Das wird es für den Kandidaten leichter machen zu entscheiden, wo seine Interessen liegen. Wenn er nur daran interessiert ist, Kunde zu sein, wird er es Ihnen sagen. Beurteilen Sie nie jemanden im Voraus.

Sie mögen sich nun fragen: „Wie kann einer jemals das Geschäft beginnen, ohne zuerst eine Produkterfahrung gemacht zu haben?"

Ganz einfach. Wenn Sie Ihre Präsentation richtig gemacht haben, wird der Kandidat annehmen, dass die Produkte so wirken, wie Sie es behaupten. Sie haben bei ihm einen

Vertauensbonus. (Das ist ein anderes Beispiel für den Vorteil, mit seinem warmen Markt zu arbeiten.) Und jedes angesehene Network-Marketing-Unternehmen, das ich kenne, bietet eine 100%-ige Zufriedenheitsgarantie. Ihr Kandidat hat nichts zu verlieren und alles zu gewinnen.

Es mag ironisch klingen, aber einer der Hauptgründe für langsames Wachstum in einer Organisation ist zu viel Produktwissen. Oder, spezifischer gesagt, das Überfallen der Kandidaten mit all dem Wissen. Vertriebspartner quasseln damit das Geschäft tot. Es ist einfach nicht notwendig, Ihren Kandidaten alle Erkenntnisse über jede Nutzung, jede Anwendung und jedes Ergebnis zu vermitteln, die es jemals zu Ihrem Produkt gab.

Demonstriert ein Autoverkäufer die Außenspiegel, beschreibt er jeden Teil des Motors und gibt er einen geschichtlichen Überblick zur Autoindustrie seit Henry Ford? Oder lässt er Sie das Auto einfach mal Probe fahren, um zu sehen, wie Sie sich darin fühlen?

Diese Überladung mit Informationen ist besonders häufig im Nahrungsergänzungs-Segment der Branche anzutreffen. Statt Geschäftspräsentationen durchzuführen, geben die Vertriebspartner dreistündige Vorlesungen über Ernährung. Die Kandidaten – die von der riesigen Menge an Zahlen, Fakten und Forschungsergebnissen überwältigt sind, die ihnen bei einer einzigen Sitzung präsentiert wurden – stellen richtigerweise fest, dass sie wahrscheinlich nie so viel auswendig lernen können.

Aufgrund dieses ersten Eindrucks betrachten sie sich selbst nie ernsthaft als fähig dazu, das Geschäft zu betreiben. Das Beste, was man sich davon erhoffen kann, ist ein Kunde für das Produkt. In diesem Fall macht Sie Ihr Wunsch, gründlich und professionell zu sein, arm und einsam!

Ich glaube, das größte Problem, dem MLM heute gegenübersteht, ist, dass die meisten MLM-Unternehmen nicht wirklich den Unterschied zwischen Verkaufstraining und Duplikation verstehen. Ich stelle das oft fest, besonders, wenn ich gebeten werde bei Tagungen von Unternehmen Reden zu halten.

Oft werde ich von Network-Marketing-Unternehmen angeheuert, weil die Verkaufszahlen nicht steigen, obwohl ihre Vertriebspartner von den weltbesten Verkaufstrainern geschult wurden. Natürlich haben ihnen diese Verkaufstrainer eine positive geistige Einstellung, das Spiegeln, das Modelling, verschiedene Abschlusstechniken und die Drei-Fuß-Regel beigebracht. Doch da die meisten Vertriebspartner keine Verkäufertypen sind, führen sie diese Handlungen nicht aus, oder Sie führen diese Handlungen sind nicht korrekt aus. Was auch immer der Fall sein mag, diese Verfahren funktionieren bei ihnen nicht.

Das soll nicht heißen, dass die meisten Verkaufstrainer schlecht sind oder dass das, was sie lehren, nicht gut ist. Diese Taktiken funktionieren im Verkauf. Doch viele von ihnen lassen sich im Network Marketing nicht duplizieren. An diesem Punkt angelangt ruft man dann meist nach mir. Meine Nachricht ist dann ganz einfach:

Gutes Marketing verlangt lediglich, dass man gute Kandidaten identifiziert und ihnen dann all die Informationen gibt, die sie brauchen, um eine gute Entscheidung für sich selbst zu treffen.

Wirkliches Marketing – mit Integrität – hat nichts mit Abschlusstechniken, Überzeugen oder „Verkaufen" zu tun. *Sie müssen den Prozess in der Hand behalten. Sie müssen die richtigen Informationen geben und Sie müssen sie in gut verdaulichen Mengen zur Verfügung stellen, die der Kandidat verarbeiten kann. Im Endeffekt entscheidet der Kandidat jedoch selbst, ob Ihr Produkt, Ihre Dienstleistung oder Ihre Geschäftsgelegenheit das Richtige für ihn ist.*

Eine Präsentation sollte im richtigen Kontext gesehen werden. Sie ist jedoch nur ein Schritt (wenngleich ein sehr wichtiger) in diesem Informationsprozess.

Gehen wir nun zurück zum Produktsegment in Ihrer Präsentation.

Wenn Sie über Produkte reden, geben Sie eine allgemeine Übersicht über die Produktlinie(n). Gehen Sie nicht auf genaue Beschreibungen einzelner Produkte ein. Ich habe miterlebt, wie Vertriebspartner sich in 75-minütigen Beschreibungen jedes einzelnen Produkts verloren haben, mit all ihren Bestandteilen, woher sie kommen, wieviel davon und zu welchen Uhrzeiten man sie nehmen sollte – und dann wunderten sie sich, wieso ihre Zuhörer in ein Koma verfallen waren…

Geben Sie eine Übersicht Ihrer Produktlinien und dann picken Sie sich ein oder zwei Ihrer Lieblingsprodukte heraus, die Sie näher erklären.

Auch hier betonen Sie wieder die Vorteile für Ihren Kandidaten. Sagen Sie nicht nur: *„Diese Produkte sind einzigartig und exklusiv."* Sagen Sie: *„Diese Produkte sind einzigartig und exklusiv, daher können Ihre Kunden sie nur von Ihnen bekommen. Das heißt, Sie werden über viele Jahre hinweg ein passives Einkommen erhalten."*

Wenn Sie mit Nahrungsergänzungen arbeiten…

Nehmen wir an, dass eines Ihrer Lieblingsprodukte Sie von einer „unheilbaren" Krankheit „geheilt" hat. Wenn das der Fall ist – bitte <u>sprechen Sie darüber nicht in Ihrer Präsentation!</u> Ich weiß, das wird Ihnen schwer fallen, aber es gibt einen guten Grund dafür:

Persönlich glaube ich durchaus, dass der Großteil der Beschwerden, mit denen Leute zum Arzt oder ins Krankenhaus gehen, durch ihre Ernährung bedingt sind. Achtzig bis neunzig Prozent dessen, was wir heutzutage zu uns nehmen, sind tote, verarbeitete Nahrungsersatzmittel mit wenigen oder gar keinen Vitaminen, Mineralien, Enzymen oder Ballaststoffen.

Idealerweise sollte die peristaltische Bewegung Ihres Dickdarmes Ihr Essen durch den Verdauungstrakt hindurchziehen und dabei die Nährstoffe entnehmen und den Rest ausscheiden. Die Realität für die meisten Menschen ist heutzutage jedoch eine andere. Jede Mahlzeit, die sie essen, schiebt das verdorbene, ranzige, verwesende Essen, mit dem ihre Därme bereits vollgestopft sind, ein wenig weiter. Da der Verdauungsprozess dermaßen aufgestaut wird, sickern viele Gifte durch die Darmwand und treten in den Blutstrom ein.

Das Ergebnis äußert sich anfangs oft in Form von Müdigkeit und Lethargie und steigert sich dann zu einer erhöhten Anfälligkeit für Pilzbefall, bakterielle Infektionen und Autotoxizität, bis hin zu Krebs. Wer weiß, wie viele andere Krankheiten sich aus diesem Zusammenbruch des Verdauungsprozesses und den daraus resultierenden Giftstoffen im Blut noch ergeben?

Was wir jedoch mit Sicherheit wissen, ist, dass viele Menschen, die sich Network-Marketing-Unternehmen anschließen – und einfach damit beginnen, ihre Ernährung mit Vitaminen, Mineralien, Ballaststoffen oder Enzymen zu ergänzen – eine solch dramatische und sofortige Verbesserung Ihres Gesundheitszustand erleben, dass sogar sogenannte unheilbare Krankheiten überwältigt werden.

Aber die Sache hat einen Haken:

Sie dürfen das nicht sagen. Die Behörden beschäftigen Legionen von Aufsichtsbeamten, deren Aufgabe es ist, die Öffentlichkeit vor falschen Heilaussagen und unsicheren medizinischen Praktiken zu schützen. Diese Aufsichtsbeamten sind schnell wie ein Gletscher, wenn es darum geht, alternative oder auch nur natürliche Heilverfahren zur Kenntnis zu nehmen oder zu akzeptieren. Sie werden jedoch sehr schnell sein, wenn es darum geht, ein Network-Marketing-Unternehmen zu schließen, dessen Vertriebspartner behaupten, dass sie von Krankheiten geheilt wurden. Wenn Sie selbst eine wundersame Heilung von einer angeblich unheilbaren Krankheit erlebt haben, erwähnen Sie es bitte nicht in Ihrer Präsentation. Bewahren Sie sich diese Geschichte für die Tagung Ihres Network-Marketing-Unternehmens auf, bei der keine brandneuen Intressenten anwesend sind – und keine Aufsichtsbeamten. Bei der Präsentation beschränken Sie sich bitte nur auf die Vorteile, die der Durchschnittsbürger mit Ihren Produkten erlebt.

Unterstützung des neuen Geschäftspartners

Im abschließenden Teil Ihrer Präsentation zeigen Sie dem Interessenten all die Maßnahmen, durch die Sie ihn unterstützen werden. Machen Sie ihm klar, dass er einem Team auf dem Siegeszug beitritt. Zeigen Sie ihm all die Trainingsprogramme, Meetings, Sponsoring- und Marketing-Materialien, die zur Verfügung stehen. Erzählen Sie ihm von den Leuten in Ihrer Sponsorenlinie und erklären Sie ihm, wie diese Leute beim Aufbau seines Geschäfts mithelfen können.

Dies ist auch der richtige Zeitpunkt, an dem Sie sich selbst verkaufen müssen. Egal, wie großartig Ihr Network-Marketing-Unternehmen und Ihr Produkt aussieht, wenn Ihre Kandidaten Sie nicht als einen Vorteil ansehen, werden Sie nicht interessiert sein. Betonen Sie Ihr persönliches Engagement für ihren Erfolg und zeigen Sie ihnen, wie Sie ihnen sofort zum

Start verhelfen können.

Jede erfolgreiche Präsentation wird alle fünf vorgenannten Elemente beinhalten. Ich glaube nicht, dass die Reihenfolge wirklich wichtig ist – mit Ausnahme des Sprechens über Träume, Wünsche und Vorteile. Wenn Sie nicht mit den Vorteilen beginnen, ist es unwahrscheinlich, dass Ihr Kandidat Ihnen während der restlichen Präsentation seine volle Aufmerksamkeit schenken wird.

Behalten Sie alle diese Gedanken im Kopf, wenn Sie oder Ihre Sponsorenlinie die Standard-Präsentation für Ihr Programm zusammenstellen. Ob Sie es glauben oder nicht: Die meisten Menschen werden sich nicht an Ihrem Programm beteiligen, weil Ihre Gesellschaft eine halbe Unze mehr von einem besonderen Bestandteil verwendet oder zu einem fernen Gebirge reist, um jenen Bestandteil zu bekommen. Die Menschen werden sich beteiligen, weil sie einen besseren Lebensstil haben wollen und sie glauben, dass sie sich diesen mit Ihnen und mit Ihrem Programm schaffen können.

Selbstverständlich muss Ihr Network-Marketing-Unternehmen glaubwürdig sein und die Produkte müssen gut sein. Ich will diese Faktoren keinesfalls in ihrem Wert herabsetzen, aber Leute kaufen sich keine Ferraris, weil sie Zahnstangenlenkungen und Radialreifen haben. Sie kaufen sich den Ferrari, weil sie schnell fahren und cool aussehen wollen. Cool aussehen ist der Vorteil; die Zahnstangenlenkung ist das Merkmal.

Fassen Sie das nicht so auf, dass Ihre Produkte (oder Dienstleistungen) nicht wichtig sind – sie sind für Ihren langfristigen Erfolg äußerst wichtig. Um wahren Erfolg zu erreichen, müssen Sie und Ihre Leute die Produkte in den Mittelpunkt stellen. Doch das erreicht man durch deren Verwendung und durch Weiterbildung und dies steht *nach* dem Sponsern auf dem Programm.

Wenn Sie die Geschäftsvorstellung auf diese Weise durchführen, zeigen Sie Ihrem Kandidaten das Gesamtbild und geben ihm die Informationen, die er braucht, um sich für den Erfolg zu entscheiden. Sie können auch Leute dazu einladen, die andernfalls Ihrem Programm keinen zweiten Blick widmen würden. Zeigen Sie Ihren Interessenten die Vorteile, die sie erhalten werden und sie werden den konstanten Vorteil genießen, immer wieder neue Vertriebspartner in Ihrem Netz zu haben.

Weitere Gedanken

Hier geht es um eine andere Tatsache, mit der Sie zu kämpfen haben werden. Die meisten Ihrer Kandidaten, denen Sie die Präsentation zeigen, werden auf „Ostereiersuche" gehen müssen, um die €500,- bis €1500,- Bargeld zu finden, die man braucht, um heutzutage das Geschäft starten zu können. Dazu gehören auch die Leute mit „guten" Arbeitsstellen, die angeblich „gut" verdienen. Der Durchschnittsmensch von heute ist mit Schulden überladen, lebt von 125 Prozent seines Gehalts und schleppt sich gerade so von Zahltag zu Zahltag durch.

Die meisten Menschen werden zögern, das zuzugeben (ganz besonders die mit „guten" Jobs). Sie werden mehr oder minder herausfühlen müssen, ob das ein Problem ist und Sie werden mit diesen Leuten daran arbeiten müssen. Es kann sein, dass sie für Ihre Erstbestellung eine neue Kreditkarte beantragen, auf ihren nächsten Zahltag warten oder den Einkauf ihrer Startmaterialien auf mehrere Schübe verteilen müssen.

Dennoch rate ich Ihnen, niemals ein Vertriebspartner-Kit zu verschenken, um jemandem beim Start zu helfen. Ganz grundsätzlich gilt, dass Menschen, die nicht in ihr Geschäft investiert haben, es nicht wertschätzen und es nicht ernsthaft angehen. Menschen, die sich anstrengen müssen und die Opfer bringen müssen, um starten zu können, werden viel eher motiviert bleiben und sich wirklich ein Geschäft aufbauen.

Das bedeutet nicht, dass Sie die Kandidaten auffordern sollten, sich noch tiefer in Schulden zu stürzen. Doch es könnte für sie sinnvoll sein, ihr Vertriebspartner-Kit und ihre Erstbestellung auf Kredit zu kaufen und sofort zu starten, wenn sie die Investition mit einigen Schnellstart-Bonussen und anderen Anfangsprodukten schnell zurückverdienen können. Ich habe vielen Vertriebspartnern zu einem schnellen Start verholfen, die schon ihre ersten Provisionen ausgezahlt bekamen noch bevor sie überhaupt beginnen mussten, ihren Kredit abzuzahlen.

Auch wenn ich harte Abschlusstechniken ablehne, so gehe ich doch mit der geistigen Haltung in eine Präsentation, dass ich ein Geschäft anzubieten habe, das die Wünsche, Bedürfnisse und Verlangen der Zuhörer erfüllen kann. Und ich gehe auch davon aus, dass sie das begreifen werden.

Ich empfinde keine Gewissensbisse dabei (sondern fühle mich dazu geradezu verpflichtet), sie zum nächsten Schritt zu leiten. Ich werde wahrscheinlich etwas in diesem Sinne sagen: „Wissen Sie, Sie wären ganz toll für dieses Geschäft – das ist der nächste Schritt, den Sie machen müssen…" oder „Hej, Junge, stellen wir dieses Programm doch gleich mal ein paar ehrgeizigen Leuten vor, die du kennst. Dann wird sich für dich ein Rad ins andere fügen."

Ich dränge wirklich niemanden zu einem Ja oder Nein, wenn der Kandidat noch nicht bereit ist, eine Entscheidung zu treffen. Doch wenn er nicht bereit ist, will ich ihn auf jeden Fall eine Stufe höher auf der Eskalationsleiter sehen. Je höher Ihr Kandidat auf der Leiter gelangt, umso mehr große Veranstaltungen wird er miterleben und umso besser wird er informiert sein. Infolgedessen wird er entdecken, dass das Geschäft ihm helfen kann, seine Probleme zu lösen und seine Träume wahr werden zu lassen.

Befassen wir uns näher mit dem Thema, Kandidaten nicht zu einem Abschluss zu drängen. Wir wollen keine aggressiven Verkaufstechniken anwenden, doch wir wollen sicherstellen, dass sie alle Informationen bekommen, die sie brauchen, um die richtige Entscheidung für sich selbst zu treffen.

Einwände

Kaufen Sie einem Kandidaten seine ersten Antworten nicht gleich ab. Viele Leute zögern zuzugeben, dass es ihnen nicht gut geht und sie wollen, dass andere glauben, dass sie wirklich ganz prima klarkommen, auch wenn das nicht stimmt.

Statt zu fragen, warum ein Kandidat nicht interessiert ist (und ihn damit in eine Verteidigungshaltung zu bringen), übergehe ich einfach seinen Einwand und sage ihm, dass ich glaube, er bräuchte mehr Informationen. Ich sage etwas in der Art wie: „Sie wollen sich sicher erst alle Fakten ansehen, bevor Sie Ihre Entscheidung fällen."

Dann gehe ich das Informations-Paket durch, das ich ihm überlassen will, beschreibe jeden einzelnen Bestandteil davon und erkläre, warum es wichtig ist, sich ihn anzusehen. Wenn Ihr Paket Produktmuster enthält, wäre dies der richtige Zeitpunkt, sie Ihrem Kandidaten zu überreichen und die Vorteile zu wiederholen, die man durch die Nutzung des Produkts erfährt.

Wenn er das Paket annimmt, arrangieren Sie eines dieser beiden Szenarien:

1) Vereinbaren Sie einen Zeitpunkt innerhalb der nächsten Tage, um das Paket wieder abzuholen und alle Fragen zu beantworten, die der Kandidat haben sollte. *„Ich weiß, dass Sie sich in diese Produkte verlieben werden. Schreiben Sie sich alle Fragen auf, die Ihnen*

in den Sinn kommen und wir sehen uns am... "

2) Bringen Sie Ihren Kandidaten dazu, Ihnen zu versprechen, am nächsten Meeting teilzunehmen. *„Sie wer-*
den diese Präsentation erst dann richtig verstehen,
wenn Sie sehen, wie Dennis und Cindy sie zeigen. Die
beiden haben Tausenden von Menschen auf der gan-
zen Welt geholfen, erfolgreich zu sein. Sie müssen die
beiden einfach selbst erleben... "

Die beste Art und Weise, um Einwände zu beseitigen, ist
es, sie gleich während der Präsentation anzusprechen, noch
bevor sie jemand äußert. Wenn Sie sehen, dass immer wieder
die selben Einwände erhoben werden, bauen Sie sie in Ihre
Präsentation ein. Hier ist ein Beispiel:
Einer der Einwände, die ich immer wieder aufkommen
sah, war die Meinung der Leute, sie hätten nicht genug Zeit,
um ein Geschäft zu beginnen. Das war genau die Meinung, die
auch ich selbst am Anfang geäußert hatte. Es brauchte einige
Mühe, bis ich einsah, dass ich, wenn ich mir jetzt nicht zwei
Jahre Zeit nehmen würde – niemals genug Zeit haben würde!
Also baute ich dieses Element unmittelbar in meine Präsentation mit ein.
An irgendeinem beliebigen Punkt in jeder Präsentation
sage ich etwas wie: *„Als ich dieses Geschäft zum ersten Mal*
sah, dachte ich – dämlich wie ich damals war – dass ich keine
Zeit hätte, das zu machen. Können Sie sich das vorstellen? Ich
war viel zu beschäftigt. Beschäftigt damit, pleite zu sein!" '
Dasselbe können Sie praktisch mit jedem Einwand machen,
der öfters vorgebracht wird. *„Zuerst dachte ich, die Produkte*
wären teuer. Dann überdachte ich jedoch die Kosten von... "
Wenn Sie die meisten Einwände schon während der

Präsentation „beseitigen", werden Sie sich mit ihnen nicht anschließend im Nachfass-Prozess befassen müssen. Ich wünschte, ich könnte Ihnen Antworten für alle Einwände geben, die Ihnen unterkommen werden, aber das ist natürlich unmöglich. Die Variablen werden bei jedem Programm anders sein. Wenn Sie sich jedoch monatlich von Ihrer Sponsorenlinie Rat einholen, werden Sie lernen, die Einwände zu behandeln, die für Ihr Programm am wahrscheinlichsten zu erwarten sind.

Ich rate nicht dazu, die Leute zum Mitmachen zu überreden. Wir wollen jedoch, dass sie sich das Geschäft ernsthaft und aufgeschlossen ansehen. In manchen Fällen werden Sie die Leute vor ihrer eigenen Kleindenkerei beschützen müssen. Wir wollen nicht, dass ein Kandidat aus einer Reflexreaktion heraus Ihr Geschäftsangebot sofort ablehnt, bloß weil ihn vor 15 Jahren jemand dazu überredet hat, seine Garage mit Wasserfiltern vollzustellen, oder weil sein bester Freund einen Friseur hat, dessen Schwager im Jahr 1994 in jenem heißen Deal mit ballaststoffreichen Keksen €150,- verloren hat. Solange ein Kandidat nicht felsenfest entschlossen ist, sich vor den Tatsachen zu verschließen, würde ich mich immer bemühen, ihn zumindest dazu zu bringen, dass er sich ein Informations-Paket ansieht, damit ich später nachfassen oder ihn auf der Eskalationsleiter höherschieben kann.

Wenn Sie Leute haben, die sich zwar die Präsentation ansehen, aber kein zweites Mal kommen und es Ihnen nicht erlauben nachzufassen, stellen Sie sie aufs Abstellgleis. Warten Sie etwa sechs Monate und kontaktieren Sie sie dann noch einmal. Sie könnten das Thema eventuell auf diese Weise wieder zur Sprache bringen: „Ich habe eben einen Scheck von meinem Marketing-Unternehmen bekommen. Ich muss wissen, ob es Ihnen ernst damit ist oder nicht, sich beruflich zu verändern.

Ich habe diese Woche einen Abend frei, aber danach bin ich sehr ausgelastet..."

Weitere Gedanken zu Ihrer Präsentation:

Ich eröffne meine Präsentation gerne mit der Aussage, dass das, was die Anwesenden sehen werden, ein Zwei- bis Vier-Jahres-Plan für den Aufbau von finanzieller Sicherheit ist und zwar mit einem Geschäft, das Spaß macht, sich lohnt und den Menschen Kraft verleiht. Ich teile ihnen mit, dass sie, um dieses Resultat zu erzielen, zweierlei brauchen: zehn bis fünf- zehn Stunden pro Woche und einen Traum.

Damit ist sichergestellt, dass sie den Preis kennen. Ihnen ist nun bewusst, welcher Zeitaufwand erforderlich ist und ich kann daran später anknüpfen, wenn wir zu den Träumen und Wünschen kommen.

Ein anderer wichtiger Punkt ist, dass Sie auf einen Erfolg vorbereitet sind, noch bevor Sie die Präsentation beginnen. Das heißt, dass Sie ein positives Ergebnis erwarten und die entsprechenden Materialien zur Hand haben.

Stellen Sie allen Ihren Interessenten einen Schreibblock und einen Kugelschreiber zur Verfügung. Stellen Sie sicher, dass Sie geeignete Informations-Pakete zum Mitnehmen oder Nachfass-Pakete zur Hand haben. (Geben Sie diese aber nicht gleich zu Anfang heraus, sonst werden Ihre Interessenten darin lesen, statt ihre Aufmerksamkeit der Präsentation zu widmen. Behalten Sie sie bis zum Ende in Ihrem Aktenkoffer.)

Kümmern Sie sich um Ihr eigenes Geschäft. Auch wenn Sie neu sind und Ihr Sponsor die Präsentation durchführt, sind Sie dafür verantwortlich, das Zubehör mitzubringen.

Kleiden und verhalten Sie sich geschäftsmäßig. Sie und Ihr Partner oder Ihre Partnerin sollten wie Herr und Frau Erfolgreich gekleidet sein und entsprechend auftreten.

Denken Sie daran, dass jeder, dem Sie Ihr Programm „verkaufen" müssen, wahrscheinlich nicht der richtige Kandidat dafür ist. Wir wollen die Leute einordnen, nicht sie überzeugen. Sie suchen Leute, die sich mit der Vision identifizieren können. Wenn sie das tun, kann nichts auf der Welt sie davon abhalten, sich Ihrem Netzwerk anzuschließen.

Doch wenn sie es nicht tun, dann werden keine Schmeichel-, Überzeugungs- und Überredungskünste der Welt diese Leute zu Vertriebspartnern machen. Bestenfalls bekommen Sie so Leute, die sich nur einschreiben lassen, um Sie loszuwerden und die dann das Vertriebspartner-Kit in der Schublade verrotten lassen. Schlimmstenfalls verärgern Sie so einen guten Freund oder Verwandten. Also verfallen Sie bitte nicht in den Irrglauben, dass schlüpfrige Präsentationen und Überzeugungsmethoden Ihnen ein großes Netzwerk aufbauen werden. Das werden sie nicht tun. Alles, was diese Taktiken Ihnen einbringen werden, sind Dutzende von inaktiven Erstlinien.

Was tun, wenn Ihr Kandidat sich nicht von den Fakten dazu bewegen lässt, sich Ihrem Programm anzuschließen? Danken Sie ihm und ziehen Sie weiter. Wenn Sie jemandem all die Informationen gegeben haben, die er braucht, um eine Entscheidung zu treffen und er trifft sie – dann zollen Sie dem Menschen Respekt und achten Sie seine Entscheidung. Es bringt nichts, mit ihm zu streiten, oder zu versuchen, ihn zu manipulieren.

Konzentrieren Sie sich stattdessen darauf, ehrliche Präsentationen mit echter Begeisterung vorzutragen. ÖFFNEN Sie die Menschen, drängen Sie sie nicht zum ABSCHLUSS. Dann werden Sie mit einem stetig wachsenden, gewinn- und freudebringenden Geschäft gesegnet werden.

Wenn Sie diesem Weg folgen, werden Sie anfangs vielleicht weniger Leute sponsern. Allerdings werden die Leute, die Sie sponsern, tatsächlich das Geschäft machen und langfristig gesehen werden Sie dank der stärkeren Duplikation Tausende von weiteren Vertriebspartnern in Ihrer Gruppe haben.

Sehen wir uns nun die Besonderheiten von Präsentationen in privater Umgebung im Vergleich zu Meetings in Hotels an. Worin unterscheiden sie sich?

Kapitel Zehn:

Dynamische und erfolgreiche Meetings

Beginnen wir damit, den einzigen Zweck einer Zusammenkunft zu verstehen. Ganz einfach: Ihr einziger Zweck ist es, den nächsten Termin festzulegen.

Den Erfolg einer Zusammenkunft bewertet man nicht danach, ob ein Produkt oder ein Vertriebspartner-Kit verkauft wurde, sondern ob ein Termin für die nächste Zusammenkunft angesetzt wurde. Auf jeder Stufe des Auswahl- und Rekrutierungsprozesses sollten Sie zu Ende jedes Gesprächs Ihren Kalender aus der Tasche ziehen und das nächste Treffen vereinbaren.

Geben Sie ein Informationspaket heraus und vereinbaren Sie gleich einen Zeitpunkt für das nächste Treffen innerhalb der nächsten 48 Stunden. Wenn Sie das Paket abholen und feststellen, dass der potenzielle Kandidat interessiert ist, setzen Sie einen Termin für eine Präsentation fest.

Beenden Sie die Präsentation und geben Sie dem Kandidaten das Paket zum Mitnehmen. Wenn ihm die Idee gefällt, er aber noch darüber nachdenken will, legen Sie einen Termin für einen „zweiten Blick" fest.

Wenn Sie den Kandidaten zu einem Meeting für einen zweiten Blick bringen und er noch interessierter scheint, doch immer noch nicht wirklich bereit ist, sich einzuschreiben, geben Sie ihm ein weiteres Nachfass-Paket und legen Sie fest, wann Sie wieder miteinander reden werden.

Nur ein Narr wird eine Präsentation geben und dann beim

Telefon sitzen und darauf warten, dass der Kandidat anrufen wird, weil er sich einschreiben möchte. Auf jeder Stufe des Prozesses müssen Sie dem Kandidaten sagen, was als Nächstes geschehen sollte.

Meetings sind ein sehr wichtiger Teil dieses Prozesses. Eine wirksame Rekrutierungs-Veranstaltung kann darüber entscheiden, ob Sie einfach nur einen weiteren Dienstagabend damit verbringen, Kreise zu zeichnen- oder ob Sie mit begeisterten neuen Vertriebspartnern in Ihrer Gruppe nach Hause gehen. Die Vorbereitungen, die Sie zuvor treffen, werden den Unterschied ausmachen. Sehen wir uns einige davon an.

Zusammenkünfte in Privatwohnungen

Vor dem Treffen sollten Sie prüfen, ob Sie gut schreibende Stifte für das Whiteboard haben (und ob sie auch abwischbar sind). Stellen Sie das Whiteboard an der Seite des Raums auf, die der Tür zugewandt ist, damit zu spät ankommende Gäste den Vortrag nicht stören. Falls sich hinter dem Whiteboard ein Fenster befindet, schließen sie die Vorhänge, um Ablenkungen zu vermeiden. Wenn Sie stattdessen eine Videoaufnahme oder eine DVD vorspielen, legen Sie sie in abspielbereitem Zustand ein; der Fernseher sollte an der selben Stelle aufgestellt sein.

Wenn das Treffen bei Ihnen zu Hause stattfindet, sorgen Sie dafür, dass die Kinder außer Haus sind und dass die Haustiere im Schlafzimmer eingesperrt sind. Ich weiß, Sie finden Ihren Hund, Ihre Katze oder Ihr Lama anbetungswürdig, doch Ihre Interessenten könnten Allergien gegen Tierhaare haben und Haustiere lenken vom Zweck des Treffens ab. Unmittelbar bevor das Meeting beginnt, ziehen Sie das Telefonkabel aus dem Stecker und schalten Sie Ihr Handy aus.

Beschreiben Sie den Weg jedem, den Sie einladen, ganz

genau. Es reicht nicht zu sagen: „Nach dem grünen Haus abbiegen und dann etwa einen Kilometer weiterfahren..." Wegbeschreibungen müssen spezifisch sein: „Biegen Sie nach rechts in die Ulmenstraße ab. Fahren Sie 300 Meter bis zur zweiten Ampel und biegen Sie dort nach rechts in die Fleming-Straße...". Bei größeren Zusammenkünften in Privathäusern ist es eine gute Idee, jemanden vor dem Haus stehen zu haben, der verhindert, dass ein Verkehrschaos entsteht und den Leuten zeigt, wo sie parken können.

Zusammenkünfte in Hotels

Wenn das Meeting an einem öffentlichen Ort stattfindet, ist die gute Wahl des Veranstaltungsortes wichtig. Konferenzräume in Hotels sind meistens am besten, da sie leicht zu finden sind, unbedrohlich wirken, ausreichend Parkplätze haben und die von Ihnen benötigten Ausstattungsgegenstände bieten. Es sollte ein Hotel der Mittelklasse bis gehobenen Klasse sein. Das Ritz-Carlton oder Kempinski dürfte zu teuer sein und allein die Parkgebühren könnten manche Leute abschrecken. Ein Marriott, Hilton oder Sheraton ist normalerweise eine gute Wahl. Meiden Sie Billig-Unterkünfte, Motels und Privatpensionen. Ihr Interessent wird Ihr Programm nach der Klasse der Umgebung beurteilen, in der es präsentiert wird. Alles, was Sie dem Interessenten zeigen, sollte professionell wirken.

Besuchen Sie das Hotel persönlich und sehen Sie sich Ihren potenziellen Konferenzraum an. Teppiche, Wandverkleidungen und Dekorationen sollten leicht und attraktiv wirken. Meiden Sie Räume mit barockem Dekor und dunklen Mahagoni-Verkleidungen. Die Raumdecke sollte mindestens 3 Meter hoch sein. Es ist schwer, in einem Raum mit niedriger Decke groß zu wirken.

Informieren Sie sich über die Parkgebühren; wenn sie zu hoch sind, werden Gäste abgeschreckt. Fragen Sie nach den Preisen für Mikrofone, Leinwände und audiovisuelle technische Ausrüstungen, die Sie nutzen möchten. Die meisten Hotels beziehen solche Ausrüstungen von außerhalb, daher sind die Preise nicht verhandelbar. Manchmal sind diese Kosten höher als die Raummiete. In vielen Fällen dürfte es sich als billiger erweisen, wenn Sie sich Ihre eigene technische Ausrüstung kaufen. Manche Hotels werden Ihnen €150,- extra berechnen, wenn Sie eine Leinwand oder ein Whiteboard bestellen, auch wenn diese fest in die Raumwand installiert sind.

Was verhandelbar ist, ist die Raummiete. Zahlen Sie NIEMALS den Preis, der Ihnen anfangs angeboten wird. Diese Preise sind nur für Neulinge, die sich noch nicht auskennen. Lassen Sie das Hotel wissen, dass Sie regelmäßig Räume mieten werden. Wenn der angebotene Preis €400,- beträgt, sagen Sie ihnen, Sie hätten nur ein Budget von €150,- und fragen Sie, was es denn in dieser Preisklasse gäbe. Oft werden sie Ihnen dann einen Konferenzraum für etwa €200,-geben – denselben, für den sie Ihnen anfangs €400,- in Rechnung stellen wollten.

Raumausstattung

Wenn möglich, stellen Sie das Rednerpult bzw. das Whiteboard oder die Leinwand auf eine erhöhte Plattform. Das verleiht dem Redner mehr Glaubwürdigkeit und gibt den Gästen eine bessere Sicht. Genauso wie bei den Treffen in privaten Räumlichkeiten sollte das Rednerpult, die Tafel oder die Leinwand entlang der Wand aufgestellt sein, die dem Eingang gegenüberliegt, damit spät Ankommende das Treffen nicht unterbrechen.

Als ich die erste Auflage dieses Buches schrieb, empfahl ich, vorne im Raum ein großes Banner oder Schild mit dem Namen Ihres Network-Marketing-Unternehmens aufzustellen. Ich schlug auch vor, ein attraktives Produkt-Display und vielleicht auch einen „Reichtums"-Tisch vorzubereiten. (Dieser ist ähnlich aufgebaut wie der Tisch mit den Produkten, zeigt aber eine Sammlung von Zeitschriften mit schicken Autos, Bilder von ortsansässigen Leuten, die Preise gewonnen haben, Reisebroschüren usw. Wenn Ihr Network-Marketing-Unternehmen Auszeichnungen verleiht wie eine Mitgliedschaft im President's Club usw. gehören Broschüren darüber auf diesen Tisch. Der Reichtums-Tisch kann auch mit dem Produkt-Ausstellungstisch kombiniert werden.)

Was nun die Darstellung des Reichtums betrifft, machen Sie bloß keinen Vollzeit-Job daraus. Ich begann, dieses Element in mein System einzufügen und sah dann die Zusammenkünfte immer großartiger und großartiger werden. Es ging so weit, dass die Städte, die ich besuchte, um bei Zusammenkünften zu sprechen, sich gegenseitig mit immer größer und besser werdenden Ausstellungen überboten. Die Leute bastelten Fototafeln, Kollagen und Banner, hängten Fähnchen auf und richteten die Konferenzräume wunderschön her. Die Leute rasten um 17 Uhr von der Arbeit los, um ihre Räume bis 20 Uhr schön herzurichten. Sie dachten nicht mehr daran, ihre Interessenten abzuholen und hinzubringen, da sie sich so sehr auf die Ausstattung des Raumes konzentrierten. Achten Sie also auf das richtige Gleichgewicht. Wir wollen einen schicken Raum, aber es geht vor allem darum, ihn mit Gästen zu füllen.

Weitere Hinweise zum Aufbau

Bereiten Sie nur Stühle für drei Viertel der Besucherzahl vor, die Sie erwarten. Halten Sie zusätzliche Stühle vorrätig, die schnell hereingebracht werden können, aber stellen Sie sie nicht auf. Es sieht sehr schlecht aus, leere Stühle zu haben. Je voller der Raum ist, umso wahrscheinlicher ist es, dass die Interessenten sich anschließen werden. Es ist besser, einen kleineren Raum zu haben, in dem einige Leute an der Wand stehen müssen, als einen großen Raum mit leeren Stühlen.

Kommen Sie früh genug an, um die audiovisuelle Ausrüstung gründlich prüfen zu können. Halten Sie Ersatz-Glühbirnen für den Projektor und ähnliches Zubehör bereit. Prüfen Sie die Lautstärken, auch beim Mikrofon. Eine Stunde vor Veranstaltungsbeginn stellen Sie die Raumtemperatur auf 18 °C ein. Es muss so kühl sein, damit die Temperatur erträglich bleibt, wenn die Gäste den Raum füllen. Wenn der Raum nicht richtig temperiert ist, wird die Veranstaltung darunter leiden. Dasselbe gilt für die Beleuchtung. Stellen Sie sicher, dass der Raum hell beleuchtet ist.

Stellen Sie den Registrierungstisch im Korridor auf, damit spät ankommende Gäste die Präsentation nicht stören. Fordern Sie alle Vertriebspartner auf, sichtbar die Anstecknadeln des Unternehmens und ihre Leistungsauszeichnungen zu tragen. Wählen Sie ihre freundlichsten, positivsten Leute für die Rollen der Begrüßenden, Registrierer und Türsteher.

Spielen Sie 30 Minuten vor der Veranstaltung peppige Musik. Halten Sie erhebende Musik bereit, die Sie unmittelbar nach dem Abschluss der Veranstaltung abspielen lassen. Studien haben gezeigt, dass die richtige Musik Kundenkäufe um ganze 15 Prozent steigert.

Sie sehen, bisher haben wir noch gar nicht von der Veranstaltung selbst gesprochen! Das deshalb, weil alle diese Dinge, die Sie vor der Veranstaltung machen, genauso wichtig sind wie die Veranstaltung selbst. Kleinigkeiten haben große Wirkung!

Hier ist eine Checkliste der Dinge, die es bei jeder Veranstaltung zu beachten gilt:

- Thermostat 30 Minuten vor der Veranstaltung auf 18 °C einstellen.
- Alle audiovisuellen Geräte testen.
- Display-Tische aufstellen (wenn nötig).
- Begrüßungs-Musik 30 Minuten vor der Veranstaltung einschalten.
- Musik für nach der Veranstaltung vorbereiten.
- Veranstaltungshinweis in der Lobby anbringen lassen.
- Richtige Beleuchtung prüfen.
- Unternehmens-Banner, Poster usw. an auffallenden Stellen platzieren (wenn nötig).
- Mikrofon und Lautstärke prüfen.
- Prüfen, ob der Produkt-Demonstrations-Bereich vorbereitet ist (wenn nötig).

Die Veranstaltung selbst

Schauen wir uns nun den Inhalt der Veranstaltung an. Im Grunde ist er bei Präsentationen in Privatwohnungen und bei Veranstaltungen in Hotels gleich, mit einigen wenigen Unterschieden. Beginnen Sie pünktlich. Wenn der Veranstaltungsbeginn für 19.30 Uhr angesagt ist, sollte die Veranstaltung zu dieser Zeit beginnen, auf jeden Fall nicht später als um 19.35 Uhr. Wenn Sie auf verspätet ankommende Leute warten, setzen Sie einen Präzedenzfall und Sie werden dann in Zukunft jedes Mal noch ein wenig später beginnen müssen. In der Praxis ist es so, dass die Leute, von denen man erwarten kann, dass sie andere sponsern und das Geschäft erfolgreich aufbauen werden, diejenigen sind, die pünktlich zu den Veranstaltungen erscheinen. Verzerren Sie Ihre Präsentation nicht wegen der Verlierer, die über den Verkehr jammern und all die anderen Gründe vorbringen, warum sie nicht pünktlich sein können.

Die Person, die den Hauptredner vorstellt, sollte den Ton angeben. Dies ist einfach ein freundlicher Willkommensgruß und eine Vorstellung des Redners. Der Zweck ist, den Gästen ein angenehmes Gefühl zu vermitteln, Erwartung aufzubauen und einen positiven Ton anzugeben. An irgendeiner Stelle während der ersten Einleitungen sollten Sie die Anwesenden bitten, ihre Handys und Pager auszuschalten oder auf Vibrationsmodus umzustellen.

Beginnen wir nun mit der Veranstaltung. Diese kann auf zweierlei Weise durchgeführt werden – mit nur einem kraftvollen Redner oder mit mehreren. Wenn Sie nur einen Redner haben, muss er oder sie wirklich DYNAMISCH sein. Eine andere Option ist es, drei oder vier Redner zu haben, die verschiedene Teile der Präsentation abdecken. Dies ist eine nette Art und Weise, einer Veranstaltung Format zu verleihen, weil mehr Leute beteiligt sind und ihre unterschiedlichen Stile und Themen jedermanns Aufmerksamkeit einfangen.

Was den Inhalt der Veranstaltung betrifft, so will man die Gäste im Prinzip durch die fünf wichtigsten Punkte führen, die wir im Kapitel über Präsentationen besprochen haben.

1) Ihnen eine Ahnung von den möglichen Vorteilen im Hinblick auf Lebensstil vermitteln.

2) Ihnen zeigen, dass sie diese nur durch Network Marketing erreichen können.

3) Demonstrieren, warum Ihr Unternehmen das Beste für sie ist.

4) Ihnen eine Übersicht über die Produktlinie geben.

5) Ihnen zeigen, wie smart und leicht es ist, JETZT SOFORT zu starten.

Ihre Interessenten überlegen: *„Gibt es sowas wirklich?"* und *„Kann ich das tun?"* Die Betonung der Präsentation sollte immer auf den Vorteilen für den Interessenten liegen, nicht auf dem Redner oder dem Unternehmen. Wenn Sie den Marketingplan erklären, sagen Sie nicht: *„Wir zahlen auf dieser Ebene 5 Prozent", „Wir haben ein Auto-Bonus-Programm"* usw. Machen Sie stattdessen Feststellungen wie *„So verdienen Sie hier Geld"* und *„So können Sie gratis ein Auto bekommen."*

Sorgen Sie dafür, dass der Hauptredner die Gäste zum Schluss auffordert, sich anzuschließen, dass er gute Gründe dafür nennt, warum sie sich jetzt anschließen sollten und dass er ihnen ganz genau sagt, wie sie beginnen können. Sie sollten auch auf die anwesenden erfahrenen Vertriebspartner hinweisen, die zur Verfügung stehen werden, um Fragen zu beantworten und Sie sollten auf die Unterlagen hinweisen, die Sie anbieten werden. Dann schalten Sie die Musik ein und beginnen Sie, Ihre neuen Vertriebspartner einzuscheiben.

Bei Zusammenkünften in privater Umgebung sind die meisten Variablen, die wir in Bezug auf den Inhalt erwähnt haben, die selben. Allerdings gibt es einige wenige Dinge, die anders gehandhabt werden müssen. Sehen wir sie uns an.

Als Gastgeber bei einem Treffen bei Ihnen zu Hause sollten Sie nicht im Haus umherschwirren und sich um tausend andere Dinge kümmern. Sie sollten vorne inmitten der Gruppe sitzen und mit gespannter Aufmerksamkeit dem Redner oder dem Video folgen. Wenn Parken ein Problem sein könnte, sorgen Sie dafür, dass jemand vor dem Haus steht und den Verkehr regelt. Es wird Ihrem Geschäft nicht sehr förderlich sein, wenn Sie Ihre Nachbarn verärgern, weil Ihre Gäste haufenweise auf deren Rasen parken oder ihre Hauseinfahrten blockieren. Setzen Sie sich stattdessen das Ziel, dass Sie bei jedem Treffen, das Sie organisieren, egal ob dieses in einer Wohnung oder in einem Hotel stattfindet, die Umgebung in einem besseren Zustand verlassen als Sie sie vorgefunden haben.

Wenn Sie Erfrischungen anbieten, halten Sie sie einfach und bewahren Sie sie für das Ende des Treffens auf. Wenn Ihr Network-Marketing-Unternehmen Nahrungsmittel oder Getränke vertreibt, sollten diese als Snacks und Erfrischungen angeboten werden. Wenn Ihr Network-Marketing-Unternehmen keine Produkte hat, die bei diesem Treffen angeboten werden könnten, bieten Sie einige leichte Snacks aus dem Supermarkt an, wie Chips oder Kekse. Servieren Sie niemals hausgemachte Mahlzeiten auf Ihrem feinsten Porzellan, denn dann werden Ihre Gäste annehmen, dass sie das auch duplizieren müssen.

Normalerweise werden Sie bei einem Treffen in privater Umgebung nur einen Redner haben. Entweder wird es Ihr Sponsor sein, der das Treffen für Sie leitet, oder Sie selbst geben eine Präsentation für einen Ihrer Vertriebspartner. Die richtige Vorstellung des Redners ist für den Erfolg des Treffens sehr wichtig. Wenn Sie einen Redner vorstellen, sollten Sie den Zuhörern diese vier Punkte vermitteln:

1) Der Redner ist erfolgreich.
2) Der Redner wird den Interessenten zeigen, wie sie auch erfolgreich sein können.
3) Der Redner ist ein Freund von Ihnen.
4) Sie sind BEGEISTERT!

Schauen wir uns jeden dieser Punkte gesondert an:

Wenn Ihre Gäste schon vorher wissen, dass der Redner in dem selben Geschäft erfolgreich ist, das ihnen eben angeboten wurde, werden sie dem Ganzen mehr Aufmerksamkeit schenken.

Wenn Sie ihnen mitteilen, dass der Redner hier ist, um ihnen zu zeigen, wie auch *sie* erfolgreich sein können, wird das Interesse und die Erwartung Ihrer Gäste steigen.

Wenn Sie anmerken, dass der Redner ein Freund von Ihnen ist, werden Sie sich dadurch selbst vor den Interessenten positiv hervorbringen. Da Ihre Interessenten nun wissen, dass Sie eine direkte Verbindung zu dem Experten haben, werden Sie sich geehrt fühlen, die Gelegenheit zu erhalten, in Ihre Gruppe gesponsert zu werden.

Stellen Sie zum Abschluss klar, das dies nicht etwas ist, worüber Sie selbst erst mal nachdenken müssen, sondern dass dies eine neue Unternehmung ist, von der Sie sehr begeistert sind und der Sie sich langfristig verschrieben haben. Sie könnten etwas in dieser Richtung sagen: „Wir sind fest entschlossen, dieses Geschäft aufzubauen und wir wollen diese Gelegenheit mit unseren besten Freunden teilen."

Genauso wie bei den Veranstaltungen in Hotels sollten Sie Ihre Gäste höflich auffordern, ihre Handys und Pager abzuschalten. Dasselbe Verfahren gilt, wenn Sie eine DVD abspielen oder eine Computer-Präsentation nutzen. Heben Sie den Redner und den Inhalt positiv hervor, dann setzen Sie sich hin und sehen Sie sich die Vorführung zusammen mit Ihren Interessenten an.

Führen wir das Ganze nun damit fort, dass wir uns einige der kritischen Faktoren näher ansehen.

Zusammenkünfte sollten in einem flotten Tempo ablaufen. Sie sollten Neugierde wecken, Informationen geben, professionell sein und SPASS machen! Ich finde, dass die überwiegende Mehrheit Ihrer Treffen in Privatwohnungen stattfinden sollte. Ich persönlich möchte pro Monat nur zwei Hotel-Veranstaltungen sehen. Die eine wird von dem ranghöchsten Mitglied Ihrer Sponsorenlinie organisiert. Es ist eine Familien-Veranstaltung im geschlossenen Kreis. Geschlossen heißt, dass nur Mitglieder der eigenen Organisation (Familie) und deren Gäste daran teilnehmen dürfen. Andere Linien in der Gegend sind nicht eingeladen und werden über das Meeting gar nicht informiert.

Das gibt dem örtlichen höherrangigen Vertriebspartner eine Möglichkeit, seine eigene Gruppe jeden Monat mit einer größeren Veranstaltung zu unterstützen. Die Gruppen sind normalerweise viel zu groß, um in eine Privatwohnung eingeladen zu werden. Die höherrangigen Vertriebspartner haben so auch die Möglichkeit, ihre eigenen Interessenten für einen zweiten oder dritten Blick zu einer geringfügig größeren Veranstaltung zu bringen, um sich das Programm noch einmal anzusehen.

Die andere monatliche Hotelveranstaltung sollte eine offene Veranstaltung sein, bei der auch Crosslines willkommen sind. Alle höherrangigen Vertriebspartner aus der Gegend sollten sich zusammenschließen, um eine größere monatliche Veranstaltung zu organisieren. Mit all den verschiedenen Linien, die diese Zusammenkunft mit Gästen füllen, werden sehr große Teilnehmerzahlen erreicht und der Interessent wird beeindruckt sein.

Wenn das Unternehmen gerade erst startet, könnten Sie wöchentliche Meetings in Hotels in Erwägung ziehen. Sie können während der Startphase mit großen wöchentlichen Meetings das Momentum aufrecht erhalten und deutlich an Boden gewinnen.

Die kleineren Treffen in Privatwohnungen füllen die

größeren Treffen in Privatwohnungen, welche die Zusammenkünfte in den Hotels füllen, welche wiederum die großen Veranstaltungen füllen, die man gemeinsam mit den Crosslines organisiert. Die Einführung dieser Struktur ermöglicht es den Vertriebspartnern, ihre Kandidaten durch den schrittweisen Eskalations-Prozess hindurchzuführen, über den wir in vorhergehenden Kapiteln gesprochen haben.

Hier noch einmal die Abfolge:

- Rekrutierungs-Tool für den Massenmarkt (für flüchtige Bekannte)
- Treffen in Privatwohnung
- „Familientreffen" (das könnte, je nach Teilnehmerzahl, in einer Privatwohnung oder in einem Hotel stattfinden)
- Offene Hotelveranstaltung mit Crossline
- Große Zusammenkünfte, Tagungen und Events

Offene Veranstaltungen sollten nur für einen zweiten Blick auf das Programm genutzt werden. Das gewährleistet, dass nur positive, qualifizierte Kandidaten in den Zuhörerreihen sitzen und nicht Leute, die eben erst herausfinden, dass es sich um Network Marketing handelt und um welches Unternehmen es überhaupt geht.

Sie haben mitbekommen, dass die größeren Meetings in den Hotels von einem erfolgreichen Vertriebspartner mit einem höheren Rang durchgeführt werden. Dafür gibt es zwei Gründe:

Der erste Grund liegt darin, dass Sie Ihr System durch die Wirkung der Meetings kontrollieren. *Der Person mit der am höchsten geschätzten Position in Ihrer Organisation gehört die Bühne.*

Die einzigen Leute, die dort auftreten dürfen, sind diejenigen, die bereits große Geschäfte aufgebaut haben, oder Leute, die sich im Prozess des Geschäftsaufbaus im Aufwärtskurs befinden und zwar deshalb:

Die Leute, die bei Ihren Meetings sprechen, erhalten durch mehr Glaubwüdigkeit. Sie wollen bestimmt nicht jemanden in Ihrem Meeting im März positiv herausheben, von dem die Leute im April hören, dass er wieder aufgehört und sich einem anderen Unternehmen angeschlossen hat. Außerdem wird Ihre Gruppe negativ beeinflusst, wenn Sie jemanden auf der Bühne haben, der über Dinge spricht, die nicht zum System gehören. Es ist daher sehr wichtig, dass der Redner jemand ist, der eine Gruppe aufgebaut hat (oder es zur Zeit tut) und dabei das System nutzt.

Der zweite Grund, warum Sie es höherrangigen Vertriebspartnern überlassen, auf den offenen Meetings zu sprechen, ist, weil sie wirklich gut sind! Um den Rang zu erreichen, mussten sie Tausende von Präsentationen geben. Sie wissen, wie man die Aufmerksamkeit einer Menge gewinnt und aufrecht erhält. Sie machen Späße, weben kleine Anekdoten ein und erzählen meist auch ihre persönlichen Erfolgsgeschichten.

Ich kenne viele Leute, die wöchentliche Hotel-Meetings abhalten, doch ich befürworte das nicht. Ich glaube, diese Veranstalter schaffen so eine Menge von voneinander abhängigen Vertriebspartnern, die es nie lernen, eigene Präsentationen zu geben und ihre eigenen Treffen bei sich zu Hause zu organisieren, sondern die immer nur auf die nächste Veranstaltung warten. Sie werden auch feststellen, dass Meetings, die wöchentlich abgehalten werden, ihren Reiz verlieren und das ist doch der Sinn einer Veranstaltung! Infolgedessen werden die Teilnehmerzahlen sinken. *Egal, wie gut ein Redner ist, wenn er jede Woche ein Meeting abhält, werden die Leute müde, ihm zuzuhören.* Doch, wie schon vorhin gesagt, in der Anfangsphase kann ein wöchentliches Meeting zu großer Begeisterung führen.

Es mag sonderbar klingen, aber Sie müssen Ihre Leute wirklich darin schulen, wie sie die Meetings nutzen sollen. Lehren Sie sie, dass die wirklich wichtigen Meetings diejenigen sind, die vor und nach der regulären Veranstaltung stattfinden.

Vor der Veranstaltung

Die einzige Möglichkeit, um sicherzustellen, dass Ihr Interessent zu der Veranstaltung kommen wird, ist die, ihn abzuholen. Sie können etwas in dieser Richtung sagen: *„Wenn Sie einverstanden sind, hole ich Sie ab und wir können uns auf dem Weg dorthin unterhalten."* Kommen Sie mit Ihrem Gast 15 oder 20 Minuten vor der Veranstaltung an, damit Sie Plätze in den vorderen Reihen bekommen. Je näher ein Gast am Redner ist, umso stärker wird sein Eindruck sein. Frühes Erscheinen gibt Ihnen auch die Möglichkeit, Ihren Gast anderen Leuten vorzustellen. Machen Sie ihn mit Ihrem Sponsor und anderen Vertretern der höheren Ränge im Raum bekannt und ebenso mit anderen Vertriebspartnern, mit denen er etwas gemeinsam hat (gleiche Organisation, gleicher Beruf usw.). Vor allem stellen Sie ihn jedoch dem Redner des Abends vor. Danach wird der neue Interessent in dem Redner keinen Fremden mehr sehen, der versucht ihm etwas zu verkaufen, sondern er wird hören, was sein neuer Freund mitzuteilen hat.

Nach der Veranstaltung

Nach der Veranstaltung sollten Sie sich bemühen die Gesprächsthemen auf das Geschäft zu konzentrieren. Beantworten Sie alle Fragen, die Ihr Interessent hat und fragen Sie, ob er bereit ist, sich einzuschreiben. Wenn nicht, zeigen Sie ihm das Informationspaket, das Sie ihm für zu Hause mitgeben und legen Sie das nächste Treffen fest.

Weitere Dinge, die Sie Ihren Vertiebspartnern in Bezug auf Veranstaltungen beibringen müssen:

- Es ist wichtig, dass sie an jedem Meeting teilnehmen, egal, ob sie einen Gast haben oder nicht.
- Sie sollten immer großzügig applaudieren und über Späße lachen.
- Geschäftsmäßige Kleidung ist angebracht. (Wenn Ihre Vertriebspartner sagen, dass ihre Freunde normalerweise keine Geschäftskleidung tragen, erklären Sie ihnen, dass sie genau deshalb ein Geschäft brauchen.)
- Kein Essen, Kaugummikauen oder Trinken während der Veranstaltung.
- Wenn der Redner zur Beteiligung aufruft, sollten sie Beiträge leisten, vor allem, wenn über Wünsche und Träume gesprochen wird, da neue Interessenten Hemmungen haben könnten, dabei mitzumachen.
- Wenn Blätter ausgeteilt werden, sollten sie immer eines nehmen, auch wenn sie es schon kennen. (Wenn die Vertriebspartner es nicht annehmen, wird es den Gästen aufallen, dass nur die Gäste sie nehmen. Wenn viele Vertriebspartner, aber nur wenige Gäste anwesend sind, könnten sie sich ausgegrenzt fühlen und in Verteidigungsstellung gehen.)
- Handys ausschalten, keine SMS.
- Machen Sie den Partnern, die sich nicht aktiv an der Präsentation beteiligen, klar, dass auch sie eine wichtige Rolle spielen. Sie sollen die Menge beobachten und Gesprächen zuhören, um zu erkennen, welche neuen Interessenten besonders begeistert sind und was ihre Träume sind.

Wie lange soll eine Veranstaltung dauern? Dies wird natürlich davon abhängen, wie Ihre Standard-Präsentation aussieht, doch ich werde Ihnen ein Beispiel zeigen, was ich tue und dieser Richtlinie können Sie folgen.

Obwohl ich bei allen Veranstaltungen dieselbe Standard-Präsentation nach einem festen Schema vortrage, wird sie bei mir zu Hause etwa 60 Minuten dauern, doch bei einer großen Hotel-Veranstaltung 90 Minuten bis zwei Stunden. Der Grund dafür ist:

Wenn ich in Privaträumen vortrage, werde ich die ganze Präsentation durchführen. Bei einer groß angelegten Hotel-Veranstaltung werde ich dieselbe Präsentation machen, aber ich werde mehr in die Tiefe gehen und mehr Späße und Geschichten einfügen.

Bei einem großen Meeting in einem Hotel will ich SPASS haben. Es soll eine tolle Veranstaltung werden! Je größer die Menge, umso mehr Spaß werde ich haben. Ich werde jede Menge Späße darüber machen, wie Leute ihr Geld verdienen, Urlaub machen, erster Klasse fliegen und ihre Wecker loswerden. Bei einer großen Menge kommen diese Sachen hervorragend rüber. Die Leute glauben immer, ich sei ein unverbesserlicher Bengel.

Wenn ich dieselben Dinge jedoch vor einer kleinen Gruppe in einer Privatwohnung sagen würde, würden sie als egoistisch und ichbezogen rüberkommen. Die Leute würden mich anschauen und denken: *„Ach herrje, ist der aber von sich eingenommen.“* In einer großen Gruppe dagegen wirkt der gesellschaftliche Druck der anderen Leute, die lachen und sich amüsieren und alle genießen das quer durch die Reihen.

Die Präsentationen im privaten Rahmen wie auch im Hotel folgen also demselben Muster. In der längeren Präsentation sind einfach nur mehr Späße und Geschichten verpackt.

Bevor wir dieses Thema abschließen, sprechen wir noch kurz etwas an, das viele Leute vorbringen. Sie behaupten, dass die Kandidaten zu skeptisch sind, dass Zusammenkünfte nicht mehr in Mode sind und dass man einfach nicht mehr zu Veranstaltungen geht.

Das ist nicht wahr.

Allerdings gebe ich Ihnen sofort recht, dass der Durchschnittsmensch kreischend vor Ihnen davonrennen wird, wenn Sie ihn auf der Straße ansprechen und ihn bitten, sich mit Ihnen Dienstagabend um 19.30 Uhr in einem Hotel zu treffen.

Doch das werden Sie ja bestimmt nicht tun...

Erinnern Sie sich, dass wir gesagt haben, offene Veranstaltungen sollten nur für einen zweiten oder sogar dritten Blick auf das Programm genutzt werden? Es ist wahr: Wenn Sie den Durchschnittsmenschen kalt zu einer Geschäftspräsentation in irgendeinem Hotel einladen, wird er nicht kommen. Wenn derselbe Mensch jedoch Ihr Rekrutierungs-Tool für den Massenmarkt interessant gefunden hat, wird er möglicherweise eine private Geschäftspräsentation bei Ihnen zu Hause besuchen wollen. Und wenn diesem Menschen diese erste Präsentation gut genug gefallen hat, wird er im tiefsten Winter bei Temperaturen unter Null Grad 70 Kilometer weit fahren, um bei einer Hotel-Veranstaltung mehr zu erfahren.

Sie sollten sich niemals die Chance entgehen lassen, jemanden zu einer offenen Veranstaltung zu bringen. Doch der sicherste Weg, einen Kandidaten dorthin zu bringen, ist es, ihm vorher einen guten Eindruck von der Geschäftsmöglichkeit zu vermitteln.

Wenn Sie die vorhergehenden Schritte richtig durchführen, werden die Leute zu den Meetings kommen. Und wenn Sie die Meetings auf die Weise durchführen, die ich vorgeschlagen habe, werden sich die Leute sogar darauf freuen. Die monatlichen Meetings mit den Crosslines werden sich zu so großen Veranstaltungen entwickeln, dass Leute neue Interessenten in die Pipeline bringen werden, nur damit sie sie auch zu den offenen Veranstaltungen mitbringen können und sie werden so gut wie sicher sein, dass sich diese Leute einschreiben werden.

Veranstaltungen erfordern zusätzliche Arbeit und fortwährende Bemühungen. Doch der Lohn ist zu groß, um außer acht gelassen zu werden. In der Branche ist es neuerdings Mode geworden, Geschäftsgelegenheiten damit zu bewerben, dass „keine Meetings nötig" sind. Ich halte es mit dem alten Sprichwort, dass man den Baum an seinen Früchten erkennt. Hier ist, was ich weiß: In der über 60-jährigen Geschichte des Network Marketing hat kein Unternehmen jemals exponentielles Wachstum erlebt – und hat danach erfolgreich weiterbestanden – ohne öffentliche Geschäftspräsentationen abzuhalten.

Wenn man in einem Gebiet solche Meetings als Unterstützungsstruktur einrichtet, sichert man sich in dem Gebiet maximales Wachstum. Die Zusammenkünfte in Privatwohnungen nähren die „Familientreffen". Die „Familientreffen" nähren die offenen Veranstaltungen mit den Crosslines. Diese Folgereihe sichert, dass immer neue Interessenten dazukommen, die Präsentation zu sehen. Und jedes Mal ist es wieder eine größere Veranstaltung und der Kandidat erhält einen immer stärkeren gesellschaftlichen Beweis dafür, dass die Entscheidung zur Teilnahme richtig ist.

Die zeitliche Abstimmung ist sehr wichtig. Wenn Ihr „Familientreffen" an jedem ersten Donnerstag jedes Monats stattfindet, setzen Sie das Crossline-Meeting auf den dritten Donnerstag fest. Wenn Ihr Crossline-Meeting immer am ersten Dienstag stattfindet, sollte das „Familientreffen" am dritten Dienstag sein. Das gewährleistet, dass es nie mehr als zwei

Wochen Abstand zwischen „großen Veranstaltungen" gibt, die Sie ankündigen und zu der Sie einen Interessenten bringen können.

Wenn Sie einen Kandidaten in die Pipeline bekommen, ihn zuerst zu einem Treffen im privaten Kreis mitnehmen und ihn dann drei oder vier Wochen lang warten lassen, bevor er sich alles noch einmal ansehen kann – dann werden Sie ihn wahrscheinlich verlieren. Seine Begeisterung wird abflachen und er wird beginnen, sich mit anderen Dingen zu beschäftigen. Stellen Sie sicher, dass diese Folge von Meetings eingerichtet ist, damit es für Ihren Interessenten immer eine nächste Stufe gibt, zu der er aufsteigen kann.

Abschließende Gedanken zu Meetings

Manche Vertriebspartner sind der Meinung, es sei die Aufgabe des Network-Marketing-Unternehmens, Zusammenkünfte und Veranstaltungen zu organisieren und für sie zu bezahlen. Nichts könnte weiter von der Wahrheit entfernt sein. Bedenken Sie, das hier ist Ihr Geschäft und Ihr Bonuseinkommen. Es ist Ihre Aufgabe, Meetings zu organisieren und durchzuführen. Für sie zu bezahlen ist nur ein Teil der normalen Kosten Ihrer Geschäftstätigkeit. Wenn Sie es Gästen erlauben, kostenlos teilzunehmen und jeder Vertriebspartner einen Unkostenbeitrag leistet, können Sie Ihre Auslagen decken und haben eine tolle Veranstaltung, die Sie bei Ihren Rekrutierungsbemühungen unterstützt.

Das Konzept, Meetings abzuhalten, um Interesse an einem Geschäft oder Produkt zu wecken, funktionierte im Jahr 1970, es funktioniert heute und es wird noch im Jahr 2025 funktionieren.

Wenn Sie die langfristige Sicherheit haben wollen, die

von einer gut ausgebauten Tiefe kommt, gibt es keinen besseren Weg als ein gut strukturiertes Meeting. Tauchen wir nun tiefer in das Thema ein, wie man sich bleibende Sicherheit schafft, indem man *in die Tiefe arbeitet*...

Kapitel Elf:

In die Tiefe arbeiten

W arum bauen manche Leute riesige Organisationen auf und erhalten über Jahrzehnte hinweg passives Einkommen, während andere sich verzweifelt abmühen, um alle paar Monate ihre Linien zu verstärken und neu aufzubauen? Der Unterschied liegt darin, dass die einen die Linien *aufbauen* und die anderen die Linien *vorantreiben*.

Leute, die Linien aufbauen, arbeiten nach Schema F, alles immer schön der Reihe nach. Ihr Wachstum basiert auf duplizierbaren Handlungen, die zu weiterem Wachstum führen. Leute, die dagegen Linien vorantreiben, tun dies mit künstlichem Aufbauschen und müssen diesen Hype unermüdlich aufrecht erhalten, da ansonsten die Zahlen ihrer Aussteiger jeden Monat größer sind als die ihrer Neuzugänge.

Bausteine

Wenn Sie eine Linie aufbauen, schaffen Sie ein Fundament und bauen konsistent auf dem Fundament auf, wobei Sie eine Struktur schaffen, die allen Widerständen trotzt.

Sie bauen eine Linie mit Hilfe der Bausteine auf, die wir bisher besprochen haben – dazu gehört es, Leute zu Geschäftspräsentationen bei sich zu Hause und in Hotels einzuladen, Quellen von Dritten zu nutzen und sicherzustellen, dass alle Ihre Strategien der Formel der Wohlstandsbildung folgen. Alle Entscheidungen sind mit der Maßgabe zu treffen, wie sie 10, 50 oder 100 Ebenen tief dupliziert werden können.

Im Kontrast zum Vorantreiben einer Linie

Das sieht man oft bei den „MLM-Junkies", die ständig von einem Programm zum anderen wechseln und nach ihrem nächsten Amigo-Geschäft Ausschau halten.

Der „Macher Harry" entdeckt, dass viele seiner Vertriebspartner aussteigen und sein Einkommen sinkt. (Und die Garantie-Zahlung, die er für sein letztes Amigo-Geschäft bekommen hat, ist fast aufgebraucht.) Natürlich nimmt er an, das Programm habe an Schlagkraft verloren und er macht sich auf die Suche nach dem nächsten „heißen" Deal.

Er beginnt die Nachricht zu verbreiten, dass er zur Verfügung stehe und es findet sich immer wieder ein leichtgläubiger Geschäftsinhaber, der glaubt, wenn er Harry einbringe, würde dieser sein ganzes Team von dem anderen Unternehmen mitnehmen und sein Unternehmen mit einem Zug auf die Landkarte setzen. Es finden Verhandlungen statt, der Handschlag gilt und es fließen Zahlungen.

Harry setzt sofort Inserate in den Revolverblättern mit Geschäftgründungs-Angeboten oder startet eine Postwurfsendung, um neue Leute zu rekrutieren. Sein Werbeaufruf tönt:

Finden Sie heraus, warum Top-Leute zur ABC-Gesellschaft wechseln!

NUTZEN SIE DIE CHANCE!!!
Rufen Sie Ihre Downline jetzt an, bevor Ihre
Downline Sie anruft!

Harry hängt 12 oder 14 Stunden pro Tag am Telefon und arbeitet quer durch alle Zeitzonen. Er verteilt fortlaufend Zuckertüten voller Hurra-Geschrei, verspricht Spillover und dass der Neue ganz an der Spitze einsteigen kann. Anträge strömen nur so herein.

Es werden keine echten Beziehungen aufgebaut, es sind keine Bausteine vorbereitet, es gibt keine Loyalität gegenüber einem Unternehmen oder einem Produkt. Neunzig Prozent der Leute werden nicht einmal eine zweite Bestellung aufgeben. Die Verkaufszahlen verebben in Richtung Süden und dann beginnt Harry den Prozess wieder von Neuem.

Sogar gutmeinende Menschen verfallen manchmal in die Unsitte, Linien voranzutreiben, obwohl ihnen das normalerweise nicht bewusst ist. Sie verstehen nicht, was Duplikation bedeutet und sind frustriert über die Unfähigkeit ihrer Leute, sich weiterzuentwickeln. Also beginnen sie, noch mehr Leute zu sponsern und stecken diese Leute unter die anderen, in der Hoffnung, die oberen zu motivieren. Sie führen heißhungrige Kampagnen durch, um zu Monatsende das Volumen in die Höhe zu treiben und sich oder andere für den nächsten Rang zu qualifizieren. Sie fordern die Leute möglicherweise sogar auf, zusätzliche Bestellungen aufzugeben und sich mit Vorräten vollzulagern, um auf einen höheren Rang zu kommen.

Sie müssen wahrscheinlich all die Präsentationen selber machen, die Meetings allein organisieren und all die Schulungen durchführen. Sie sind die ultimativen MLM-„Mühlsteine", die für Ihr Team alles tun. Wenn Sie jemals nachlassen, beginnt alles auseinanderzufallen.

Die Berühmtheit als Magnet

Ich kann mich gar nicht mehr erinnern, wie oft ich dieses Spiel in den letzten 20 Jahren mit angesehen habe. Ein Unternehmen heuert eine berühmte Persönlichkeit an und diese schreibt sich entweder als Vertriebspartner ein oder gründet ihr eigenes Unternehmen.

Die anderen Vertriebspartner sind ganz aus dem Häuschen, wenn sie daran denken, welch massive Wirkung das auf das Rekrutieren haben wird. Normalerweise führt so etwas zu größeren Medienkampagnen, wobei Leute angespornt werden, sich frühzeitig eine Position zu sichern, weil aufgrund des Halo-Effekts dieser Berühmtheit ein stetiger Zustrom von neuen Mitgliedern zu erwarten sei. In den schlimmsten Fällen wird das sogar in der Fernsehwerbung angepriesen und es entstehen ganze Kooperativen von Führungsgenerationen. Tausende von „führenden Persönlichkeiten" strömen herein. Doch was geschieht am Ende des Tages?

Die Berühmtheit hat keine Ahnung, wie man das Geschäft tatsächlich aufbaut und wird normalerweise gar nicht erst versuchen, die nötige Arbeit zu tun. In Wirklichkeit ist diese Person wahrscheinlich auf das Versprechen hereingefallen, dass andere Leute all die Neulinge betreuen würden, die sich durch ihren „Namen" einschreiben würden und dass für sie ein nettes passives Einkommen herausspringt.

Dies entspricht nicht der Formel für das Schaffen von Wohlstand in diesem Geschäft und steht im Gegensatz zum Duplikationsprozess. Es gab noch keinen einzigen Fall, wo sich das im Geschäftsleben je bewährt hätte.

Linien auf diese Art voranzutreiben hat nichts mit dem Aufbau einer auf lange Zeit angelegten Multilevel-Marketing-Organisation zu tun. Doch die meisten Menschen verstehen das nicht. Sie laufen einfach im Hamsterrad weiter, bis sie völlig erschöpft sind und aussteigen. Dann geben sie Network Marketing entweder auf, weil sie glauben, dass es nicht funktioniert oder sie nehmen an, dass sie nicht das richtige „heiße" Unternehmen gewählt haben. In jedem Fall endet es mit einer Tragödie. Der größte Teil dieser Enttäuschung kommt vom Unverständnis dessen, wie das Geschäft richtig gemacht wird und vom Mangel an entsprechendem Training.

Früher, als Networker der alten Schule wie ich mit dem Geschäft begonnen haben, war es einfach herauszufinden, wie man Linien sichert und Tiefe aufbaut. Wir arbeiteten alle nach Stairstep-Breakaway-Plänen und das war ein einfaches Verfahren. Heutzutage, mit all den Binär-, Matrix- und Hybridplänen ist das etwas weniger transparent. Doch letztendlich geht es immer um Duplikation und die Entwicklung von Führungskräften.

Eine Linie sichern

Damals wurde einem gesagt, dass man eine Linie nicht verlassen solle, bevor sie nicht drei bis fünf Ebenen tief ausgebaut sei oder bevor die Linie nicht wegbrechen würde. Tatsache ist, dass Sie eine Linie NIEMALS verlassen sollten. Allerdings wird sich Ihre Rolle ändern. Anfangs werden Sie am tagtäglichen Aufbau der Linie beteiligt sein; Sie werden mit Ihren neuen Geschäftspartnern bei ihrem Schnellstart-Training zusammenarbeiten, Sie werden ihnen bei ihren ersten Präsentationen helfen und Sie werden ihnen die Grundlagen beibringen. Danach werden Sie in eine Beraterrolle wechseln.

Sie sind nun aus dem tagtäglichen Arbeitsleben des Aufbauens heraus, doch Sie spielen jetzt eine viel wichtigere Rolle – einmal monatlich als Berater der Führungspersönlichkeit. Lassen Sie sich gesagt sein, dass dies die Stufe ist, an der das Wachstum in jener Linie erst so richtig losgehen sollte.

Letztendlich sollte sich der Kopf der Linie selbst zu einem Spitzen-Rang durcharbeiten. An diesem Punkt könnte eine durchgehende Beratung notwendig sein oder auch nicht. Ihre Rolle verändert sich insoweit, dass Sie vielmehr eine motivierende Präsenz für die Linie darstellen. Sie sind ein lebendes Beispiel für jemanden, der „es geschafft hat" und Ihr bloßes

Dasein motiviert die Menschen in Ihrer Organisation.

Sie werden wahrscheinlich ein- bis zweimal im Jahr als Gastredner bei Gemeinschaftsveranstaltungen mit Crosslines in Ihren Gebieten herangezogen und Sie werden wahrscheinlich als Ehrengast bei großen „Familientreffen" erscheinen, die von diesen Vertriebspartnern organisiert werden.

Sie sollten die Linie immer in einer dieser Funktionen unterstützen. Sie werden sich vom Trainer zum Berater weiterentwickeln, sobald Ihre Leute die Grundlagen begriffen haben und vom Berater zur motivierenden Persönlichkeit, sobald die Linie gesichert ist.

Mit gesichert meine ich, dass die Linie fertig aufgestellt ist – sie bietet Ihnen echtes passives Einkommen. Selbst wenn Sie aufhören sollten, mit der Linie zu arbeiten, wird sie weiter wachsen und Ihnen passives Einkommen geben. Das geschieht jedoch nur, wenn Sie in der Linie genügend zentrale Führungskräfte haben.

Der Grund, warum die meisten Menschen im Network Marketing keinen Erfolg haben, ist der, dass es ihnen nicht gelingt, Führungskräfte zu identifizieren und mit ihnen zu arbeiten. Sie machen sich Sorgen um die Anzahl der Leute in ihrer Gruppe oder um deren Volumen und sie versäumen es, auf die Führungskräfte einzugehen. Sie arbeiten außerdem nur mit den Ebenen, für die sie auch bezahlt werden, oder in vielen Fällen sogar nur mit den Leuten, die sie persönlich eingeschrieben haben.

Um auf den höheren Ebenen von MLM erfolgreich zu sein, müssen Sie Ihre Führungskräfte identifizieren und mit ihnen zusammenarbeiten, egal, auf welcher Ebene sie sich befinden mögen. Wenn Sie in der Tiefe arbeiten, werden Sie tatsächlich oft außerhalb Ihrer Einkommenssphäre arbeiten. Doch das ist die einzige wirklich funktionierende Methode, um Linien zu sichern.

In der Tiefe zu arbeiten (mit Leuten, die auf den unteren Ebenen Ihrer Organisation gesponsert wurden) baut Sicherheit auf. In der Breite zu arbeiten (mit den Leuten, die Sie selbst gesponsert haben) baut Einkommen auf. Sie müssen beides tun, um sich ein hohes passives Einkommen zu schaffen.

Sie müssen jedoch zuerst sichern und dann erst weiter ausbauen. Nutzen Sie Ihre Beraterrolle, um die Linien zu sichern, dann können Sie bald in die eher inspirierende oder motivierende Funktion überwechseln. Sobald Sie die Linien erst einmal gesichert haben, steht Ihnen die Wahl frei, mit der Arbeit aufzuhören und die Früchte Ihres passiven Einkommens zu ernten oder neue Linien zu begründen, um Ihr Einkommen zu erhöhen.

Lassen Sie sich nicht durch hohe Umsatzvolumen oder die Anzahl der Vertriebspartner in einer Linie täuschen. Große Volumen und große Zahlen entstehen leicht, wenn Leute Linien vorantreiben. Vergewissern Sie sich, ob Ihre Zahlen auf den grundlegenden Bausteinen basieren.

Seien Sie ein Vorbild

Ihre oberste Pflicht in diesem Geschäft ist es, selbst erfolgreich zu werden. Ihre zweitwichtigste Pflicht ist es dann natürlich, Ihren Leuten von unten her zum Erfolg zu verhelfen. Die meisten Leute verwechseln diese beiden Aufgaben.

Die Wahrheit ist, dass Sie niemandem zeigen können, wie man einen Pin-Rang erreicht, solange Sie diesen Pin-Rang nicht selbst erreicht haben. Die Vorstellung, man müsse nur einen Haufen anderer Menschen erfolgreich machen und würde dadurch selbst erfolgreich werden, funktioniert in der Praxis nicht. Es klingt gut, es sieht auf dem Papier gut aus, aber es funktioniert so nicht. Sie müssen zuerst selbst erfolgreich werden – das ist die harte Realität. Konzentrieren Sie sich daher zuerst auf Ihren eigenen explosiven Schnellstart, bewegen Sie sich im Vergütungsplan nach oben und beraten Sie Ihre Leute auf dem Weg. Mit jedem Schritt stellen Sie ein Verhaltensmodell zur Verfügung und zeigen ihnen, wie man die nächste Ebene des Erfolgs erreicht.

Tun Sie nie etwas für einen Vertriebspartner, was er auch selbst tun kann. Ihre Aufgabe besteht darin, sich selbst entbehrlich zu machen.

Ihr Ziel sollte es sein, Ihre Leute so schnell wie möglich auf eine Einkommenshöhe von mindestens €5000,- pro Jahr zu bringen. Diese €5000,- pro Jahr dürften bei den meisten Vertriebspartnern die Gewinnschwelle darstellen. Sie werden ungefähr diesen Betrag brauchen, um ihre Marketing-Materialien zu kaufen, ihre persönlichen Trainingsprogramme zu finanzieren und Veranstaltungen zu besuchen. Sobald Sie erst einmal diese Stufe erreicht haben, kostet es sie nichts mehr, das Geschäft zu betreiben und alles weitere, was sie von da an tun, wird ihnen Gewinn bringen. Und da sie in der Lage sein werden, die Veranstaltungen zu besuchen und an ihrer Persönlichkeitsentwicklung zu arbeiten, kommt die einzig wichtige Dynamik dieses Prozesses zum Tragen: Sie werden zu Führungspersönlichkeiten.

Zum größten Teil werden Sie keine hohen Pin-Ränge sponsern – Sie werden sie aus Ihren eigenen Reihen entwickeln.

Der Prozess, den Sie sehen möchten, sieht folgendermaßen aus:

Ihre neuen Leute werden mit 10–15 Stunden Arbeit pro Woche beginnen. Arbeiten Sie sich mit ihnen durch die Grundlagen und führen Sie die Duplikation herbei. Bringen Sie sie so schnell wie nur möglich über die Gewinnschwelle. Sie werden die größeren Veranstaltungen besuchen und bei einer davon wird etwas Zauberhaftes geschehen. Sie werden „die Linie übertreten".

Irgendetwas in ihnen wird klicken und sie werden es plötzlich begreifen. Sie werden die Entscheidung treffen, dass das Geschäft und das Unternehmen für sie genau richtig sind und dass sie bis zu ihrem Sieg dabeibleiben werden. Egal, welche Herausforderungen auf sie zukommen, sie sind auf Dauer dabei. Ihr Glaube ist so stark, dass es nichts gibt, das sie umwerfen kann, auch wenn sie noch nicht viel Geld verdienen.

Dieses neue Selbstvertrauen und der Glaube zeigen sich in ihren Rekrutierungs-Bemühungen und in den Resultaten, die sie dabei erzielen. Ihr Wachstum steigert sich. Sie erreichen nun den Punkt, an dem sie in ihren 15 Stunden pro Woche nebenberuflicher Mitarbeit bei Ihrem Network-Marketing-Unternehmen genauso viel verdienen wie sie in ihrem normalen Job für 50 bis 60 Arbeitsstunden bekommen.

Doch anstatt ihnen zu raten, ihre Arbeitsstelle aufzugeben, empfehle ich ihnen, noch mehr zu arbeiten, so dass sie an vier oder fünf Abenden pro Woche außer Haus sind. Ich will, dass sie das so lange machen, bis sie alle ihre Schulden abbezahlt haben.

Das ist eines meiner Ziele für meine neuen Leute – sie so schnell wie nur möglich aus ihren Schulden herauszuholen. Daher ermutige ich sie, ihre Arbeitsstellen zu behalten. Auf diese Weise verdoppeln sie ihr Einkommen. Sie haben ihr gewohntes regelmäßiges Einkommen aus ihrem Job und zusätzlich dazu haben sie dasselbe Einkommen nochmals aus ihrem Network-Marketing-Geschäft.

Erlauben Sie es den Leuten nicht, zu früh allein von diesem Geschäft leben zu wollen. Denken Sie daran, dass die meisten Menschen pleite sind, wenn sie in dieses System einsteigen. Wenn sie also ihren Job mit €40.000,- Jahreseinkommen gegen ein MLM-Geschäft mit €40.000,- Jahreseinkommen eintauschen, werden sie immer noch pleite sein.

Fordern Sie die Mitglieder Ihres Teams auf, zu beginnen, ihre Kreditkarten abzuzahlen, ihren Autokredit abzuzahlen und einige Investitionen zu tätigen, um ihren Nettowert zu erhöhen.

Sobald sie schuldenfrei sind (vielleicht mit Ausnahme ihrer Haushypothek) und mehr Geld verdienen als sie jemals zuvor in einem Job verdient haben, ist der Zeitpunkt gekommen, an dem Sie sie ermutigen können, ihre Arbeitsstelle aufzugeben und mit dem Geschäft auf Vollzeit-Modus zu gehen.

Nun kommt der spannende Teil:

Was wir in einem Network-Marketing-Geschäft als Vollzeitarbeit bezeichnen, nimmt in Wirklichkeit nur etwa 25 Stunden Zeit pro Woche ein. Ich bin überzeugt, dass Sie ein sehr gesundes fünfstelliges (oder gar sechsstelliges) monatliches Einkommen haben können und dafür nie mehr als 25 Stunden pro Woche zu arbeiten brauchen. Der Grund folgt.

Die Hauptarbeitszeit für dieses Geschäft ist an den Abenden von 19 Uhr bis 22 Uhr. Die meisten Leute arbeiten Montag bis Freitag in Angestelltenverhältnissen, daher sind die Zeiten während des Tages nicht sehr produktiv. Die besten Arbeitszeiten sind Dienstag und Donnerstag abends von 19 Uhr bis 22 Uhr. Übrigens, der späteste Zeitpunkt, zu dem Sie ein Meeting beginnen können, ist 20 Uhr, weil es ja zwei Stunden dauern kann. Das heißt, es würde bis 22 Uhr dauern und das ist für Meetings mehr oder minder die Schmerzgrenze.

Dienstag- und Donnerstagabende sind sehr gute Abende. Mittwochabende sind mittelmäßig, jedoch brauchbar. Der Montagabend ist nicht so gut, weil die Leute erst wieder an ihre Arbeitsstellen zurückgekehrt sind, aber man kann diesen Abend auch nutzen. Freitag- und Samstagabende sind nicht so gut, weil viele Leute ausgehen und sich vergnügen.

Sonntagabende sind grundsätzlich nicht gut, aber Samstag-Nachmittage passen meist recht gut.

Die vorgeschlagenen Abende für Meetings stellen nur allgemeine Richtlinien dar. Ich habe auch an Feiertagen schon Meetings veranstaltet und einmal sogar am Neujahrstag. Wenn jemand einen Traum hat, der groß genug ist, wird er immer einen Weg finden, um Leute hinzuschaffen.

Normalerweise haben wir vier Abende und einen Nachmittag, an denen wir wirklich arbeiten können. Nehmen wir an, dass Ihr Geschäftspartner an vier Abenden pro Woche jeweils dreieinhalb Stunden lang arbeitet. Das wären vierzehn Stunden. Zählen Sie zusätzliche vier Stunden am Samstag-Nachmittag hinzu und Sie haben achtzehn. Das lässt ihnen sieben Stunden pro Woche Zeit, während der sie nach neuen Interessenten suchen können, sofern sie zusätzliche Linien aufbauen wollen, oder während der sie den nötigsten Papierkram erledigen können; die übrige Zeit sollten sie nutzen, um ihre Führungskräfte zu beraten. Wenn wir also annehmen, dass sie an drei oder vier Linien gleichzeitig arbeiten, was so ziemlich das Maximum ist, das ich einem Vertriebspartner empfehlen würde, werden sie höchstens 25 Stunden pro Woche aufwenden.

Während des Rests der Woche ist es das Beste, wenn sie einfach nur den Lebensstil leben. Sie könnten um die Mittagszeit aufstehen, sich auf den Balkon setzen und ihren Kräutertee trinken, während sie zusehen, wie die Segelboote auf dem Wasser tanzen. Dann gehen sie zum Mittag- oder zum Abendessen aus, gehen einkaufen, spielen Tennis, besuchen Freunde, helfen als Freiwillige bei irgendeinem wohltätigen Projekt mit oder gehen, vielleicht zum allerersten Mal, nach der Schule zum Fussballplatz, um ihren Kindern beim Spielen zuzusehen. Leben Sie einfach den Lebensstil.

Das hat zweierlei Auswirkungen. Einerseits motiviert dieses Vorleben des Lebensstils die Leute in Ihrer Organisation, weil auch sie gerne so leben würden. Außerdem wird diese Lebensweise etliche sehr gute neue Interessenten zu Ihnen anziehen, weil sie den Lebensstil, die Harmonie und Balance sehen, die Sie erreicht haben und weil sie das auch erreichen wollen. So beginnen sie tatsächlich immer mehr Leute anzuziehen. Je länger Sie im Geschäft sind, umso einfacher wird es.

Wenn Sie dieses Verfahren bei der Arbeit mit einer Linie anwenden, werden Sie sie innerhalb eines Zeitraums von zwei bis vier Jahren zu einem hohen Pin-Rang aufbauen. Die Leute in Ihrer Organisation werden mehr Geld verdienen als je zuvor, daher ist es äußerst unwahrscheinlich, dass sie Ihre Organisation jemals verlassen. Das verstehe ich unter einer gesicherten Linie. Tun sie das zweimal und Sie werden ein nettes Einkommen haben. Tun Sie das sechs- oder achtmal und Sie werden zu den reichsten Menschen der Welt gehören und ein Leben leben, um das Sie die meisten Menschen beneiden werden. Sehen wir uns nun die Führungsstrategien an, die Sie brauchen werden, sobald Sie diesen Zustand erreichen.

Kapitel Zwölf:

Aufbauen von Führungskräften innerhalb Ihrer Gruppe

Vor einigen Jahren wurde ich gebeten, ein Kapitel zu einem Buch über Führungsfähigkeit beizutragen, bei dem ich meine Definition des Begriffs geben sollte. Meine Definition lautete:

Führungsfähigkeit ist die Fähigkeit, Menschen dazu zu bewegen, aus freiem Willen Dinge zu tun, die sie normalerweise nicht tun würden.

In einem militärischen Umfeld kann ein fähiger Führer die Truppen dazu bewegen, aus einem Schützenloch herauszukommen und ein feindliches Lager zu stürmen. Im wirtschaftlichen Umfeld kann eine fähige Führungskraft einen Angestellten dazu befähigen, sofort etwas zu unternehmen, um die Beziehung zu einem Kunden zu retten. Eine fähiger Führungspersönlichkeit in einer Network-Marketing-Organisation kann jemanden inspirieren, seine Angst zu überwinden und vor einer Gruppe von Menschen zu sprechen, oder er kann einen neuen Vertriebspartner dazu bewegen, seinen ersten Anzug oder seine erste Krawatte zu kaufen.

In jedem dieser Fälle würde die betreffende Person diese Handlungen normalerweise nicht ausführen, doch nun tut sie es aus freien Stücken – dank der lenkenden Einwirkung der fähigen Führungskraft.

Ich glaube, die Leute tun es deshalb, weil dank des Kontakts mit jener fähigen Führungskraft ihr Glaube und ihre Selbstsicherheit gestärkt wurden. Die Führungskraft hat viel mehr getan, als nur besondere Fachkenntnisse und Führungsqualitäten zu demonstrieren - sie hat geholfen, in dem Einzelnen eine positives Veränderung herbeizuführen.

Führungskräfte schaffen dies, indem sie den Menschen, die ihnen folgen, helfen, an sich selbst zu glauben und indem sie ihnen nicht beibringen, *was* sie denken sollen, sondern vielmehr, *wie* sie denken sollen.

Das alte Führungsprinzip bestand darin, den Menschen beizubringen, was sie denken sollten. Im militärischen Umfeld findet man dazu Beispiele bei der Geheimpolizei, bei Massakern an Zivilpersonen und im Dritten Reich. Man ging davon aus, dass man den Leuten einfach nur eintrichtern müsse, was sie glauben sollten (und eine dieser Doktrinen war, niemals die Autorität in Frage zu stellen) und dann würden sie gehorsam Folge leisten. Diese Beispiele demonstrieren das negative Potenzial von Führerschaft.

Leider suchen die meisten Leute von heute aktiv nach jemandem, der ihnen zeigt, was sie denken sollen. Sie suchen den Erdball nach Gurus ab, denen sie folgen und nach Bewegungen, bei denen sie mitmachen könnten. Der starke Zuwachs bei Gangs, Religionen und Kulten ist ein Beweis dafür.

Die Leute schauen sich die Sportprogramme im Fernsehen an, um sich sagen zu lassen, was sie über ihre örtlichen Sportler denken sollen; sie hören bombastischen Possenreißern im Radio zu, um zu erfahren, was man über politische Themen denken sollte; sie lesen die Gesellschafts-Kolummnen, um sich zu informieren, was gerade angesagt, heiß und total in Mode ist. Die Bildungssysteme auf der ganzen Welt wandeln sich von Institutionen, die Menschen beigebracht haben, wie sie denken sollten, zu Orten, an denen nur noch Fakten zum Auswendiglernen dargeboten werden.

Obwohl dieses Umfeld existiert, werden wahre Führungskräfte es nicht ausnutzen. Sie werden die Leute, die sie anführen wollen, sorgfältig auswählen und sie werden sich nur diejenigen herauspicken, die interessiert daran sind, selbständig zu denken. Sie werden Situationen schaffen, in denen Menschen Fähigkeiten zum Lösen von Problemen entwickeln um das Denken zu fördern und Selbstvertrauen aufzubauen.

Wahre Führungspersönlichkeiten setzen nicht darauf, dass die Leute an sie glauben, sondern darauf, dass sie einen Glauben an sich selbst entwickeln.

Führungskräfte bauen zunehmendes Selbstvertrauen und Selbstachtung in denjenigen auf, die ihnen folgen. Sie helfen ihren Anhängern, selbständig zu denken. Dieses Freidenkertum und das neu gefundene Selbstvertrauen befähigt die Anhänger, eigene Führungsstile zu entwickeln. Führungspersönlichkeiten bringen weitere Führungspersönlichkeiten hervor; hierin begründet sich die wahre Führerschaft.

Ich habe vorhin schon gesagt, dass der Grund dafür, dass die meisten Leute beim Network Marketing versagen, darin besteht, dass sie nicht die Führungskräfte innerhalb ihrer Organisation identifizieren und mit ihnen arbeiten. Nach demselben Muster müssen Sie auch die Führungskräfte in Ihrer Upline identifizieren und mit ihnen zusammenarbeiten. Diese sind die beste Quelle für Hilfe und Unterstützung. Wenn Sie Partnerschaften mit den Führungspersönlichkeiten in Ihrer Sponsorenlinie eingehen, demonstrieren Sie Führungseigenschaften, die wiederum mehr Führungskräfte innerhalb Ihrer

Gruppe entwickeln werden, während sie denselben Prozess nach unten hin innerhalb der Gruppe duplizieren. Ihr Ziel ist es, eine „Fabrik für Führungspersönlichkeiten" zu errichten, in der sich jeden Monat eine neue Gruppe von frischgebackenen Führungskräften im Vergütungsplan hinaufarbeitet.

Die wahrscheinlich wichtigste Führungsaufgabe, die Sie wahrnehmen werden, ist es, für Ihr Team ein Modell für das richtige Verhalten darzustellen, das Ihre Leute nachahmen können. Das tun Sie am besten so, indem Sie Ihren bestehenden Geschäftspartnern lehren, das Geschäft so zu betreiben, wie Sie – und Ihre Partner – es schon tun.

Demonstrieren Sie die richtigen Handlungen und bringen Sie Ihre Leute dazu, diese *zu studieren, zu tun* und *zu lehren* und zwar alles gleichzeitig. Statt Trainingsstunden darüber abzuhalten, wie man Präsentationen im privaten Rahmen abhält, gehen Sie in das Wohnzimmer Ihres Vertriebspartners und geben Sie eine solche Präsentation für ihn. Führen Sie keine Schulungen zum Thema Dreiergespräche am Telefon durch, führen Sie Dreier-Gespräche mit Ihren Partnern.

Monatliche Beratungen

Es geht um das monatliche Verfahren, das Sie mit den Führungskräften und den potenziellen Führungskräften in Ihrer Organisation durchgehen, um sie bei ihrem konsistenten Wachstum zu unterstützen. Die Beratung läuft folgendermaßen ab.

Nehmen wir an, Sie sind bei Ihrem Unternehmen ein Bronze-Direktor und der nächste Rang auf der Karriereleiter ist der Silber-Direktor. Sie holen sich logischerweise von dem nächsten Silber-Direktor in Ihrer Sponsorenlinie Rat ein. Wenn Sie selbst Silber-Direktor werden und Ihr Sponsor dann auch noch immer Silber-Direktor ist, werden Sie nicht mehr Rat von ihm einholen. Stattdessen werden Sie sich an seinen Sponsor wenden, der ein Gold-Direktor ist. (Sponsor oder Sponsorin, männlich oder weiblich, ist natürlich völlig gleichwertig. Wie wir schon früher besprochen haben, müssen Sie, wenn Sie Gold werden wollen, mit jemandem reden, der es schon zu diesem Rang gebracht hat. Wenn Sie ein Diamant-Direktor werden wollen, müssen Sie sich Rat von einem Diamant-Direktor einholen.) Sie sollten immer mit der nächststehenden Person in Ihrer Upline kommunizieren, die den nächsthöheren Rang innehat.

Das gewährleistet, dass jeder jemanden hat, von dem er Rat einholen kann und es sichert gleichzeitig, dass die Top-Ränge nicht Tausenden von Menschen ausgesetzt sind, die sie mit Fragen bestürmen. Genauso, wie Ihre Upline mit Ihnen arbeitet, arbeiten Sie mit Ihren Führungskräften in Ihrer Frontline. Falls Sie in einer Sponsorenlinie sind, in der die nächsten ein oder zwei Ebenen über Ihnen denselben Rang haben wie Sie selbst, gehen Sie in der Organisation weiter nach oben und Sie werden jemanden finden, der bereit sein wird, mit Ihnen zu arbeiten.

Wenn Ihr Sponsor denselben Rang hat wie Sie selbst, bedeutet das nicht, dass er schlechte Führungsqualitäten hat und das Geschäft nicht beherrscht. Es könnte eventuell nur bedeuten, dass er Ihnen zu besonders schnellem Wachstum verholfen hat.

Oft geschieht es, dass Sponsoren ihre Leute auf ihren eigenen Rang bringen, kurz bevor sie selbst einen Rang höhersteigen. Treffen Sie also keine vorschnellen Urteile. Feiern Sie die Tatsache, dass Ihr Sponsor Ihnen so weit geholfen hat und beraten Sie sich mit der nächstliegenden Person in Ihrer Sponsorenlinie. Ihre Aufgabe ist es, aus der Erfahrung jener Person zu lernen. Sie wird schon einige der Fehler gemacht haben, auf die Sie zusteuern und das heißt, dass Sie Ihre Lernzeit um Jahre verkürzen können. Seien Sie aufgeschlossen und bereit, zu lernen und sich führen zu lassen, denn Ihr Coach hat ein persönliches Interesse an Ihrem Erfolg.

Beratung kann Ihnen jedoch nur helfen, wenn Sie ehrlich sind. Die Person, die Sie um Rat bitten, muss wahrheitsgetreue Informationen erhalten, um mit Ihnen zu arbeiten. Zeichnen Sie keine zwölf Linien auf, wenn Sie nur zwei aktive Kernlinien haben. Wenn Sie unter Vorspiegelung falscher Tatsachen um Rat bitten, wird Ihnen der Rat nicht viel helfen.

Sehen wir uns nun an, wie man richtig Rat gibt und einholt. Zunächst sammelt man die Informationen. Wenn Sie jemanden beraten, müssen Sie seinen Rang kennen, wissen, wieviele Vertriebspartner er in seiner Gruppe hat und wie hoch sein durchschnittliches Volumen ist, sowie einige anderen Variablen erfragen.

Führungs-Statistiken

Die beiden Variablen, die wahrscheinlich am wichtigsten sind, betreffen die Anzahl der Linien, die eine Führungskraft hat und die Gesamtanzahl der Führungskräfte in der Organisation. Für mich sind dies die beiden wesentlichsten statistischen Zahlen, die jegliches zukünftige Wachstum bestimmen. Wir wissen, dass eine Linie aus fünfzehn Leuten bestehen kann – doch wenn darunter keine Leute mit Führungsqualitäten sind, wird die Linie innerhalb von drei Monaten wahrscheinlich auf ein oder zwei Leute zusammengeschrumpft oder ganz verschwunden sein.

Eine andere Linie mag nur aus zwei Leuten bestehen, doch wenn diese beiden Leute Führungsqualitäten haben, könnte diese Linie einen Monat später auf vierzig oder fünfzig Leute angewachsen sein. Führungskräfte bringen weitere Führungskräfte hervor. Daher ist das der Faktor Nummer Eins, den Sie erfragen müssen, wenn Sie guten Rat erteilen wollen – wieviele Führungskräfte hat die Organisation?

Auch Führungskräfte müssen folgen

Das letzte Thema in Bezug auf das Führen, dem wir uns noch einmal widmen müssen, ist die Wichtigkeit der Anerkennung und das Befolgen des Systems Ihrer Organisation. Starke Führungspersönlichkeiten wissen, dass es auch Zeiten gibt, in denen sie folgen müssen.

Da Führungspersönlichkeiten willensstark sind, kann dies eine Herausforderung darstellen. Doch das System muss auch Ihnen als Führungskraft heilig sein. Wenn Sie das System auch nur ein wenig verändern, senden Sie die Botschaft an Ihre Organisation, dass es in Ordnung ist, das System zu verändern. Die nächste Ebene tut es auch und vier Ebenen weiter existiert das System nicht mehr.

Natürlich werden die Marktbedingungen es von Zeit zu Zeit verlangen, dass Sie das System verändern. Lassen Sie mich erläutern, wie Sie in einem solchen Bedarfsfall vorgehen könnten.

Nehmen wir an, Sie haben den höchsten Pin-Rang erreicht, den es in Ihrer Organisation gibt und Sie haben fünf Ebenen mit Leuten in Ihrer Frontline, die auch schon den höchsten Pin-Rang erreicht haben. Sie denken nun daran, etwas an Ihrem System zu ändern. Nehmen wir zum Beispiel an, dass Sie ein Buch, das Sie zu einem bestimmten Zeitpunkt innerhalb des Sponser-Prozesses verwenden, durch ein anderes ersetzen wollen. Ich würde das bei Ihrer Jahresversammlung der Führungskräfte oder bei einer anderen regelmäßig stattfindenden Veranstaltung, an der Ihre Spitzen-Führungskräfte teilnehmen, zur Sprache bringen.

In meinem Fall war es eine Veranstaltung, die wir das „Diamant Wochenende" nennen. Da es keine offizielle Veranstaltung des Network-Marketing-Unternehmens war, zahlte jeder Diamant seine Reisekosten aus der eigenen Tasche. Dieser kurze Ausflug gab den Diamanten die Gelegenheit, in einem informellen Rahmen zusammenzukommen, um sich über das Geschäft zu unterhalten. Vor dem Wochenende würden wir allen Teilnehmern jeweils ein Exemplar des neuen Buches, das wir vorschlagen wollten, zusenden und sie bitten, es zu lesen. Bei der Zusammenkunft würden wir dann über das Buch sprechen, eine Entscheidung fällen und einen Termin festsetzen, wann es eingeführt werden solle.

Dies ist die einzige Art und Weise, wie das System geändert werden kann – von innen heraus und mit Geltung für die gesamte Organisation. Wenn Sie Änderungen auf diese Weise herbeiführen, bleibt die Integrität des Systems erhalten. Im Gegenzug schützt dann das System die Integrität Ihres passiven Einkommens.

Sehen wir uns nun an, wie man dieses passive Einkommen diversifizieren kann, indem man Linien über weite Entfernungen sponsert.

Kapitel Dreizehn:

Aufbau von Linien über große Entfernungen

Eine der ersten Fragen, die Ihnen Ihre neuen Vertriebs-partner wahrscheinlich stellen werden, lautet: *„Wann werden wir denn Veranstaltungen in der Stadt XYZ haben? Ich kenne dort eine Menge Leute."* Das ist eine Aus-steigermentalität. Statt ihr Geschäft vor Ort aufzubauen, was sie gleich hier und jetzt aktiv anpacken könnten, fantasieren sie über eine weit entfernte Stadt, weil sie darin eine Chance sehen, die Arbeit aufzuschieben.

Was Sie dazu wissen müssen und was Sie auch jedem einzelnen Ihrer Leute klar machen sollten, ist folgendes: Ihre Linien vor Ort sollten Ihre vorrangigen Einkommensquellen darstellen. Sie brauchen eine starke, gesunde, lokale Organisa-tion, die konstant wächst und Sie sollten immer an Ihrem eige-nen Wohnort beginnen.

Das ist die einfachste und kostengünstigste Art, um eine Organisation aufzubauen. Wenn Sie beginnen, in die Tiefe zu gehen, werden sich Ihre Linien in andere Gebiete und andere Länder ausbreiten. Sobald Sie sieben oder acht Ebenen unter sich haben, wird es nichts Ungewöhnliches sein, wenn Sie in acht oder zehn verschiedenen Bundesländern oder Staaten vertreten sind. Zuerst müssen Sie jedoch eine starke lokale Basis aufbauen.

Bevor wir fortfahren, lassen Sie mich klarstellen, was ich

mit einer Linie über große Entfernung meine. Wenn Sie um 17 Uhr Ihre Arbeitsstelle verlassen, zu Ihrem Treffpunkt fahren und dort pünktlich zu einem Meeting eintreffen können, das um 20 Uhr beginnt, dann ist es eine *lokale* Linie! Mir ist bewusst, dass dies zeitaufwendig und unbequem ist, aber diese Linie kann noch auf dieselbe Weise betreut werden wie Ihre anderen lokalen Linien.

Es gibt viele gute Gründe, um auch über große Entfernungen Linien aufzubauen, doch es gibt auch einige Kehrseiten, wenn es nicht richtig gemacht wird. Reden wir mal darüber.

Einige der Gründe für den Aufbau von Linien über große Entfernungen könnten übereifrige Behörden, negative öffentliche Aufmerksamkeit, die wirtschaftlichen Bedingungen, der Verlust von Schlüsselpersonen und Naturkatastrophen sein. All diese Vorkommnisse stellen Faktoren dar, die sich auf dramatische Weise auf Ihr Einkommen auswirken können, wenn es ausschließlich von einer lokalen Gruppe abhängt.

Nehmen wir an, es gibt einen übereifrigen Staatsanwalt, der für einen politischen Posten kandidieren will und auf kostenlose Werbung in den Medien aus ist. Er hat den zündenden Einfall, dass er das am besten damit erreichen kann, wenn er eine jener bösen, geldgierigen, auf Raubzüge gehenden MLM-Gesellschaften durch den Kakao zieht und er sucht sich ausgerechnet die Ihre aus. Also hält er zwei Wochen lang jeden Tag Pressekonferenzen ab und greift dabei Ihr Network-Marketing-Unternehmen an.

Was, glauben Sie, würde mit Ihrem Einkommen geschehen, wenn er jeden Abend in den Spätnachrichten zu sehen oder zu hören wäre? Dasselbe könnte geschehen, wenn eine Lokalzeitung eine enthüllungs-journalistische Serie veröffentlicht, worin die Meinung vertreten wird, Network Marketing sei reine Abzocke und Ihr Network-Marketing-Unternehmen zwei Wochen lang jeden Tag auf der Titelseite der lokalen Nachrichten auftaucht.

Wenn Ihre gesamte Linie lokal angesiedelt ist und von nur ein oder zwei Leuten geleitet wird, wo bleiben Sie, wenn Ihre Leute Sie verlassen, um sich nach einer anderen Geschäftsgelegenheit umzusehen? Was, wenn eine Naturkatastrophe zuschlägt? Hier in Süd-Florida, wo ich meine Winter verbringe, kam es, nachdem der Hurrikan Andrew zugeschlagen hatte, zu einer massiven Zermürbung, die Jahre des Wiederaufbaus in Anspruch nahm. All diese Dinge sind sehr gute Gründe dafür, sich abzusichern und sein Einkommen zu diversifizieren, indem man über große Entfernungen sponsert.

Es gibt noch einige weitere Vorteile. Wenn Sie so wie ich gerne reisen, werden Sie gern Gruppen an schönen Orten im ganzen Land (oder auf der ganzen Welt) haben wollen. Sponsern über große Entfernungen ist ein toller Weg, um Ihre Reisen zu finanzieren und Steuervorteile einzustecken. Es ermöglicht Ihnen, schöne Städte und Länder zu sehen und unterwegs neue Freundschaften zu schließen. Wenn Ihr Network-Marketing-Unternehmen international stark vertreten ist, können Sie sich ein Geschäft aufbauen, in dem die Sonne niemals untergeht.

Nun zu den Schattenseiten.

Zunächst kostet es mehr Geld. Bringen Sie einen Interessenten zu einer offenen Veranstaltung in Ihrer Heimatstadt mit und es wird Sie nur einen kleinen Unkostenbeitrag kosten. Fliegen Sie 3.000 Kilometer weit, um mit einer neuen Linie das Wochenende zu verbringen und Sie werden leicht €1.000,- los. Deshalb brauchen Sie zuerst eine solide lokale Gruppe. Sie können dann das Einkommen, das Sie mit Ihren lokalen Linien erzielen, dazu verwenden, Linien über große Entfernungen aufzubauen.

Dies ist auch einer der Gründe, warum ich Leuten davon

abrate, gleich ihre Arbeitsstellen an den Nagel zu hängen. Die meisten Leute wollen das gleich tun, sobald sie ein paar Tausend Dollar pro Monat verdienen. Statt jedoch von diesem zusätzlichen Einkommen zu leben, sind sie viel besser beraten, ihre Arbeitsstelle zu behalten und ihren Bonus-Scheck in weiter entfernte Linien zu investieren. Solche Linien erfordern höhere Investitionen, doch sie sind es auch wert, da sie Ihnen sowohl mehr Einkommen als auch Sicherheit bieten.

Ein anderer Nachteil der Arbeit mit weit entfernten Linien ist der, dass Sie nicht tagtäglich vor Ort sind, um Ihren Vertriebspartnern in die Augen schauen zu können, wenn Sie mit schwierigen Herausforderungen zu kämpfen haben oder Erfolge feiern. Allerdings ist das Telefonieren sehr billig geworden. Man kann jetzt auch über das Internet telefonieren und es gibt zahlreiche Chat-Programme, bei einigen können Sie sich beim Chatten sogar sehen. Somit wird dieses Thema immer unbedeutender.

Und es gibt noch einen weiteren, sehr großen versteckten Vorteil...

Das bestgehütete Geheimnis im Network Marketing ist, dass Ihre weit entfernten Linien Ihre stärksten sind.

Die meisten Leute glauben, das Gegenteil wäre der Fall. Sie glauben, ihre lokale Gruppe sei die stärkste, weil sie dort die meisten Menschen haben. Sie sehen mehr Leute, zum Beispiel bei den Meetings. Und immer wieder schauen Leute bei ihnen zu Hause vorbei, um Produkte abzuholen oder um sich Verkaufshilfen auszuleihen.

In Wirklichkeit ist Ihre lokale Gruppe jedoch oft Ihre

abhängigste. Sie werden feststellen, dass Leute von einer 5000 Kilometer entfernten Gruppe Sie nicht anrufen werden, wenn Sie Produkte brauchen. Sie rufen nicht bei Ihnen an, um nachzufragen, ob Sie ein zweites Vertriebspartner-Kit haben, das sie sich leihen könnten und Sie bitten Sie auch nicht, eine Präsentation für ihren neuen heißen Interessenten zu geben. Sie haben genügend großes Inventar, da sie wissen, dass es niemanden gibt, der ihnen schnell mal aushelfen könnte. Da sie weit entfernt leben, lernen sie, selbständig klarzukommen.

Ein anderer Vorteil des Arbeitens über große Entfernungen ist, dass es Sie zwingt, das zu tun, was Sie sowieso mit Ihren lokalen Linien tun sollten – nämlich, dass Sie daran arbeiten, sich selbst entbehrlich zu machen.

Start einer neuen Linie

Wenn Sie nicht innerhalb von drei Stunden vor Ort bei einer Gruppe sein können, sprechen wir über eine weit entfernte Linie. In vielen Fällen werden diese an Orten sein, zu denen Sie ein Flugzeug oder einen Zug nehmen und viele Stunden lang reisen müssen. Hier ist die Formel für das Arbeiten mit solchen Gruppen. Ich empfehle Ihnen, niemanden über eine große Entfernung hinweg zu sponsern, wenn Sie nicht bereit sind, dieses Verfahren einzuhalten.

In meinem Unternehmen haben wir einen Geschäftsplan in Form eines Büchleins, das als Unterlage für das Schnellstart-Training dient. Ich schicke dieses Büchlein neuen Leuten, die weit entfernt wohnen, per Eilpost zu und bitte sie, mich sofort anzurufen, sobald sie es durchgelesen haben. Das Büchlein erklärt ihnen die Verfahrensweisen, ihre Namensliste usw. Sie müssen mir nachweisen, dass sie das ganze Trainingshandbuch durchgelesen haben, ihre Liste vor sich liegen haben und willens sind, mit der Arbeit zu beginnen.

Dann helfe ich ihnen per Telefon, E-Mail und dem wöchentlichen Team-Leadership-Call bei ihrem Start. Ich betone die Wichtigkeit, Hilfsmittel von Dritten zu nutzen und stelle mich für Dreiergespräche per Telefon zur Verfügung, wenn sie einen Kandidaten haben, dem es schwer fällt, eine Entscheidung zu treffen. Ich ermutige sie auch dazu, das Netzwerk von Veranstaltungen und Geschäftspräsentationen rund um den Erdball zu nutzen, wenn sie einen Kandidaten in einer Stadt haben, in der solche Meetings stattfinden.

Natürlich werden sie fragen, wie schnell ich denn zu ihnen kommen und eine Geschäftspräsentation oder ein Traning für sie abhalten würde. Ich bin gerne bereit, das zu tun, doch erst, nachdem sie ihre Hausaufgaben erledigt haben. Ich will mindestens 15 bis 20 zentrale Personen unter den Vertriebspartnern sehen, von denen jeder einzelne seinen explosiven Schnellstart durchführt. Sobald dies der Fall ist, haben wir eine ausreichend große kritische Masse in Bewegung gebracht, so dass, wenn ich einfliege, die Veranstaltung eine große Menschenmenge anzieht und das Geschäft wirklich abheben kann.

Sie sollten ihnen auch Richtwerte geben, die sie bis zum Zeitpunkt ihres nächsten Besuchs erreichen sollten. Geben Sie ihnen ein ehrgeiziges Ziel in Bezug auf bestimmte Teilnehmerzahlen bei ihren regelmäßigen Geschäftspräsentationen vor und kommen Sie wieder, sobald sie diese erreicht haben. Die Anwendung dieses Verfahrens gewährleistet, dass Ihre Reisen in andere Märkte Investitionen sind, nicht Ausgaben.

Linien, die über weite Entfernungen aufgebaut werden, bieten noch größere Anreize für Sie als lokale Linien, denn sie geben Ihnen Reiseziele vor; durch sie finden Sie Freunde überall im Land und oft auf der ganzen Welt und Sie sichern Ihr Einkommen durch Diversifizierung ab.

Kapitel Vierzehn:

Nutzen Sie die Macht
des Internets

In der Geschichte der Menschheit hat bisher wahrscheinlich nichts so massive Auswirkungen auf die Gesellschaft gehabt wie das Internet. Ich halte es für gewaltiger als die landwirtschaftliche Revolution, die industrielle Revolution, das Telefon, den Telegraphen und den Computer zusammen. Es veränderte drei der wichtigsten Dinge in der Welt – unsere Kommunikation, unser Kaufverhalten und die Methode, wie wir lernen und Informationen erhalten.

Es ist unglaublich, wie viele Parallelen zwischen Network Marketing und dem Internet bestehen. Man hält beide für eine Revolution der Geschäftsabläufe. Bei beiden geht es darum, den Verbraucher fundiert zu informieren. Beide leisteten Pionierarbeit beim Ausschalten des Zwischenhändlers und bekräftigten den Verbraucher darin, direkt vom Hersteller zu kaufen. Man kann sich denken, was für erstaunliche Dinge passieren, wenn man beide Medien kombiniert.

Als die erste Auflage dieses Buchs erschienen, waren manche Internet-Technologien noch nicht so weit entwickelt, dass man sie hätte duplizieren können. Aber die Technik ist so schnell fortgeschritten und wurde auf so breiter Basis angenommen, dass es nun sehr viele neue Entwicklungen gibt, die Ihnen dabei helfen können, Ihr Geschäft auszubauen und gleichzeitig duplizierbar bleiben. Schauen wir uns doch mal ein paar Methoden näher an:

Kommunikation

Mittlerweile ist E-Mail zum beliebtesten Mittel geworden, um mit größeren Mengen von Menschen zu kommunizieren. Sogar neunzigjährige Omas verschicken heutzutage Bilder ihrer Enkel per E-Mail, also dupliziert es sich hervorragend als Kommunikationsmittel, um mit Ihrer Gruppe in Kontakt zu bleiben. Die Zahl der Menschen, die keine E-Mail nutzen, ist heute vernachlässigbar gering.

Die meisten MLM-Unternehmen pflegen eine E-Mail-Datenbank und verschicken regelmäßige Infomails an ihre Liste. Das ist unmittelbar, einfach und billig.

Training

In meinem Unternehmen halten wir immer noch jede Woche eine Trainingseinheit für Führungskräfte per Telefon, allerdings wird sie nun auch gleichzeitig via Live Stream im Internet übertragen. So können sich Menschen von überall auf der Welt einloggen, ohne Telefon-Gebühren zahlen zu müssen. Außerdem gibt es von uns ein monatliches Produkttraining als Webcast, das ausschließlich online veranstaltet wird.

Wie eben am Beispiel der E-Mail aufgezeigt wurde, ist die Technik so schnell vorangeschritten, dass Duplikation kein Problem mehr ist. Die Probleme mit den Bandbreiten sind gelöst worden und Online-Präsentationen sind jedem Menschen auf der Welt mit einem einzigen Mausklick zugänglich.

Auf manchen Webseiten kann man offene Private Rooms und Gäste-Chats eröffnen. Hier können Sie Ihre Gruppe zusammenbringen und Ihre Leute können einem Vertriebspartner mit hohem Pin-Rang Fragen stellen. Nutzen Sie diese Private Rooms oder den Chatservice, um Ihre Linien in Übersee zu verfolgen. Natürlich geht auch Skype, aber ich persönlich halte dort die Tonqualität oft für mangelhaft und bei Konferenzgesprächen verursacht es offensichtlich Störungen. Als Alternative bietet Life Success Media das Programm livekonferenzpro.de an.

Wir haben außerdem eine sehr umfangreiche Webseite für unsere Organisation. Sie bietet Trainingsaudios, -videos und PDF-Downloads des Geschäftsplans und anderer Dokumente an. Wir nutzen sie auch, um unsere nächsten Live-Training-Events anzukündigen und über das weltweite Netz von Geschäftspräsentationen zu informieren. Wir haben eben erst begonnen, unsere eigenen Meetings via livestream in die ganze Welt auszusenden.

Bevor wir das Thema Training abschließen, möchte ich Sie noch auf www.mlm-training.com aufmerksam machen. Es handelt sich dabei um eine Webseite, die der Verlag, in dem dieses Buch erschienen ist, betreibt.

Kunden- und Geschäftspartnerwerbung

Okay, hier wird es brenzlig: Das Internet bietet einige großartige Gelegenheiten zum Rekrutieren. Aber einige Punkte mahnen zur Vorsicht.

Problem Nummer Eins ist die Flutwelle von „MLM-Schwachköpfen", die man überall im Internet antrifft, die die Leute vollspammen, anstößige Nachrichten in jedem nur denkbaren Forum, Chatroom und auf jeder Networking-Seite posten und allgemein ein öffentliches Ärgernis darstellen.

Das Internet ist ein großartiger Ort, um Leute kennenzulernen und neue Freundschaften zu schließen. Und aus den vorhergehenden Kapiteln wissen wir, dass Leute kennenzulernen und neue Freundschaften zu schließen das beste Mittel zur Werbung von Kunden und Geschäftspartnern ist. Dabei gibt es aber einen richtigen und einen falschen Weg und in der wirklichen wie in der virtuellen Welt gelten dafür die gleichen Regeln.

Wenn es Ihre Strategie ist, Menschen beim Anstehen im Supermarkt anzuquatschen und gleich Ihre Geschäftsmöglichkeit anzupreisen, werden Sie kaum jemanden beeindrucken. Genauso wenig funktioniert das, wenn Sie jemanden überfallen, den Sie gerade in einem Chatroom getroffen haben. Sie zeigen damit nur, dass Sie keinen Respekt gegenüber der anderen Person haben, dass Sie kein Benehmen haben und darüber hinaus kommen Sie ziemlich verzweifelt rüber (was in diesem Fall auch offensichtlich zuträfe).

Online wie offline bahnt man Beziehungen auf die gleiche Weise erfolgreich an.

Ziehen Sie los und lernen Sie ein paar neue Leute kennen. Wenn sich daraus neue Freundschaften ergeben, setzen Sie sie auf Ihre Liste potenzieller Kunden und Geschäftspartner. Wenn es dann Zeit ist, einige neue Linien zu beginnen, gehen Sie Ihre Liste durch, suchen Sie die besten Kandidaten aus und treten Sie geschäftsmäßig an sie heran.

Online findet man die besten Orte, um Leute kennenzulernen, auf dieselbe Weise wie offline. Gehen Sie dorthin, wo Sie Leute treffen, die etwas mit Ihnen gemeinsam haben. Bei AOL, Yahoo und MSN gibt es Communities oder Untergruppen von Leuten mit ähnlichen Interessen. Dort findet man vom Briefmarkensammler bis zum Autofan, von Bauchtänzerinnen bis zu Racketballspielern alles vertreten. Werden Sie einfach Mitglied in den Communities, die Sie interessieren.

Dann suchen Sie nach eigenständigen Webseiten, die sich mit Ihren Interessensgebieten beschäftigen. Mit einer simplen Stichwortsuche finden Sie wahrscheinlich Dutzende oder sogar Hunderte von Webseiten. Wahrscheinlich besuchen Sie schon einige solcher Webseiten regelmäßig. Suchen Sie sich die mit Community-Angeboten wie Chatrooms, Newsgroups oder einer Funktion zum Nachrichtenversenden heraus. Dann machen Sie dort mit.

Bieten Sie Informationen an, beginnen Sie eine Unterhaltung, lernen Sie ganz einfach die Leute kennen. Sie werden Online-Bekanntschaften machen, die sich im Lauf der Zeit vertiefen können. Irgendwann kommt, genau wie in der nichtvirtuellen Welt, ein geeigneter Zeitpunkt, um Ihre Freunde auf Ihr Geschäftsangebot aufmerksam zu machen.

Web 2.0 und Social-Networking-Webseiten

Die größte gesellschaftliche Wandlung, die das Internet mit sich bringt, ist wahrscheinlich die Einführung des so genannten „User-Generated Content", also Inhalte, die von Nutzern selbst ins Internet gestellt werden und Social-Networking-Seiten wie MySpace, Facebook und YouTube.

Auch diese Webseiten bieten grandiose Möglichkeiten, Leute kennenzulernen. Genau wie bei allen bisher erwähnten Seiten sind sie dazu da, Freunde zu finden und Beziehungen aufzubauen und nicht um sie als ein ganzes Universum voller potenzieller Opfer für Werbemessages zu missbrauchen.

Wir kommen zum zweiten der anfangs erwähnten Probleme: Viele Leute betrachten diese Online-Möglichkeiten als Ersatz für die Grundlagen. Das Internet ersetzt aber keine Meetings und Gespräche von Angesicht zu Angesicht und im Gegensatz zu allem, was man liest, können Sie keine Gruppe aufbauen, indem Sie im Bademantel und in Plüschpantoffeln zu Hause sitzen.

Nutzen Sie diese Networking-Seiten dazu, wozu sie da sind – als einen Ort, um Leute kennenzulernen und Beziehungen aufzubauen. Wenn sich diese Beziehungen vertiefen, werden Sie auf ganz selbstverständliche Art und Weise Leute kennenlernen, die sich für Ihre Produkte und Ihre Geschäftsgelegenheit interessieren. Betrachten Sie diese Seiten schlicht als eine weitere Möglichkeit, um Kontakte zu knüpfen und Ihren warmen Markt auszubauen, nicht als Orte, an denen Sie Links zu Ihren Rekrutierungs-Webseiten posten.

Ich selbst sponsere mehrere Leute pro Monat aufgrund der Kontakte, die ich online geknüpft habe. Der interessante Teil dabei ist, dass ich noch nicht einmal eine eigene Webseite dafür habe! Dabei bin ich seit zweieinhalb Jahren der Top-Verdiener Nummer Eins in meinem Network-Marketing-Unternehmen. Es gibt Leute in diesem Unternehmen, die tausende von Euros für das Erstellen von Webseiten ausgegeben haben und trotzdem nur einen Bruchteil dessen verdienen, was ich verdiene. Ich bin wirklich nicht der Meinung, dass man als MLM-Vertriebspartner unbedingt eine Webseite betreiben muss.

Wie viele andere auch, hat mein Network-Marketing-Unternehmen vor kurzem eine Mastersite eingerichtet, von der sich Teammitglieder ihre eigenen Seiten abzweigen können. Wenn Ihre Firma diese Möglichkeit anbietet, dann nehmen Sie sie ruhig wahr. Wenn nicht, kommen Sie auch mit einem E-Mail-Konto und einer Team-Webseite wunderbar aus.

Das war etwas, das wir als Team gemacht haben und das für uns gut funktioniert hat. Wir haben eine Homepage mit einem kurzen, knackigen Audiofile und einer Videoaufnahme von einer Geschäftspräsentation eingerichtet. Wenn wir mit Leuten über weite Entfernungen arbeiten, geben wir ihnen die Internet-Adresse dieser Seite und setzen uns wieder mit ihnen in Verbindung, wenn sie sich das alles angeschaut haben.

Das Wichtigste dabei ist, alles so einfach und duplizierbar

wie nur möglich zu halten. Was uns zur nächsten Gefahr führt, auf die Sie achten müssen...

Letzte Woche veranstalteten wir im Rahmen einer unserer größeren Veranstaltungen eine kurze Trainingseinheit zum Thema „Wie nutze ich Social-Networking-Webseiten, um meinen warmen Markt auszubauen". Einer meiner Diamond-Direktoren teilte mir daraufhin mit, dass er seitdem von seinem Team mit E-Mail-Anfragen bombardiert wird, wo die Leute ihre Seite hosten können, wie man Autoresponder installiert, wie man am einfachsten einen Blog einrichtet und ähnliches.

Wir wollen gar nicht, dass die Leute all das benutzen. Wir empfehlen lediglich, dass sie sich ein Profil auf MySpace, Facebook und vielleicht auf ein paar speziellen interessensbezogenen Seiten einrichten. Während ich dieses Buch schreibe, wird Twitter immer wichtiger. Im Prinzip ist das ein Mikroblog, auf dem man in 140 Zeichen den jeweils neuesten Stand mitteilen kann. Ich halte diese Seite fürs Geschäftsleben hervorragend geeignet und die Menschen dort interessieren sich für geschäftliche Mitteilungen. Doch wie bei allen anderen Seiten gilt auch hier: Wenn Sie wollen, dass andere Leute Ihnen folgen, müssen Ihre Beiträge interessant und gehaltvoll sein und dürfen die Leute nicht mit lästigem Werbespam vollmüllen.

Wenn Sie sich Ihren Account bei diesen Social-Networking-Seiten einrichten, suchen Sie doch nach mir und verlinken Sie sich mit mir als Freund auf Facebook und MySpace. Schauen Sie auch mal nach meiner MLM Mastery-Gruppe, die ich auf Facebook betreibe. Meine Tweets auf Twitter können Sie unter http://twitter.com/Randy_Gage verfolgen. (in engl. Sprache)

Zur Zusammenfassung: Das Internet kann Ihnen helfen, Ihre Kommunikation und Ihr Training produktiver zu gestalten. Es kann auch beim Ausbau Ihres warmen Markts äußerst hilfreich sein. Doch wenn Sie mehr als 20 Minuten täglich damit verbringen, um Ihr Geschäft online zu betreiben, ist das wahrscheinlich ein bisschen zu viel.

Meine Regel dafür lautet: Die Zeit, die Sie im Internet mit Ihren Hobbies und persönlichen Interessen verbringen, zählt NICHT zu den zehn bis fünfzehn Wochenstunden, die Sie zum Geschäftsaufbau benötigen. Genauso wenig zählt die Zeit, in der Sie sich mit Ihren Freunden auf einen Kaffee treffen, um über Klatsch, Sci-Fi oder Safaris zu quatschen. Wenn bei diesen Gesprächen einer Ihrer Freunde einen Wunsch anspricht, den er hat und Sie wissen, dass ihm das Geschäft helfen könnte, sich diesen Wunsch zu erfüllen, können Sie auf den Hilfe-Modus umschalten. Doch genauso wenig wie Sie Ihren Kaffeeklatsch als Arbeitszeit bezeichnen würden, dürfen Sie die Stunden, in denen Sie im Internet herumsurfen und chatten als Arbeit bezeichnen.

Kurz gesagt: Das Internet ändert unsere Geschäftsgewohnheiten. Rekrutieren, Kommunikation und Training werden durch die Macht des Internets einfacher. Doch vergessen Sie dabei nicht auf die Grundlagen.

Kapitel Fünfzehn:

Entwickeln Sie Ihre wichtigste Ressource

Praktisch jeder Mensch auf der ganzen Welt hat die Fähigkeit, eine massive Network-Marketing-Organisation aufzubauen. Doch die meisten Menschen werden es nie tun. Denn das könnte den Anschein erwecken, sie wären nicht ganz normal. Ganz im Ernst, wer will denn nicht sein eigener Boss sein, unbegrenzte Einkommensmöglichkeiten haben, sich seine Mitarbeiter und Kunden selbst aussuchen und jeden Abend mit dem guten Gefühl ins Bett zu gehen, dass er durch seine Arbeit anderen Menschen geholfen hat?

Warum tut es also nicht jeder?

Ich glaube, der wahre Grund liegt darin, dass die Menschen nicht bereit sind, die nötige Arbeit an sich selbst zu leisten, die sie in die Lage versetzen würde, Erfolg anzunehmen. Anders gesagt – sie erlauben es sich nicht, erfolgreiche Menschen zu werden.

Schon bevor ich dieses Buch begann, wusste ich, dass kein Ratgeber-Buch über Network Marketing vollständig wäre, wenn es nicht das Thema der Selbstentwicklung anspräche. Ich habe festgestellt, dass das Tempo des Wachstums Ihrer Organisation unmittelbar mit dem Tempo Ihres persönlichen Wachstums in Verbindung steht.

Ehrlich, ich weiß nicht, warum das so ist und wie es dazu kommt. Doch ich weiß, dass genau das laufend geschieht. Ihr Netzwerk wird nur so schnell wachsen wie Sie selbst als Person wachsen. Ich musste diese Lektion auf die harte Tour lernen.

Bei Seminaren erzähle ich meinen Zuhörern oft zum Spaß, dass ich dieses Geschäft aus drei Gründen begonnen habe:

1) Um Geld zu machen.
2) Um Geld zu machen.
3) Um Geld zu machen.

Sie lachen und ich lache, doch das war kein Witz. Ich war einzig und allein aus dem Grund in das Geschäft eingestiegen, weil ich es als meine einzige Chance ansah, reich zu werden. Demzufolge begann ich meine Karriere mit gewinnsüchtigem Eifer, um viel Geld zu machen. Jede Aktion, die ich in Angriff nahm, war darauf ausgerichtet, Geld zu machen. Infolgedessen machte ich keines.

Zur damaligen Zeit erkannte ich das nicht, aber mein selbstsüchtiger, engstirniger Fokus verstimmte die Leute und *hinderte* mich in Wirklichkeit am Geldverdienen. Was ich stattdessen bekam, war viel Frustration und Ablehnung und noch niedrigere Kontostände auf der Bank – was glücklicherweise letzten Endes doch noch zu einem größeren Wohl führte.

Mein völliger Mangel an Erfolg machte mich demütig und brachte mich schließlich zu dem Schluss, dass ich von anderen lernen könnte. Noch wichtiger war, dass ich begriff, dass ich keine andere Wahl hatte, wenn ich in dem Geschäft erfolgreich sein wollte.

Daraufhin bemühte ich mich bewusst, mich mit erfolgreichen Menschen in dem Geschäft anzufreunden. Ich wollte lernen, was das Geheimnis beim Aufbauen dieses Geschäfts sei – was diese Leute wussten, das ich nicht wusste. Anfangs war es ziemlich befremdlich…

Es machte den Anschein, dass jede Führungsperson, mit

der ich sprach, eine andere Methode hatte, um das Geschäft zu betreiben. Einige organisierten Meetings; andere bauten das Geschäft per Briefwechsel auf; wieder andere führten Einzelgespräche mit den Interessenten; und manche konzentrierten sich hauptsächlich auf den Einzelhandel.

Es bedurfte weitreichender Studien, bis ich feststellte, dass die meisten dieser Leute nicht wirklich genau sagen konnten, was sie erfolgreich machte. Viel wichtiger war meine Feststellung, dass jeder von ihnen den Erfolg auf seine eigene Art erreicht hatte, doch das war nicht das, wonach ich suchte.

Diese Leute hatten Einkommen, die ich damals als hoch erachtete, und doch schien sich keiner von ihnen zur Ruhe gesetzt zu haben oder ein echtes passives Einkommen zu haben. Die meisten von ihnen hatten nette Bonus-Schecks, arbeiteten dafür aber 10–14 Stunden pro Tag. Diese Erkenntnis ließ mich begreifen, wie wichtig wahre Duplikation war und führte schließlich dazu, dass ich mein duplizierbares System schuf.

Die Schaffung dieses Systems war jedoch nicht der primäre Grund für meinen Erfolg oder den Erfolg der Leute, die meinem System folgen.

Erfolg in diesem Geschäft kommt von etwas viel Tieferliegenderem – und das hatte ich von all jenen Führungspersönlichkeiten gelernt. Auch wenn es schien, dass jeder von ihnen das Geschäft auf eine andere Weise anpackte, entdeckte ich dennoch eine Gemeinsamkeit, die jeder von ihnen besaß:

Eine Leidenschaft fürs Lernen, für Selbstentwicklung und für persönliches Wachstum.

Diese Leute hörten sich Audio-Programme an, lasen Bücher und besuchten Seminare. Sie widmeten jeden Tag eine gewisse Zeit ihrer persönlichen Weiterentwicklung. Und es schien, dass je mehr Zeit sie mit der Arbeit an sich selbst verbrachten, umso erfolgreicher waren sie.

Das war für mich ein überraschend neues Konzept. Ich hatte zuvor noch nie in meinem Leben ein Seminar besucht. Ich wusste nicht einmal, dass es sie gab. Ich las Kriminalromane und Bücher über Politik, aber ich hatte keine Ahnung, dass es überhaupt eine Kategorie namens Selbsthilfeliteratur gab.

Wenn ich mich in Gesellschaft jener Führungspersönlichkeiten aufhielt, sprachen sie alle über Bücher wie *Denke nach und werde reich, Wie man Freunde gewinnt: Die Kunst, beliebt und einflussreich zu werden* und *Denken Sie GROSS!* Sie sprachen von diesen Büchern mit Respekt und Bewunderung. Diese Bücher waren alte Freunde, die sie immer wieder zu Rate gezogen hatten. Endlich hatte ich „das Geheimnis" gefunden!

Das war die eine und einzige Sache, die alle diese Führungspersönlichkeiten mit all ihren unterschiedlichen Arbeitsweisen gemeinsam hatten.

Das war etwas, was ich als Modell vorleben konnte und was meine Leute duplizieren konnten.

Ich begriff, dass wenn es überhaupt ein Geheimnis für das Geschäft gab, dann war es dieses: Wenn man einen bestimmten Status oder ein bestimmtes Ziel erreichen will, *muss man die Art von Mensch werden, der diesen Status oder dieses Ziel erreichen würde.* Die Talente sind in Ihnen vorhanden und warten nur darauf, freigesetzt zu werden. Sie müssen sie nur hervorkommen lassen.

Sie müssen jegliche negativen und auf Mangel ausgerichteten Programmierungen, denen Sie quasi von Geburt an ausgesetzt waren, eliminieren und zu Ihrer natürlichen Essenz zurückfinden. Die Zweifel, Ängste und Unsicherheiten, die Sie haben, sind angelernt. Nun müssen Sie sie verlernen.

Glauben Sie an universelle Gesetze?

Wenn Sie so sind wie die meisten Menschen, dann tun Sie es. Sie haben glauben gelernt, dass Dinge durch Ursache und Wirkung kontrolliert werden und Sie verstehen, dass Gravitation, Zentrifugalkraft und ähnliche Gesetze auf unveränderlichen, unerschütterlichen Prinzipien beruhen. Wenn Sie auf einen Baseball schlagen, wird er nach vorne geschleudert. Wenn Sie einen Gegenstand in die Luft werfen, wird er zum Boden zurückfallen. Man muss einen Samen pflanzen und ihn nähren, um eine Pflanze zu bekommen.

Nächste Frage…

Glauben Sie daran, dass dieselben universellen Gesetze Ihr eigenes Leben und Geschäft lenken? Nun wird die Sache interessant. Die meisten Leute glauben, dass diese Gesetze das gesamte Universum lenken, dass jedoch die Dinge in ihrem eigenen Leben auf *Zufall, Glück* oder *Pech* zurückzuführen sind.

Faszinierend.

Wenn sie sehen, wie jemand anderer von einem Auto zu Boden gestoßen wird, denken sie sich: *„ Warum hat der Blödmann nicht geschaut, wo er hintrat?"* Doch wenn s*ie selbst* vergessen, nach rechts und links zu schauen, bevor sie auf die Straße treten und von einem Auto angefahren werden, heißt es: „Das war eben Pech".

Sie glauben daran, dass der Mond, die Sterne, die Rotation der Planeten, das Klima, die Natur, die Evolution, die Mathematik und die Physik allesamt von universellen Gesetzen gelenkt werden. Doch wenn sie selbst gefeuert werden, in schlechten Beziehungen leben, Suchtverhalten entwickeln oder schlechte Geschäftsergebnisse haben, erklären sie das mit Pech, Zufall, schwierigen Zeiten und sonstigen Rationalisierungen – *die sie selbst immer wieder als unschuldiges Opfer darstellen.*

Doch wie oft sind Sie ein Opfer? Und wie unschuldig sind

Sie wirklich?

Das ist ein faszinierendes Thema. Ich höre Menschen immer wieder lamentieren: „Ich wünschte, ich könnte mehr Leute finden, die so sind wie ich. Leider liegt ihr Problem genau entgegengesetzt. Sie *haben* Menschen angezogen, die genau so sind wie sie.

Ich kenne diese Erfahrung aus erster Hand. Als ich mit dem Geschäft begonnen habe, war ich sehr begeistert und diese Begeisterung gab mir die Kraft, einige Leute zu sponsern. Dann, als die Begeisterung nachließ, hörte ich mit dem Sponsern auf und konzentrierte meine Bemühungen darauf, meine drei oder vier Leute anzurufen und sie zu ermuntern, mich reich zu machen.

Aus einem unbegreiflichen Grund teilten sie meinen Enthusiasmus überhaupt nicht. Ich konnte das nicht verstehen. Ich dachte, ich hätte meinen Teil beigetragen, indem ich ihnen das Geschäft erklärt und sie hineingesponsert hatte. Nun hatte ich das Gefühl, sie würden ihren Teil der Abmachung nicht einhalten wollen. Sie sollten diesen Prozess duplizieren und *meinen* Erfolg sichern. Danach wäre es die Aufgabe ihrer Downline-Leute, sich um ihren Erfolg zu kümmern.

Ich dachte, solange sie einige ernsthafte Leute wie mich rekrutieren würden, die das System verstanden, wäre die Duplikation gesichert. Wenn diese neuen Leute so wären wie ich, würden sie begreifen, dass es ihre Aufgabe war, beim Programm mitzumachen, ihren Sponsor zu belohnen und darauf zu vertrauen, dass sie schließlich ihre eigene Belohnung erhalten würden.

Meine ganze Strategie basierte auf zwei Elementen: *Angst* und *Anspruch*.

Die Angst bezog sich auf meine Angst vor Ablehnung und Angst vor Versagen – die mich beide davon abhielten,

Menschen anzusprechen, die auch nur im Geringsten erfolgreich waren. Deshalb hatte ich nur Menschen angesprochen, die so waren wie ich – ängstliche Menschen, die leichte Beute für eine Idee waren, die schnellen Reichtum versprach.

Ich war naiv, leicht zu täuschen und mir nicht im Entferntesten der Prinzipien bewusst, auf welchen jeder Erfolg begründet ist. Ich dachte, Network Marketing sei eine Abkürzung zum Erfolg, eine Möglichkeit, das System zu betrügen und reich zu werden, ohne die Arbeit tun zu müssen.

Ich dachte so: „Ich habe diese Abkürzung gefunden und ich habe sie jetzt auch dir verraten. Deine Aufgabe ist, andere Leute zu finden, die das duplizieren und mir die Belohnung geben, die ihr mir alle dafür schuldet, dass ich dir das hier überhaupt gezeigt habe."

Da mein ganzes Herangehen an die Sache leider auf meinen eigenen Ängsten aufgebaut war, zog ich Menschen an, die genau so waren wie ich – voller Angst. Und obwohl sie genau so waren wie ich, duplizierten sie nicht die selben Resultate. (Hätten sie das getan, hätte ich immerhin etwas Geld verdient. Auch mit einer angsterfüllten Gruppe wäre dann ein Wachstum zustande gekommen.)

Was wirklich geschah, war, dass sie die Handlungen duplizierten, die sie bei mir sahen. Oder, um es genauer zu sagen, das Nichtvorhandensein von Handlungen.

Ich sponserte die ersten Leute und verfiel dann in Management-Modus. Sie wissen schon – Schulungen bei mir zu Hause, viele Telefongespräche, jede Menge unproduktiver Arbeiten, aber kein tatsächliches Sponsern. Genau das wurde in meiner Gruppe dupliziert.

Meine Organisation hatte die besten Aktenkoffer, Ordnungssysteme, Papierschutzhüllen und Schulungs-Treffen innerhalb des ganzen Netzwerks von Vertriebspartnern. Zu

Ende des dritten Monats waren jedoch leider nur noch 11 von uns übrig. Mein Bonus-Scheck bewegte sich irgendwo in der Gegend von $18 und ich gab rund $100 im Monat für Meetings, Benzin und andere Auslagen aus.

Ich jammerte und klagte, warum ich nicht mehr Menschen anziehen könne, die so waren wie ich. Die Wahrheit war – genau das hatte ich getan. Ich hatte eine Organisation voller verängstigter Leute, die den ganzen Tag über mit unproduktiven Arbeiten beschäftigt waren und Angst hatten, mit einflussreichen Kandidaten zu sprechen. Ich fühlte mich um meinen Anspruch betrogen und ich lamentierte über die Unfairness der ganzen Sache.

Ah ja, der Anspruch. Das ist lustig. Gestern habe ich etwas über Anspruch gelesen. Ich kann mich nicht mehr erinnern, wer es gesagt hat, aber es ging ungefähr so: „Denke nicht, die Welt schulde es dir, dich zu ernähren. Sie war da bevor du da warst."

Zum damaligen Zeitpunkt war mir jedoch lediglich bewusst, dass die Sache nicht richtig lief und dass irgendjemand daran schuld war. Mir kam nie der Gedanke, dass ich es sein könnte…

Ich dachte, die Produkte seien vielleicht zu teuer, mein Sponsor sei zu dumm, oder vielleicht wohnte ich in einer Stadt, in der Network Marketing nicht sehr gut mit der örtlichen Bevölkerung räsonierte.

Ich suchte überall, nur nicht im Spiegel…

Ich besuchte Schulungs-Seminare, bei denen Leute über das Investieren ins eigene Geschäft und über das Erwerben von neuen Fähigkeiten sprachen, doch ich tat das damit ab, dass sie nur versuchten, mir irgendwelche Bücher und Audios zu verkaufen.

Ich ging zu Veranstaltungen des Network-Marketing-

Unternehmens, auf denen die Führungskräfte über Sponsoring-Aktivitäten und Nachfassen sprachen, doch ich tat das alles ab, weil ich vermutete, sie würden die wahren „Geheimnisse" vor mir verbergen und wollten mir nur Geld aus der Tasche ziehen.

Ich ging zu Motivations-Seminaren, um aus meiner Komfortzone herauszukommen, doch ich saß in der hintersten Reihe gleich am Gang – damit ich den Raum verlassen könnte, wenn sie mit all dem „Hurrah-Geschrei" beginnen würden, für das ich viel zu cool war.

Ich sprach mit den erfolgreichsten Menschen in meiner Sponsorenlinie. Sie sagten mir, dass sie Bücher über positives Denken lesen, sich Audios anhören und jeden Morgen Affirmationen und Visualisierungen nutzen. Ich tat das alles ab, weil diese Leute doch ganz offensichtlich unter dem Einfluss von Sojamilch und Tofu-Burgern standen.

Ich hatte doch alles richtig verstanden. Das Einzige, was ich nicht begreifen konnte, war, warum ich so viel Pech hatte und warum die „Glücklichen", die mit mehr Erfolg als ich gesegnet waren, mir nicht mehr Verständnis und Sympathie entgegenbrachten. Ich nahm an, sie hätten schon vergessen, wie es sich anfühlte, pleite zu sein.

In Wirklichkeit war genau das Gegenteil der Fall. Viele von ihnen waren aus derselben Welt voller Mangel und Grenzen gekommen, in der ich mich befand, doch sie wehrten sich dagegen, mir zu gestatten, dass ich sie dorthin zurück zog. Da sie richtigerweise erkannten, dass ich nicht bereit war, mich zu ändern, lächelten sie nur mitleidig, erkannten mein Schicksal und beeilten sich, vor mir davonzulaufen. Das bestätigte meine Verschwörungstheorie und dass sie die magischen Geheimnisse des Erfolgs vor mir verbargen.

Wie Sie sicher schon vermutet haben, kam es zu einer

243

Transformation...

Daher bin ich heute in der Lage, dieses Buch zu schreiben. Ich werde nicht auf die Einzelheiten eingehen, da diese Geschichte allein für sich ein ganzes Buch füllen könnte (und es schon getan hat). Zu meiner Verwandlung nur so viel, dass sie mir eine Reihe von kaputten Beziehungskisten einbrachte, mich beinahe in den Konkurs trieb, zu einer Therapie führte und mit vielen Rückschlägen verbunden war, ehe ich endlich begriff, dass es nur EINE Person gab, die immer auf dem Schauplatz des Geschehens anwesend war.

Sobald ICH MICH änderte, änderte ich meine Gruppe, mein Unternehmen und die ganze Welt. Na ja, fast. Alles, was ich weiß, ist, dass, sobald ich mich änderte, meine Resultate sich änderten. Mit jedem persönlichen Wachstum erlebte ich, wie in gleichem Maße mein Geld und Glück wuchsen.

Ich entdeckte, dass Network Marketing keine Abkürzung zum Erfolg war. Ich begriff, dass die Mentalität des Fressens oder Gefressen-Werdens in der herkömmlichen Wirtschaftswelt ein Betrug ist und dass man sich mit Network Marketing wahre Sicherheit schaffen kann. Doch diese wahre Sicherheit würde nur kommen, wenn man hart arbeitete, mit Integrität handelte und stetig in seiner Persönlichkeit wuchs.

Was kommt unter dem Strich dabei heraus?

Network Marketing ist keine Abkürzung zum Erfolg, denn es gibt keine Abkürzung. Doch MLM ist ein Werkzeug, mit dem sich außerordentlicher Erfolg erzielen lässt, vorausgesetzt, man praktiziert die Grundsätze des Arbeitens, der Fairness und des Bietens von Gegenwerten und man kann vielen anderen Menschen helfen, denselben Erfolg zu erzielen.

Alles beginnt jedoch mit der Entwicklung der eigenen Persönlichkeit – mit dem Willen und der Bereitschaft, die Art von Mensch zu werden, die erfolgreiche Menschen sind.

Es ist wichtig, dass Sie an Ihrer eigenen Weiterentwicklung arbeiten, denn wenn Sie im Geschäft die verschiedenen Stufen von Erfolg erreichen, werden auch immer wieder andere Fertigkeiten benötigt, die das Geschäft von Ihnen verlangen wird.

Richard Brooke, der Präsident von Oxyfresh, unterhielt sich einmal mit mir bei einer Veranstaltung und er sagte etwas, das wahrscheinlich die wesentlichste aller Aussagen war, die an dem ganzen Wochenende gemacht wurden. Ich umschreibe es hier nur, da ich mir seine genauen Worte nicht gemerkt habe, doch im Grunde beschrieb er sein Unternehmen als eine Fabrik für Führungskräfte, die sich nur als Gesellschaft für Körperpflegeprodukte getarnt hat.

Das ist genau, was ich meine, wenn ich sage, dass Persönlichkeitsentwicklung die Geheimzutat dieses Geschäfts ist. Viele Menschen erkennen oder verstehen nicht, dass persönliches Wachstum wirklich der größte Vorteil ist, den sie aus Network Marketing gewinnen.

Ja, das Geld ist ganz nett, die Autos sind schön, die Reisen und die Freundschaften sind toll und genauso der Status und die Kameradschaft. Doch was Network Marketing von allem anderen unterscheidet – und es haushoch über alle anderen Wirtschaftsbranchen hebt – ist der Faktor der persönlichen Weiterentwicklung. Die Führungseigenschaften, die Sie dabei entwickeln, sind ein gigantischer Teil dieses Persönlichkeitswachstums.

Sie lernen Managementfähigkeiten zu entwickeln. Sie werden eine sehr große Organisation lenken – in vielen Fällen ein Unternehmen mit Millionen-Umsätzen. Nun, Sie werden keine Angestellten haben, Sie werden nicht viel Papierkram zu erledigen haben und Sie werden viele der Sorgen nicht haben, die normalerweise mit einem Unternehmen mit

Millionen-Umsätzen verbunden sind. Dennoch Sie werden ein enorm erfolgreiches Unternehmen führen, das tagtäglich gemanagt werden muss. Und Sie können die Fertigkeiten erlernen, mit denen dieser Job leicht zu bewältigen ist.

Behalten Sie diese Philosophie im Kopf, die mir über viele Jahre hinweg gut gedient hat:

Managen Sie keine Menschen. Führen Sie die Menschen und managen Sie die Dinge.

Der wahrscheinlich wichtigste Schritt, den Sie beim Aufbau Ihres Geschäfts machen können, ist es, sich fest vorzunehmen, dass Sie sich jeden Tag etwas Zeit für Ihre persönliche Weiterentwicklung nehmen werden – und es wirklich zu tun. Wenn Ihr Network-Marketing-Unternehmen etwas wie ein Buch des Monats oder eine CD der Woche anbietet, wäre es ideal, diese gleich zu abonnieren. Sofern diese Möglichkeit besteht, ist es besser für Sie, mit dem selben Programm zu arbeiten, das auch Ihre Sponsorenlinie nutzt, denn dann können Sie Synergie-Effekte erzielen und mit anderen Leuten in der Organisation Mastermind-Gespräche darüber führen. Wenn jedoch Ihr Network-Marketing-Unternehmen oder Ihre Sponsorenlinie kein solches Programm eingerichtet hat, ist es äußerst wichtig, dass Sie sich Ihr eigenes Programm organisieren. Ich habe das so gemacht:

Ich begann mit 15 Minuten Selbstentwicklung pro Tag. Ich habe selbst ein Audio für meinen Eigenbedarf aufgenommen (das heute ein Bestseller ist); es trägt den Titel *Secrets of a Dynamic Day (Geheimnisse eines erfolgreichen Tages)*. Es wurde mit dem Ziel vor Augen erstellt, mich zu fokussieren, bevor ich das Haus verließ. Ich glaube daran, dass der Tag schon halb gelaufen ist, bevor man morgens das Haus verlässt.

Ich hörte mir also das Audio an und verbrachte 15 Minuten damit, mir meine Zielkarte anzusehen und darüber nachzudenken, was meine Ziele seien und was ich erreichen wollte; ich holte mir ins Gedächtnis zurück, wem ich ein Paket gegeben hatte, ich dachte über neue Leute nach, denen ich Pakete geben könnte und ich organisierte ganz allgemein in meinem Kopf, was ich den ganzen Tag über tun wollte.

Ich muss zugeben, es fiel mir wirklich schwer, mir jeden Morgen das Band anzuhören. Ich gehörte zu denjenigen Menschen, die immer so spät wie nur möglich aufstehen und überall mit Verspätung ankommen und ich beeilte mich meistens, ins Auto zu kommen und dorthin zu rasen, wo ich eigentlich schon sein sollte. Ich musste mich wirklich dazu zwingen, mir jeden Morgen dieses Tonband anzuhören, um mich zu fokussieren.

Das war anfangs sehr schwer, doch nach einigen Tagen konnte ich feststellen, dass ich alles schon viel besser im Griff hatte. Ich begann, mehr Zeit zu haben, kam pünktlich zu meinen Terminen an und erledigte mehr. Als ich sah, wie gut sich das auf meine Produktivität auswirkte, erhöhte ich meine Selbstentwicklungszeit auf 30 Minuten pro Tag.

Ich hörte mir das Tonband an und meditierte oder machte Körperübungen oder tat etwas anderes, das meiner Selbstentwicklung förderlich war – auf den Punkt gebracht nährte ich meinen Geist, meinen Körper und meine Seele. Das Ergebnis war eine Verdopplung meines Einkommens. Ich war so viel produktiver, hatte so viel mehr Selbstvertrauen und fühlte eine so starke Zielstrebigkeit, dass zauberhafte Dinge zu geschehen begannen.

Die Auswirkungen, die das auf mein Einkommen, meine zwischenmenschlichen Beziehungen und jeden anderen Bereich meines Lebens hatte, veranlassten mich, die Zeit noch weiter zu steigern. Heute nehme ich mir oft eine Stunde und mehr Zeit für meine persönliche Weiterentwicklung.

Ich gehe nicht ans Telefon. Ich öffne niemandem die Tür. Ich schaue nicht nach ob ich neue E-Mails bekommen habe. Ich mache mein 30-minütiges Cardio-Workout und nutze dies gleichzeitig als Zeit um in mich zu gehen und zu meditieren. Dann mache ich eine kleine Übung, lese mein Wort des Tages und mache eventuell ein paar Stretch-Übungen. Infolgedessen interagiere ich mit keinem Menschen, bis mein Bewusstsein sein Höchstmaß erreicht hat. An dem Punkt geschieht etwas Interessantes.

Wenn ich so in die Welt hinausgehe, ziehe ich Menschen an, die sich auf derselben Bewusstseinsebene befinden. Wo ich in Vergangenheit, als ich ein Opfer war, ständig andere Menschen mit Opfermentalität angezogen hatte, ziehe ich jetzt, wo ich mich auf einer höheren Bewusstseinsebene befinde, ebenso Menschen mit einer höheren Bewusstseinsebene an.

Was ich im Grunde mit diesem Selbstentwicklungsprogramm tat, war, mich selbst neu zu gestalten. Ich war nicht zufrieden mit dem, was aus mir geworden war; also arbeitete ich jeden Tag an mir – konsistent und ausdauernd. Jeden Tag nur ein wenig, um jeden Tag ein wenig besser zu werden.

Ich schätze, es dauerte etwa zwei Jahre, bis aus mir ein ganz anderer Mensch geworden war. Danach wurde aus mir innerhalb eines weiteren Jahres wieder ein ganz anderer Mensch. Und von dem Punkt aus hatte ich den Eindruck, dass ich mich innerhalb der darauffolgenden sechs Monate wiederum völlig „überholt" hatte. Ich habe festgestellt, dass persönliches Weiterentwicklung exponentiell wächst, genau so, wie es Ihr Netzwerk tut.

Wenn Sie in Ihrer Persönlichkeit wachsen, wächst Ihr Netzwerk gleichzeitig mit. Wenn Sie eine andere Sprache lernen, wird es Ihrem Netzwerk zugute kommen. Wenn Sie Yoga lernen, wird Ihr Geschäft aufblühen. Wenn Sie fortlaufend Kurse in Mathematik oder Werken mit Holz oder Korbflechterei belegen, wird sich Ihr Geschäft weiterentwickeln. Alles, was Sie tun, das Sie aus Ihrer Komfortzone herausholt, wird Sie zu einem stärkeren, besseren Menschen werden lassen und gleichzeitig wird Ihr Geschäft stärker und besser werden.

Ich habe meine Selbstentwicklungszeit am Morgen. Sie können dasselbe am Abend machen, oder Sie können sich die Zeit aufteilen. Für mich ist der Morgen am besten, weil ich danach motiviert bin, hinauszugehen und jeden Tag produktiv zu sein. Tun Sie, was für Sie am Besten ist.

Es hat eine Weile gedauert, bis ich lernte, dass Erfolg nicht daher kommt, dass man Menschen in seiner Organisation, seiner Sponsorenlinie oder seinem Network-Marketing-Unternehmen ändert.

Erfolg kommt, wenn man sich selbst ändert.

Wollen Sie eine wachsende, dynamische und kraftstrotzende Organisation? Das ist leicht zu schaffen. Werden Sie einfach ein wachsender, dynamischer, kraftstrotzender Mensch!

Kapitel Sechzehn:

Eines fügt sich ins Andere

Ich möchte Ihnen gern meine Gedanken dazu anbieten, wie Sie all diese Teile zusammenfügen und sich an die Arbeit machen können, ein massives Netzwerk aufzubauen – Ihre eigene Multilevel-Geldmaschine. Doch bevor ich das tue, möchte ich Ihnen etwas anderes zeigen – nämlich „Was Sie *nicht* tun sollten, wenn Sie erfolgreich sein wollen". Es ist ein eher scherzhaft gemeinter Artikel, den ich vor einigen Jahren geschrieben habe und der damals unter dem Pseudonym Ydnar Egag in der Zeitschrift *Upline* veröffentlicht wurde.

Nie zuvor hat eine meiner Publikationen mehr Reaktionen hervorgerufen. Scharfsinnige Leser zogen den Umkehrschluss und riefen an, schrieben oder faxten uns ihre Komplimente. Der Artikel wurde inzwischen in mindestens fünf oder sechs anderen Fachzeitschriften neu gedruckt.

Doch leider ist dies für einige Leser die Bibel. Sie sind so sehr dem MLM-Junkie-Syndrom verfallen und so gierig auf den nächsten heißen Deal aus, dass sie einfach nicht begreifen, dass man es anders machen kann. Sie haben so viel Zeit damit verbracht, *sich auf den Anfang vorzubereiten*, dass sie jeden Sinn dafür verloren haben, worin der Aufbau eines Netzwerkes tatsächlich besteht.

Bevor wir also Ihren Aktionsplan aufstellen, gebe ich Ihnen dieses Geschenk:

MLM-Erfolgsleitfaden für Faule

Hören Sie auf, so schwer zu arbeiten. Sie schulen Ihre Gruppe, fassen nach, gehen zu Meetings, investieren jede Menge Zeit für die Einarbeitung neuer Vertriebspartner usw. Ist Ihnen denn nicht klar, dass Sie diese Zeit stattdessen gemütlich bei sich zu Hause verbringen, einen kühlen Drink schlürfen und sich „Die Simpsons" anschauen könnten?

Wenn Sie wirklich auf Arbeit aus wären, hätten Sie doch genau so gut Ihren alten Job behalten können. Der Grund, warum Sie mit Network Marketing angefangen haben, war doch, um sich zurückzulehnen und andere Leute für Ihren Reichtum arbeiten zu lassen. Schauen wir uns also an, wie man das richtig macht:

Zunächst einmal müssen Sie die richtigen Network-Marketing-Unternehmen wählen. Nun, es ist wirklich schwer, den Fokus zu behalten, daher sollten Sie wirklich nicht mehr als, sagen wir, 15 haben. Viele der besten HEISSEN Unternehmen haben die dumme Angewohnheit, wieder zuzumachen und wenn Sie dann nicht einige andere zum Ersatz anbieten können, verlieren Sie in Ihrer Downline an Glaubwürdigkeit.

Schauen Sie sich nach Unternehmen um, in denen Sie ein Geschäft aufbauen können, indem Sie nur Postkarten oder Videos an andere MLM-Junkies verschicken, damit Sie keine Zeit damit verschwenden müssen, sie zu trainieren.

Meiden Sie Network-Marketing-Unternehmen, die sich in irgendeiner Weise mit dem Verkauf oder Kauf von Produkten beschäftigen oder die Meetings abhalten. Wenn Sie Produkte kaufen müssen, bemühen Sie sich, ein Unternehmen zu finden, wo Sie sich gleich in das Autoprogramm, einen hohen Rang usw. einkaufen können. Sie können das Zeug ja jederzeit auf Ihre neuen Vertriebspartner abladen. Jegliche Unternehmen, die es schon seit mehr als sechs Monaten gibt, sind schon über den Berg, also meiden Sie sie wie die Pest. Bemühen Sie sich, solche zu finden, die nicht viel Verstand erfordern und wo andere für Sie Ihre Downline aufbauen.

Eine andere Falle, die es zu umgehen gilt, sind Network-Marketing-Unternehmen mit wunderschönen vierfarbigen Broschüren. Das Zeug kostet ein Vermögen! Finden Sie ein Unternehmen, das wirtschaftliche Fotokopien und Videobänder der zehnten Generation nutzt.

Bemühen Sie sich, Unternehmensleiter zu finden, die von einem Unternehmen zum anderen gewechselt haben und die schon ein- oder zweimal vom Staatsanwalt abgeschossen worden sind. Das sind erfahrene Profis, die sich in der Sache auskennen. Sie haben die harte Schule des Lebens hinter sich – also brauchen Sie diese Erfahrungen nicht zu machen.

*Sobald Sie dieses Portfolio von Unternehmen ausgewählt haben, ist es an der Zeit, in die **Analyse-Phase** einzutreten.*

Dies ist eine sehr wichtige Zeit für Ihr Unternehmen, also übereilen Sie nichts. An dieser Stelle sollten Sie sich jedes einzelne Blatt Papier von jedem einzelnen Programm ganz genau durchlesen. Dann sehen Sie sich alle Videos an, hören Sie sich alle Audios an und gehen Sie zu allen Trainings. Lesen Sie die Bücher von „Big Al" und alles von Tim Sales und Randy Gage.

Nun, wo Sie sich in der Branche gut auskennen, beginnen Sie damit, Ihren Marketingplan zu analysieren. Berechnen Sie alle Prozentbeträge neu, um sicherzugehen, dass das Unternehmen keine Fehler gemacht hat. Dann rechnen Sie aus, wieviel Geld Sie mit 10.000 Leuten in Ihrer Downline verdienen werden. Tun Sie dasselbe mit 20.000, 30.000 und so weiter, bis zu einer Million. Nun stellen Sie einen Plan auf, wie Sie das schaffen werden.

Beispiel:

Sie werden 100 Postkarten ausschicken. 75 Leute werden sich Ihrem Programm anschließen. Jeder von ihnen wird im darauffolgenden Monat auch 100 Postkarten ausschicken und es werden sich jeweils 75 Leute anschließen. Damit haben Sie zu Ende des zweiten Monats 5.700 Vertriebspartner. Im dritten Monat wiederholen Sie das Ganze und Sie werden 40.000 haben und so weiter. Nun rechnen Sie sich aus, wieviel Sie verdienen werden, wenn all diese Leute Produkte im Wert von auch nur €30,- kaufen. Dann berechnen Sie die Summe mit €50,-, dann €75,- und so weiter. Ziehen Sie einen kleinen Prozentsatz für die Versager ab, die nicht arbeiten wollen und Sie erhalten eine korrekte Voraussage Ihres Einkommens. Rufen Sie Ihren Sponsor an und schauen Sie, ob er denn schon jemanden unter Sie gesponsert hat.

*Nachdem Sie alles richtig analysiert und berechnet haben und mindestens drei Monate darüber meditiert haben, ist es an der Zeit, mit der **Vorbereitungs-Phase** zu beginnen.*

Zuallererst machen Sie sich auf den Weg und mieten das größte Büro an, das Sie finden können. Mieten Sie auch einige protzige Büromöbel. Versuchen Sie, denselben Schreibtisch und Sessel zu finden, die Blake Carrington in Dynasty genutzt hat. Sie wollen den Leuten ja zeigen, dass Sie es mit dem Erfolg ernst meinen. Lassen Sie sich nicht durch die Kosten nervös machen – erinnern Sie sich an die Einkommensvorraussagen, die Sie schwarz auf weiß haben.

Wenn Ihre Ehefrau (oder Ihr Ehemann) Ihnen Ärger macht, erklären Sie ihr (ihm), dass das nicht „schon wieder eines dieser komischen Geschäfte" ist. Dieses hier ist anders. Ganz egal, wenn Sie in Ihrem neuen Bentley vorfahren, wird es sie (oder ihn) garantiert sprachlos machen.

Hängen Sie überall im Büro Diplome, Zertifikate, Ehrentafeln und andere Statusobjekte an die Wände. Machen Sie den Leuten klar, dass Network Marketing nichts für Bierbauchträger und

Langweiler ist – man muss schon ein erfahrener Profi sein, so wie Sie. Nebenbei gesagt, es ist sehr angenehm, wenn Ihre Downline Sie als Helden verehrt.

Ein weiterer wichtiger Schritt im Rahmen des Vorbereitungs-Verfahrens ist der **Schutz des Starterkits.** *ÜBERGEHEN SIE DIESEN SCHRITT NIEMALS!!!*

Holen Sie sich weiße Verstärkungsringe einer guten Marke (Avery ist gut; lassen Sie sich bloß nicht verleiten, eine billigere Imitation zu kaufen) und befestigen Sie auf jedem Loch jeweils einen Ring auf der Vorder- und auf der Rückseite jedes Blattes in jedem Ordner.

Achten Sie darauf, dass Sie kein Loch auslassen, sonst könnte sich das Blatt lockern und herausfallen und was tun Sie dann?

Nachdem die Verstärkungsringe angebracht sind, stecken Sie jede einzelne Seite in eine Plastikschutzhülle. Ansonsten könnte ein verschütteter Kaffee womöglich Ihre ganze Networking-Karriere zum Stillstand bringen!

Nun, wo Ihr Starterkit geschützt ist, können Sie veranlassen, dass Ihr Briefpapier, Ihre Visitenkarten, Postkarten usw. gedruckt werden. Kaufen Sie sich einen neuen Aktenkoffer, einen Terminkalender, einen elektrischen Bleistiftspitzer und eine neue Garderobe. Holen Sie sich einen großen Aktenschrank und einen Hefter und kaufen Sie sich ein Computer-System für die Erstellung Ihres Newsletters. Sie wollen natürlich nicht, dass die Leute Sie in einer alten Klapperkiste fahren sehen, also mieten Sie einen Lexus, nur für die Übergangszeit, bis Sie das Bonus-Auto von Ihrem Network-Marketing-Unternehmen bekommen. Wenn dies das Einkommen, das Ihr Ehepartner nach Hause bringt, zu sehr strapaziert, nutzen Sie doch einfach die Kreditkarten. Sie wissen doch: "Tu so als ob, bis du es wirklich schaffst!"

Als Nächstes studieren Sie die Präsentation Ihres Sponsors und finden Sie die Schwachstellen. Entwerfen Sie Ihre eigene, ganz spezielle Präsentation, die Sie von Woche zu Woche ändern.

Entwerfen Sie auch Ihre eigenen Audio-Aufnahmen, Broschüren und Flip-Charts. Die sind immer besser als die des Unternehmens und Sie können so Ihre kreativen Fähigkeiten üben. Es ist wichtig, dieses Beispiel zu setzen. Sie wollen ja Führungskräfte, keine Schafe!

Erst nachdem diese ersten Phasen abgeschlossen sind, sind Sie in der Lage, mit Anderen über Ihr Geschäft zu sprechen! Hätten Sie jemanden zu sponsern versucht, bevor dieser vier- bis sechsmonatige Prozess abgeschlossen war, hätten diese Leute sicher Fragen gestellt, die Sie nicht hätten beantworten können und Sie hätten an Glaubwürdigkeit verloren.

In der Zwischenzeit, während Sie sich auf diese Stufe hochgearbeitet haben, haben leider einige der von Ihnen gewählten Unternehmen ihre Tore geschlossen. Doch machen Sie sich keine Sorgen, dazu sind ja die Reserven da.

*Sie sind nun soweit, in die **Phase Postkartensendung an Fremde** zu treten. Sprechen Sie nicht mit Ihren Freunden, Nachbarn oder Verwandten darüber. Das sind alles nur Skeptiker und Versager! Außerdem – denken Sie nur daran, wie viel Zeit es in Anspruch nehmen würde, sie zu schulen! Zeigen Sie ihnen erst einmal, wieviel Geld Sie in zwei Monaten machen, dann werden sie alle angekrochen kommen und darum betteln, mitmachen zu dürfen. Holen Sie sich einfach nur eine Liste von bestens geschulten, ernsthaften MLM-Junkies und schicken Sie die 100 Postkarten ab!"*

*Sobald sich Ihre 75 Vertriebspartner eingeschrieben haben, können Sie zur **Phase des heißen Stimulierungsbads** übergehen.*

Da diese Leichtgewichte das 'Große Bild' nicht so gut verstehen, wie Sie es tun, ist es wichtig, sie motiviert zu halten. Holen Sie sich einige Kopien der großen Schecks von den Superstars und wedeln Sie sie unter ihre Nasen umher.

Das größte Problem, mit dem Sie zu kämpfen haben werden, wird sein, dass die meisten dieser Leute Faulenzer und Zauderer sein werden. Sie wollen alles erst gründlichst analysieren, wo sie doch lieber ausströmen sollten, um für Sie Geld zu machen. Die denken wohl, das Geld wachse auf den Bäumen; sie haben nicht begriffen, dass man es sich verdienen muss.

Rufen Sie sie jeden Tag an und fragen Sie nach, ob sie schon jemanden gesponsert haben. Machen Sie ihnen klar, dass sie besser ihren Arsch in Bewegung setzen sollten, wenn sie das große Geld machen wollen. Zu Monatsende rufen Sie alle an und erinnern sie, dass sie Ihre Bestellung aufgeben müssen, da sie sonst keine Provisionszahlung erhalten werden. Lassen Sie sie wissen, dass, wenn sie nicht spuren, Ihr nächster Vertriebspartner nur eine Briefmarke weit entfernt ist.

Wenn die Mehrzahl Ihrer Leute nicht produktiv ist, gibt es dafür zwei mögliche Erklärungen. Entweder haben Ihre Programme ihren Höhepunkt überschritten, oder es waren einfach nicht wirklich heiße Programme, die Ihres Kalibers würdig waren. Wie dem auch sei, es ist an der Zeit, diese Blindgänger über Bord zu werfen und sich nach dem nächsten HEISSEN Geschäft umzusehen. Überlassen Sie all die Programme, die Zeit, Geld und Einsatz verlangen, den Versagern – ein Superstar wie Sie braucht so etwas nicht. Gehen Sie hinaus und werden Sie REICH!

****

Wünschten Sie sich nicht, es wäre wirklich so einfach? Nun, in Wirklichkeit ist dieses Geschäft auch gar nicht schwierig. Es ist nicht leicht, aber es ist einfach.

Wenn Sie einen Traum haben, sich führen lassen und bereit sind, 10–15 Stunden Arbeitszeit pro Woche zu investieren, können Sie mit Network Marketing wirklich Erfolg haben.

Es spielt keine Rolle, ob Sie ein Arzt sind oder nicht einmal einen Schulabschluss haben, so wie ich. Sie können ausreichende Rücklagen haben, oder Sie können sich das Startgeld von jemandem borgen, so wie ich es getan habe.

Sie können Ihren Vergütungsplan analysieren und sich über den Berufsstand informieren und Ihr Network-Marketing-Unternehmen einer gründlichen Prüfung unterziehen; doch letztendlich kommt es drauf an, wer Sie sind und was Sie tun.

Ob Sie es glauben oder nicht: Die Gelegenheit liegt nicht in Ihrem Unternehmen oder dem Berufsstand; sie liegt in Ihnen. Ihr Unternehmen und Network Marketing sind einfach nur die Werkzeuge, die es Ihnen erlauben, Ihr eigenes angeborenes Talent auszuleben.

Sie stellen die Gelegenheit dar, doch Sie müssen die notwendigen Schritte unternehmen, um sie zu manifestieren. Man fällt leicht in die Falle des Zauderns und Analysierens. Die meisten von uns haben eine stark negative Programmierung, durch die wir leicht zu Opfern solchen Denkens werden. Tatsache ist, dass Network Marketing sich als ein lebensfähiges Geschäftsmodell erwiesen hat; es ist ein modernes Vertriebssystem und ein befähigendes Werkzeug für Persönlichkeitswachstum und eine erfüllende Lebensweise.

Die neuen Autos, die voll bezahlt wurden, die Traumhäuser, die gebaut wurden und die Millionäre, die geschaffen wurden, sind einfach zu zahlreich, um nicht zu zählen.

Was noch wichtiger ist: Wie viele Ehen wurden gerettet, weil die Ehepartner zusammenkamen, um zusammen auf ein gemeinsames Ziel hinzuarbeiten? Wie viele Mütter (und Väter) konnten wieder nach Hause zurückkehren und ihre eigenen Kinder aufziehen, statt jemanden anderen dafür zu bezahlen?

Wie viele Millionen von Menschen – die niemals selbst Vertriebspartner waren – haben eine bessere Lebensqualität dank der Produkte eines Network-Marketing-Unternehmens? Denken Sie an die verlorenen Kilos, die beseitigten Nährstoffmängel, die wiederhergestellte Energie oder vielleicht auch nur an das eingesparte Geld bei der monatlichen Telefonrechnung, das einem besseren Zweck zugeführt werden konnte.

Wie viele Menschen unterstützen wohltätige Organisationen mit dem Geld und dank der Freiheit, die ihnen Network Marketing gegeben hat? Ein zukünftiger Präsident, ein Arzt, der ein Heilmittel gegen eine Krankheit findet, oder der Mensch, der das Raumschiff baut, das uns bis zum Jupiter bringt – jeder von ihnen könnte seine Ausbildung mit dem Geld finanziert haben, das seine Eltern heute mit Network Marketing verdienen.

Ja, es gibt Zehntausende von Menschen in diesem Geschäft, die nie durch Network Marketing reich werden. Ich kann damit leben. Denn das Potenzial steht auch ihnen zur Verfügung. Es ist ihre Wahl, ob sie es nutzen oder nicht. Wenn sie Produkte finden, die ihre Leben bereichern, wenn sie die Gemeinschaft positiver Menschen genießen, die sich Ziele setzen und die Träume haben, dann sind ihre Leben besser als damals, als sie sich angeschlossen haben.

Die meisten Menschen werden von den Produkten profitieren, einige werden von der persönlichen Weiterentwicklung profitieren und die, die es wirklich ernsthaft angehen, werden wohlhabend werden. Ich hoffe, dass Sie alle drei Vorteile genießen werden. Deshalb habe ich dieses Buch geschrieben. Ich habe es geschrieben, um all das Glück, das mir zuteil wurde, mit anderen zu teilen und es so gut wie ich nur kann weiterzugeben.

Sie können wirklich eine massive, befähigende und exponentiell wachsende Organisation aufbauen, wenn Sie die spezifischen Schritte befolgen, die ich hier niedergeschrieben habe. Network Marketing und die Systeme, die ich lehre, sind keine unbekannten Größen. Sie funktionieren. Überall.

Ich habe Start-Trainings in Skopje in Mazedonien durchgeführt; ich habe Schulungen für Führungskräfte in Zagreb in Kroatien geleitet; ich habe Seminare in Sydney in Australien gegeben und Geschäftspräsentationen in Ljubljana in Slovenien dargeboten. Tausende haben das getan. Millionen mehr machen es heute.

Die Prinzipien sind überall die Gleichen. Sie überschreiten alle kulturellen, wirtschaftlichen und sogar zeitlichen Grenzen. Die Macht eines Traumes ist die wunderbarste Kraft, die sich die Menschheit zunutze machen kann. Elektrogeneratoren, Atomkraftwerke und sogar die Atombombe sind im Vergleich dazu unbedeutend. Das einzige Hindernis, das Sie aufhalten kann sehen Sie jeden Morgen im Spiegel.

Was erforderlich ist, sind drei Investitionen in sich selbst

Erstens: Investieren Sie in Engagement. Bekräftigen Sie, dass Sie es wert sind, Erfolg zu haben und versprechen Sie sich, dass Sie alles Nötige tun werden, um ihn zu erreichen.

Zweitens: Investieren Sie Ihre Zeit. Natürlich ist es nicht leicht, 10–15 Stunden pro Woche Zeit zu finden. Wenn es leicht wäre, würde es jeder tun. Doch wenn Sie sich sagen „ich werde es tun, wenn ich mit der Schule fertig bin" oder „nach dem Urlaub werde ich mehr Zeit haben", dann belügen Sie sich selbst. Wenn Sie wirklich glauben, dass Sie es wert sind, werden Sie JETZT handeln.

Ich weiß, dass es Opfer erfordert, die Zeit zu finden. Doch über zwei bis vier Jahre hinweg ein solches Opfer zu bringen – und dafür ein ganzes Leben in Freiheit zu bekommen – ist nach meiner Auffassung eine ziemlich gute Investition.

Tun Sie mir einen Gefallen – benutzen Sie nie Ihre Kinder als Entschuldigung dafür, das Geschäft nicht zu machen. Nutzen Sie sie als *Grund dafür*, das Geschäft zu machen. Es wäre die Sache wert, für zwei Jahre einen gemeinsamen Abend pro Woche mehr zu verlieren, um anschließend jeden Tag mit ihnen verbringen zu können und alle Elternabende, Schulfeste, Fussballturniere und die späteren Spiele in der Jugendliga besuchen zu können.

Drittens: Investieren Sie Ihr Geld. Ich glaube nicht, dass Sie heutzutage bei irgendeinem anderen Geschäft eine derart überproportionale Kapitalrendite oder Entlohnung bekommen können als das, was im Network Marketing möglich ist. Doch Sie müssen etwas investieren.

Sie brauchen Materialien für den Geschäftsaufbau; Sie brauchen Materialien für Ihre Persönlichkeitsentwicklung; Sie müssen Veranstaltungen besuchen. Wenn Sie nicht genug Geld haben, verkaufen Sie Ihren Fernseher! Sie wären vermutlich viel besser dran ohne das Ding. Wenn Sie nicht in sich selbst investieren, wer sollte es dann tun?

Ein anderer Gedanke zum Investieren: Bitte, versuchen Sie nicht, allein von Ihrem Geschäft zu leben, wenn Sie ein großes Geschäft haben wollen. Behalten Sie anfangs Ihren Job – auch wenn er Ihnen noch so zuwider ist – damit Sie alles, was Sie verdienen, wieder in Ihr Geschäft investieren können. Investieren Sie in sich über einen Zeitraum von zwei bis vier Jahren und ernten Sie dann den Lohn für den Rest Ihres Lebens.

Je mehr Ihr Einkommen steigt, umso besser lernen Sie, Ihr

Geld zu managen, damit Sie sich wahren Wohlstand schaffen können. Es gibt viele Leute im Network Marketing, die Millionen von Euros verdient haben und trotzdem wieder pleite sind. Zahlen Sie Ihre Steuern, investieren Sie in die Zukunft und lernen Sie, wie man sein Eigenkapital wachsen lässt.

Zuguterletzt: Seien Sie ein Vorbild für Ihre Gruppe. Arbeiten Sie fleißig, unterstützen Sie Ihre Leute, nutzen Sie die Produkte und haben Sie Spaß! Seien Sie ein Musterbeispiel für Integrität und Arbeitsethik, das Ihre Gruppe duplizieren kann. Denn wissen Sie was? Ihre Leute werden es tun!

Stellen Sie sich jedesmal, wenn Sie eine geschäftliche Entscheidung treffen sollen, diese einfache Frage: Wird mich das meinem Traum näher bringen oder mich von ihm weiter entfernen?

Sie müssen bereit sein, den Preis zu bezahlen – und das bedeutet, Handlungen zu setzen. Jeden Tag müssen Sie sich konsistent, beharrlich und mit positiver Einstellung auf Ihren Traum zubewegen. Wenn Sie Informationspakete im Umlauf halten, an Ihrem Persönlichkeitswachstum arbeiten, die Veranstaltungen besuchen und lernbereit sind, dann werden Sie Ihre Träume leben.

Ich habe dieses Buch nicht geschrieben, um Ihre Träume in Frage zu stellen, sondern um Ihnen zu helfen, sie wahr zu machen. Und ich habe es sicherlich nicht geschrieben, um Sie zu ändern, sondern um Ihnen zu erzählen, was ich gelernt habe, damit Sie den Menschen entdecken und entfalten können, der Sie wirklich sind. Genieße Sie eine Reise voller Herausforderungen, Abenteuer und persönlichem Wachstum.

Viel Spaß!

-RG

Über den Autor:

Randy Gage

E s gibt wahrscheinlich niemanden, der besser qua-
lifiziert wäre als Randy
Gage, um Ihnen zu mehr Erfolg
im MLM zu verhelfen. Sein Buch
„Duplication Nation" (früher
„How to Earn at Least $100,000
Dollar a Year in Network Marketing") ist das meist verkaufte
Trainings-Handbuch im Network Marketing und sein Audio-
programm „Escape the Rat Race" ist die Nummer Eins unter
den Rekrutierungs-Tools für dieses Geschäft. Seine Publikationen wurden in mehr als 15 Sprachen übersetzt und weltweit
millionenfach aufgelegt.

Randy half bei der Einführung des Network Marketing
in Ländern wie Slowenien, Kroatien, Bulgarien und Mazedonien. Er war als Vizepräsident für Marketing in einem und als
Berater für sehr viele Network-Marketing-Unternehmen tätig,
in denen er Vergütungspläne aufstellte, Marketingmaterial
entwarf und duplizierbare Systeme schuf. Randy hat Schulungen für die besten Unternehmen der Branche durchgeführt und
in über 35 Ländern Vorträge gehalten.

Mit seinen Coaching-Programmen und privater Beratung
hat Randy Spitzenverdienern in zahlreichen Network-Marketing-Unternehmen geholfen. Er hat mehr MLM-Millionäre

geschult als jeder andere heute noch lebende Mensch. Doch das Wichtigste ist: Randy lehrt anhand von praktischer Erfahrung; er verdient selbst Millionen von Dollar als Vertriebspartner.

Randy hat Tausende Trainings geleitet und unzählige Geschäftspräsentationen durchgeführt. Er weiß, was gerade jetzt auf dem Markt funktioniert und er lehrt, wie man unter den aktuellen Bedingungen Erfolg haben kann.

Randy arbeitet nur noch wegen der Herausforderung und um seine persönlichen Geschäftspartner zu unterstützen. Er hat das perfekte Gleichgewicht zwischen Beruf und Privatleben gefunden. Wenn er keine Kreise malt, spielt er Baseball für die South Florida Carnivores, fährt Fahrrad oder Rennautos oder ergänzt seine Comicsammlung. Seine heimlichen Laster sind Science-Fiction, Crispy-Creme-Donuts und die Serie „Project Runway". Randy lebt abwechselnd in Miami Beach, Sydney und Paris.

www.randygage.de

**Informationen zum Aufbau und zur Unterstützung
Ihrer Network-Marketing-Organisation
finden Sie bei:**

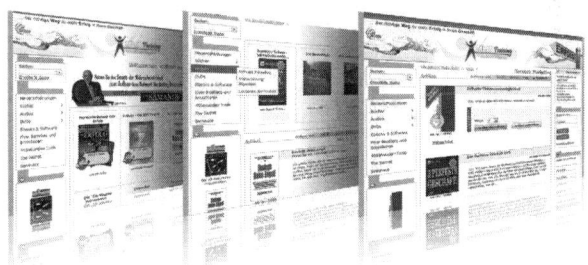

www.mlm-training.com

Life Success Media GmbH
6020 Innsbruck, Austria